Toure

Brown · Schändliche Leidenschaften

Judith C. Brown

Schändliche Leidenschaften

Das Leben einer lesbischen Nonne
in Italien zur Zeit der Renaissance

Aus dem Englischen übersetzt
von Barbara Rojahn-Deyk

Philipp Reclam jun. Stuttgart

Titel der englischen Originalausgabe:
Immodest Acts. The Life of a Lesbian Nun in Renaissance Italy.
New York / Oxford: Oxford University Press, 1986

Alle Rechte vorbehalten
© 1988 Philipp Reclam jun. GmbH & Co., Stuttgart
Die Übersetzung erscheint mit Genehmigung von Judith C. Brown,
Stanford (Cal.). © 1986 Judith C. Brown
Umschlaggestaltung: Reichert Buchgestaltung Stuttgart
unter Verwendung eines Ausschnitts aus dem »Jüngsten Gericht« von
Giovanni di Paolo (Pinacoteca Nazionale, Siena; Foto: Grassi, Siena)
Gesamtherstellung: Reclam, Ditzingen. Printed in Germany 1988
RECLAM ist ein eingetragenes Warenzeichen
der Philipp Reclam jun. GmbH & Co., Stuttgart
ISBN 3-15-010351-7

Danksagung

Als ich auf das Material für diese Geschichte stieß, da glaubte ich anfänglich, ich würde daraus eine Fußnote zu einem anderen Buch machen. Viele Seiten und viele Jahre später ist aus der Fußnote ein eigenständiges Buch geworden. Diese Verwandlung war nur möglich aufgrund der Hilfe, die ich während der ganzen Zeit von vielen Wissenschaftlern und Institutionen erhalten habe.

Dank der finanziellen Unterstützung durch ein Forschungsstipendium der American Philosophical Society war ich imstande, zusätzlich zu meinen Forschungen in den Staatsarchiven von Florenz und Pisa Material in den Archiven des Vatikans zu studieren. Den Mitarbeitern aller dieser Institutionen möchte ich für ihre liebenswürdige Hilfe meinen Dank aussprechen.

Des weiteren erhielt ich von vielen Einzelpersonen wissenschaftliche Unterstützung und Ermutigung. Ihr Rat, ihre Kritik und ihre Bereitwilligkeit, mir ihre unveröffentlichten Manuskripte zur Verfügung zu stellen, waren eine enorme Hilfe. Es würde zu weit führen, wollte ich alle aufführen, denen ich wissenschaftlich verpflichtet bin, aber ich möchte doch die folgenden nennen: Judith Armstrong, Charmarie Blaisdell, Caroline Bynum, Sherrill Cohen, Estelle Freedman, Kent Gerard, Richard Goldthwaite, Stephen Greenblatt, Maryanne Horowitz, Victoria Kirkham, Ruth Liebowitz, Mary R. O'Neill, Elizabeth Perry, Richard Trexler, Guido Ruggiero und Elissa Weaver. Ferner möchte ich meinen Kollegen vom Fach Europäische Geschichte der Neuzeit von der Stanford University danken, die meine ersten Skizzen zu dem vorliegenden Projekt lasen und mich auf verschiedene Fragestellungen hinwiesen, denen nachzugehen sich als lohnend erwies. Unnötig zu sagen, daß nicht alle Leser meines Buches mit seinem gesamten Inhalt einverstanden waren. Ich bin ihnen jedoch für ihre Unterstützung dankbar und übernehme die Verantwortung für möglicherweise unkorrigiert gebliebene Fehler im Faktischen oder seiner Interpretation.

Wie es bei Autoren gebräuchlich und schicklich ist, möchte ich auch meiner Familie Dank sagen. Daß meine Kinder die Eigenheiten ihrer Mutter hingenommen haben, hat es mir möglich gemacht, mich diesem Forschungsprojekt zu widmen, und ihr nur allzu gerechtfertigter Mangel an Geduld hat es mich rechtzeitig zu einem Ende bringen lassen. Mein Mann war mir vom ersten Entwurf bis zur endgültigen Fassung wie stets ein liebevoller Helfer und Kritiker. Sein Verständnis und sein Sinn für Humor waren und sind mir immer eine Quelle der Ermutigung. Schließlich möchte ich dieses Buch meiner Schwester Simona Miller widmen, der ich sowohl geistig als auch emotional viel zu viel schulde, als daß ich es ihr je entgelten könnte. Ihre Unabhängigkeit und intellektuelle Neugier waren mir in meinen jungen Jahren Vorbild. Sie ist mir immer Schwester, Mutter, Mentor und Freundin gewesen. Ich hoffe, daß diese Gabe ein wenig von meiner tiefen Zuneigung zum Ausdruck bringt.

Stanford, Kalifornien *J. C. B.*
Mai 1985

Einleitung

Ich fand Benedetta Carlini ganz zufällig, als ich im Staatsarchiv von Florenz ein Bestandsverzeichnis fast vergessener Dokumente durchblätterte. Die Eintragung in diesem Verzeichnis lautete: »Papiere in bezug auf einen Prozeß gegen Schwester Benedetta Carlini aus Vellano, Äbtissin der Theatinerinnen zu Pescia, die vorgab, eine Mystikerin zu sein, die sich aber als übelbeleumdete Frau herausstellte«.[1] Was mich veranlaßte, mir dieses Verzeichnis anzusehen, werde ich niemals mit absoluter Sicherheit wissen. Vielleicht war es der Titel, der mich besonders neugierig gemacht hatte: *Miscellanea Medicea* – was für merkwürdige und faszinierende Dokumente mochten dort wohl zu finden sein? Das Staatsarchiv enthielt, wie ich wußte, einige der kostbarsten historischen Schätze in ganz Europa, und eine Sammlung diverser Dokumente aus der medicetischen Epoche mußte mit Sicherheit interessantes Material enthalten, besonders für eine Historikerin, die im Begriff war, eine Untersuchung über den ersten Großherzog aus dem Hause Medici zu schreiben. Meine Neugier wurde noch weiter durch den Umstand gereizt, daß niemand, weder im Archiv noch in den Büchern, die ich heranzog, zu wissen schien, wer diese speziellen Dokumente zusammengestellt hatte oder welchem Zweck sie gedient haben mochten. Ich kam zu dem Schluß, daß ich einfach nachschauen mußte, was die *Miscellanea* enthielten, weil ich sonst nie das Gefühl loswerden würde, etwas verpaßt zu haben.

Die Eintragung über Benedetta erregte aus mehreren Gründen sofort meine Aufmerksamkeit. So war ihr Herkunftsort interessant, da ich gerade letzte Hand an ein Manuskript über

Pescia während der Renaissance legte und mir jede zusätzliche Information über die Stadt oder ihre Bewohner willkommen war. Aber noch etwas anderes war an dem Eintrag bemerkenswert. Was hatte diese Nonne getan, daß ein Archivar des 20. Jahrhunderts, nämlich der, der das Dokument gelesen und inventarisiert hatte, sie mit solch harschen Worten bedachte?

Meine erste Vermutung war, daß sie wahrscheinlich mit den Priestern, die ihr Kloster besuchten, sexuelle Beziehungen gehabt hatte. Solche Affären waren in der Renaissance nichts Besonderes. Die Klöster waren für ihre lockere Moral und ihre sexuellen Ausschweifungen bekannt. Das kann nicht überraschen, waren sie doch weit häufiger Lagerhäuser für die abgelegten Frauen aus mittelständischen und patrizischen Familien als Heimstätten für Frauen mit starker religiöser Berufung.

Anstelle solcher Affären fand ich jedoch etwas ganz anderes und völlig Unerwartetes. Das Dokument – ungefähr einhundert unbezifferte Seiten – bestand aus einer Reihe kirchlicher Untersuchungen, die von 1619 bis 1623 stattgefunden hatten und sich mit den angeblichen Visionen und Wundern der Benedetta Carlini, Äbtissin des Klosters der Mutter Gottes zu Pescia, befaßten. Diese Untersuchungen enthielten unter anderem eine detaillierte Beschreibung ihrer sexuellen Beziehungen zu einer anderen Nonne. Damit steht das Dokument im vormodernen Europa einzigartig da und ist für die Untersuchung bisher noch unerforschter Gebiete des Sexuallebens von Frauen, aber auch der Anschauungen von weiblicher Sexualität, wie sie während der Renaissance herrschten, von unschätzbarem Wert.

Hätte das Material aus einer späteren Epoche gestammt, wären die gegen Benedetta vorgebrachten Beschuldigungen nicht allzu ungewöhnlich gewesen. Ja, in protestantischen Ländern und in jenen intellektuellen Kreisen katholischer Länder, die in Opposition zur Kirche standen, wurde die Liebe von Nonnen zueinander zu einem literarischen Topos – ein übler

Vorwurf mehr gegen eine korrupte Institution.[2] Solche Anschuldigungen homosexueller Beziehungen hinter Klostermauern waren dazu gedacht, ein süffisantes Lächeln hervorzurufen. Wie viele Verleumdungen dieser Art mögen auch sie ein Körnchen Wahrheit enthalten haben, aber selbst im 18. Jahrhundert waren sie unbewiesen.

Ich fragte mich daher, als ich über Benedetta las, ob ihre Lebensbeschreibung aus der Feder von Vertretern der Kirche nicht ebenso falsch war. Man war kirchlicherseits auf sie aufmerksam geworden, weil sie behauptete, außergewöhnliche mystische Erlebnisse zu haben, und weil sie begann, im Volk Anhänger zu gewinnen. Benedetta mochte für die Autorität der Kirche eine Bedrohung dargestellt haben, und falsche Beschuldigungen bezüglich ihrer sexuellen Reinheit hätten sie wirkungsvoller zum Schweigen gebracht als der einfache Versuch, die von ihr behauptete göttliche Liebesgunst in Zweifel zu ziehen. Im vormodernen Europa hielt man die Frauen für sehr viel wollüstiger und Ausschweifungen zugeneigter als die Männer. Ungeheure Mengen an Literatur – medizinischer, juristischer und theologischer –, die auf Aristoteles und die Bibel zurückging, hatten diese Tatsache zur Zufriedenheit der zeitgenössischen Meinung demonstriert.[3] Demzufolge geschah es ziemlich häufig, daß Frauen sexueller Fehltritte angeklagt wurden. So hieß es oft von Frauen, die man der Hexerei bezichtigte, daß sie den Verführungen des Teufels erlegen seien, weil ihnen der Sexualverkehr mit ihm Genuß bereite. Diese Ansicht war so allgemein akzeptiert, daß sogar einige der solchermaßen beschuldigten Opfer von sich aus detailliert schilderten, wie es war, den Teufel zu lieben.[4]

Aber wenn mich auch solche Beispiele die Berechtigung der Vorwürfe gegen Benedetta bezweifeln ließen, so verlieh andererseits die Tatsache, daß in fast allen Fällen der Gegenstand weiblicher Begierde ein Mann gewesen sein sollte, den Aussagen über Benedetta Glaubwürdigkeit. Falls den kirchlichen Beauftragten nur daran gelegen hätte, Benedettas guten Ruf zu schädigen und sie als unkeusch darzustellen, dann wäre es einfacher gewesen, eine Geschichte sexueller Fehltritte zu erfinden, in der ein bestimmter Priester vorkam, mit dem Benedetta gelegentlich in kompromittierenden Situationen gesehen worden war.

Denn die Europäer hatten es lange Zeit nur schwer akzeptieren können, daß sich Frauen tatsächlich zu anderen Frauen hingezogen fühlen könnten. Ihre Auffassung von menschlicher Sexualität war phallozentrisch – Frauen konnten sich von Männern angezogen fühlen und Männer von Männern, aber an einer Frau war ja nichts, was die sexuelle Begierde einer anderen Frau auf Dauer hätte befriedigen können. Deshalb wurden sexuelle Beziehungen zwischen Frauen vom Gesetz, von der Medizin und von der öffentlichen Meinung ignoriert. Unter Hunderten, wenn nicht Tausenden von Fällen von Homosexualität, die im Mittelalter und in der frühen Neuzeit in Europa vor weltlichen und kirchlichen Gerichten verhandelt wurden, sind so gut wie keine, die sexuelle Beziehungen zwischen Frauen zum Gegenstand haben. In Spanien fand man einige wenige strafrechtliche Verfolgungen erwähnt. Aus Frankreich sind vier Fälle bruchstückhaft bekannt, zwei aus Deutschland, einer aus der Schweiz, einer aus den Niederlanden und – bis jetzt – keiner aus Italien.[5]

Daß ein so wichtiger Aspekt weiblicher Sexualität im Bewußtsein der Zeit einfach nicht vorhanden war, verwundert um so mehr, als sich die Menschen auf einer bestimmten Ebene durchaus darüber im klaren waren, daß er existierte. In seinem Brief an die Römer hatte Paulus, die Gottlosigkeit der Heiden schildernd, geschrieben: »Darum hat sie Gott dahingegeben in schändliche Leidenschaften; denn ihre Frauen haben den natürlichen Brauch vertauscht mit dem widernatürlichen« (Röm. 1,26). Was Paulus damit genau meinte, ist nicht klar, aber seit den frühen Anfängen der Kirche wurden seine Worte von vielen als Hinweis auf sexuelle Beziehungen zwischen Frauen verstanden. Im 4. Jahrhundert erklärte der hl. Ambrosius (gest. 397) diese Passage und sagte: »Er bezeugt, daß es sich begab, weil Gott den Menschen wegen ihres Götzendienstes zürnte, daß eine Frau eine Frau begehrte zum Zwecke verderbter Lust.«[6] Dem fügte der hl. Johannes Chrysostomos (gest. 407) hinzu, daß »es noch schändlicher ist, daß die Frauen diese Art von Verkehr suchten, da sie mehr Anstand besitzen sollten als Männer.«[7]

Ähnliche Interpretationen konnte man auch noch mehrere Jahrhunderte später finden. Der hl. Anselm von Canterbury kommentierte die zitierte Stelle aus dem Römerbrief zu Anfang des 12. Jahrhunderts folgendermaßen: »Also tauschten Frauen ihren natürlichen Brauch gegen einen, der wider die Natur ist, weil diese Frauen selbst schändliche Taten mit Frauen begingen.«[8] Und sein jüngerer Zeitgenosse Peter Abälard, der ganz sicher gehen wollte, daß keine Mißverständnisse aufkamen, kommentierte weiter: »Wider die Natur heißt wider die natürliche Ordnung, die die Genitalien der Frauen für den Gebrauch der Männer geschaffen hat und umgekehrt und nicht, damit Frauen Frauen beiwohnen können.«[9]

Da sexuelle Beziehungen zwischen Frauen die Gesetze Gottes und der Natur verletzten, nehmen eine Reihe von mittelalterlichen Bußbüchern sie in den Katalog der Sünden auf, die die Geistlichen bei ihren Gemeindegliedern antreffen konnten. Im 7. Jahrhundert belehrte Theodor von Tarsus die Geistlichen, was zu tun sei, »wenn eine Frau mit einer Frau Unzucht treibt«. Auch Beda Venerabilis erwähnt sexuelle Beziehungen zwischen Frauen, ebenso wie Papst Gregor III. in seinem Bußbuch.[10]

Doch den größten Einfluß unter den Büchern, die die christliche Haltung zu diesem Thema bestimmten, hatte zweifellos die *Summa theologiae* des hl. Thomas von Aquin. Unter der Rubrik »Lust« werden dort vier Arten von widernatürlichen Lastern aufgeführt: Masturbation, Sodomie, Koitus in einer unnatürlichen Stellung und »Kopulation mit einem unpassenden Geschlecht, Mann mit Mann und Frau mit Frau«.[11] Spätere

Theologen folgten in ihren Ansichten dem heiligen Thomas und zitierten ihn häufig in ihren Werken – so beispielsweise Silvestro Prierias in seinem Bußbuch und Jean Gerson, der im 15. Jahrhundert Rektor der Universität von Paris war und in dessen Aufzählung von Verbrechen gegen die Natur Sex zwischen Frauen zusammen mit »Samenerguß in ein nicht dafür bestimmtes Gefäß« genannt wird.[12] Auch der Erzbischof von Florenz, der hl. Antoninus (1363–1451), führt lesbische Sexualität auf – als die achte von neun Arten sündhafter Wollust. Allerdings, und das war für einen Mann seiner Zeit eine ziemlich merkwürdige Verdrehung, unterschied er sie von Sünden wider die Natur, die aus wollüstigen Handlungen zwischen einem Mann und einer Frau »außerhalb des natürlichen Ortes, wo Kinder gemacht werden« bestanden. Schließlich geht das Bußbuch des hl. Karl Borromäus, das im späten 16. Jahrhundert geschrieben wurde, auf Sex zwischen Frauen ein. »Wenn eine Frau mit sich selbst oder mit einer anderen Frau Unzucht treibt, hat sie zwei Jahre lang Buße zu tun.«[13]

Einige kirchliche Führer waren sich also des Vorhandenseins lesbischer Sexualität bewußt, und folglich unternahm man auch gewisse Anstrengungen, sie in klösterlichen Gemeinschaften im Zaum zu halten. Schon 423 hatte der hl. Augustinus seine Schwester, die den Schleier genommen hatte, folgendermaßen ermahnt: »Die Liebe, die ihr füreinander hegt, sollte nicht fleischlicher, sondern geistiger Natur sein: denn jene Sachen, die von schamlosen Frauen auch mit anderen Frauen bei unanständigen Scherzen und Spielen getrieben werden, sollten nicht einmal von verheirateten Frauen getan werden oder von Mädchen, die kurz vor der Hochzeit stehen, und noch viel weniger von Witwen oder keuschen Jungfrauen, die sich mit einem heiligen Gelübde verpflichtet haben, Mägde Christi zu sein.«[14] Die Konzile von Paris (1212) und Rouen (1214) hatten verboten, daß Nonnen zusammen schliefen, und gefordert, daß in den Dormitorien die ganze Nacht hindurch eine Lampe brannte, damit jede Versuchung ausgeschaltet würde. Vom

13. Jahrhundert an verlangten im allgemeinen die Ordensregeln, daß die Nonnen einander nicht in ihren Zellen aufsuchten, ihre Türen unverschlossen hielten, so daß die Äbtissin sie kontrollieren konnte, und keine engen Freundschaften innerhalb des Klosters unterhielten. Die Gründe für diese Regeln wurden natürlich niemals ausgesprochen. Es wurde nie genau gesagt, was die Nonnen treiben könnten, wenn ihre Zellen verschlossen wären, obwohl ein noch erhaltenes Gedicht, das eine Nonne einer anderen gesandt hatte, einen deutlichen Beweis dafür liefert, daß es den Objekten dieser Gesetzgebung nicht an Phantasie fehlte.[15]

Auch im weltlichen Schrifttum fand lesbische Sexualität gelegentlich Erwähnung. Zum Beispiel diskutierten ein paar mit zivilrechtlichen Fragen befaßte Juristen das Problem. Im frühen 14. Jahrhundert glaubte Cino da Pistoia irrtümlicherweise, daß sich das vom römischen Kaiser erlassene Edikt »foedissimam nequitiam« aus dem Jahre 287 n. Chr. auf die Liebe zwischen Frauen beziehe. Dieses Gesetz, das eigentlich die Rechte von Vergewaltigungsopfern schützen sollte, konnte nach Cino »auf zwei Arten verstanden werden: einmal, wenn eine Frau Besudelung erleidet, indem sie sich einem Mann hingeben muß; zum anderen, wenn eine Frau Besudelung erleidet, indem sie sich einer Frau hingeben muß. Denn es gibt gewisse Frauen, die zu schändlicher Sündhaftigkeit neigen und die ihre Wollust an Frauen ausüben und diese wie Männer verfolgen.«[16] Dieser Interpretation schloß sich Bartholomäus von Saliceto (1400) an, dessen Kommentare in den folgenden Jahrhunderten allgemein benutzt wurden. Doch trotz all dieser Schriften scheint sich die weltliche Gesetzgebung kaum mit diesem Punkt befaßt zu haben. Zu den wenigen Erwähnungen lesbischer Sexualität in weltlichen Gesetzen gehören eine 1532 von Karl V. in die Verfassung des Heiligen Römischen Reiches aufgenommene Bestimmung und ein 1574 in Treviso angenommenes Gesetz. In den meisten weltlichen Gesetzen gegen homosexuelle Beziehungen – wie etwa auch in dem englischen

Gesetz von 1533, das Analverkehr mit der Todesstrafe belegte – wurden Frauen nicht speziell erwähnt. Sie erläuterten lediglich ausführlich, welche Handlungen von Männern ausgeführt wurden und mit welchen Strafen sie belegt werden sollten.[17]

Bedenkt man also, daß die Europäer von der Möglichkeit lesbischer Sexualität durchaus Kenntnis hatten, so legt die Tatsache, daß sie sie in Gesetz, Theologie und Literatur übergehen, eine fast aktive Bereitschaft nahe, nicht daran glauben zu wollen. Charakteristisch ist eine Anastasius zugeschriebene Bemerkung bezüglich Röm. 1,26: »Offensichtlich besteigen [die Frauen] einander nicht, sondern bieten sich vielmehr den Männern an.«[18] Verglichen mit der Häufigkeit, mit der – vor allem nach dem 13. Jahrhundert – männliche Homosexualität im kanonischen und im weltlichen Recht, in Bußbüchern und Beichtspiegeln, in volkstümlichen Predigten und in der Literatur erwähnt wird, ist die Handvoll Dokumente, in denen die Liebe von Frauen zueinander vorkommt, wirklich dürftig.[19] Über einen Zeitraum von rund tausendfünfhundert Jahren wird ihrer nicht mehr als etwa ein dutzendmal vereinzelt Erwähnung getan. Selbst das *Buch von Gomorrha* (um 1051) des hl. Petrus Damiani, eine lange und detaillierte Schmähschrift gegen homosexuelle Handlungen, beschränkt sich auf die Missetaten von Männern.[20] Man sucht vergeblich nach den Verdammungen voller Höllenfeuer und Schwefel, wie sie die populären Prediger gegen das schleuderten, was sie das »klerikale Laster« nannten.[21] Und durchsucht man die weltliche Literatur nach jenen Arten homosexueller Beziehungen, die gemeinhin Männern zugeschrieben werden, so findet man über Frauen bis zur Mitte des 17. Jahrhunderts so gut wie nichts. Dante, den seine qualvolle Reise an allen bekannten Spielarten menschlicher Sünde vorbeiführt, läßt weibliche Homosexualität weder in der Hölle noch auf dem Läuterungsberg auftreten. Daß die Sodomiten männlichen Geschlechts sind, geht aus den Bemerkungen hervor, die er Brunetto Latini in den Mund legt: »Vernimm denn schnell: Sie waren Priester alle, / Gelehrte auch von großem Ruf und Rang; / Die gleiche Sünde brachte sie zu Falle.«[22]

Auch bei Boccaccio, dem es nicht widerstrebte, die sexuellen Verfehlungen von Männern und Frauen bloßzustellen, gibt es nicht den leisesten Hinweis darauf, daß diese Spielart sexuellen Verhaltens existierte. Und Ariost, der einer Beschreibung erotischer Gefühle zwischen Frauen am nächsten kommt, läßt die Möglichkeit schließlich doch nicht zu. In seinem *Orlando furioso* bleibt Fiordispinas Liebe zu Bradamante unerfüllt, als letztere ihr offenbart, daß sie eine Frau ist. Fiordispina beklagt ihr Schicksal, für das es ihrer Meinung nach in den Annalen der Geschichte keine Entsprechung gibt, und bleibt keusch, obwohl sie mit Bradamante im gleichen Bett schläft. Ihre Probleme finden erst mit dem Auftauchen Ricciardetos, des Zwillingsbruders von Bradamante, eine Lösung.[23]

Warum sexuelle Beziehungen zwischen Frauen entweder ignoriert oder – wie hier – dann doch nicht zugelassen werden, verdeutlichen die wenigen Autoren, die über sie geschrieben haben, auf unmißverständliche Weise. In seinen *Ragionamenti d'amore* (1548) läßt der italienische Autor Agnolo Firenzuola seine weiblichen Charaktere darüber diskutieren, ob es für eine Frau nicht besser wäre, eine andere zu lieben, da sie doch auf diese Weise ihre Keuschheit nicht in Gefahr brächte. Nach einer längeren Erörterung kommt er zu dem Schluß, daß diese Art der Liebe nicht vorzuziehen sei, da die Schönheit der Männer nach dem Willen der Natur ein größeres Verlangen in einer Frau erwecke als die Schönheit anderer Frauen. Gleichermaßen fühlten sich auch Männer stärker zum anderen Geschlecht hingezogen. Ein Beweis dafür sei, so bemerkt er, daß kein Mann eine schöne Frau sehen könne, ohne den natürlichen Wunsch zu empfinden, ihr zu gefallen – und das gleiche gelte für eine Frau beim Anblick eines schönen Mannes.[24]

Da war Brantôme, der im späten 16. Jahrhundert die sexuellen Possen französischer Höflinge aufzeichnete, schon eher bereit, eine erotische Anziehung zwischen Frauen zuzugeben.

Er bemerkte, daß seit neuestem, nachdem »eine Dame von hohem Rang, die ich durchaus nicht nennen will«, diese Mode aus Italien mitgebracht habe, sexuelle Beziehungen zwischen Frauen weit verbreitet waren. Einige von ihnen waren junge Mädchen und Witwen, die es vorzogen, einander zu lieben, statt daß sie »zu Männern gingen« und »sich schwängern und entehren ließen«.[25] Oder es handelte sich um Frauen, die andere Frauen benutzten, um ihren Liebesgenuß im Zusammensein mit Männern zu steigern: »denn soweit ich höre, ist dieses kleine Exerzitium bloß eine Lehre für das große mit den Männern; denn wenn sie sich erhitzt und einander in Brunst gebracht haben und dabei ihr Feuer sich nicht minderte, müssen sie sich in einem frischen fließenden Wasser baden, das viel besser erfrischt als ein schläfriges [...]. Denn schließlich spielt doch, wie ich von verschiedenen Damen sagen hörte, der Mann die Hauptrolle; was sie mit den anderen Frauen anstellen, ist bloß Geplänkel, um sich nachher auf der Männerweide ganz zu sättigen [...].«[26]

Kurz gesagt, sexuelle Beziehungen zwischen Frauen, ob sie nun weit verbreitet oder selten waren, konnten nur einem Zweck dienen, nämlich der Steigerung und Verherrlichung des richtigen Sex, d. h. Sex mit einem Mann. Das ist einer der Gründe, warum damals manch einer geglaubt haben mag, er könne lesbische Sexualität getrost ignorieren. »Mädchen und Witwen entschuldigt man noch«, schrieb Brantôme, »daß sie dieses frivole und eitle Vergnügen lieben.«[27] Wie viele andere Männer seiner Zeit konnte auch er die Anziehung, die Frauen aufeinander ausüben, nicht ernst nehmen.

Ein anderer Grund, lesbische Sexualität zu ignorieren, war die Überzeugung, daß die Frauen, die man für von Natur aus minderwertiger als die Männer hielt, bloß versuchten, diese nachzuahmen: Besser sei es, so gibt Brantôme die Meinung des römischen Dichters Lukian wieder, »eine Frau ergebe sich einer unzüchtigen Neigung, den Mann zu machen, als daß sich ein Mann verweiblich; er verliert dabei nämlich seinen Mut und seinen Adel. Demgemäß kann die Frau, die den Mann darstellt, für tapferer und beherzter gelten als eine andere.«[28] Diese Argumentation bedeutete keine stillschweigende Duldung der lesbischen Sexualität, sondern stellte sie nur in eine lange abendländische Tradition, in welcher Frauen, wie alle anderen Kreaturen auch, versuchten, eine höhere Stufe der Vollkommenheit zu erklimmen. Paradoxerweise wurde die angenommene biologische Hierarchie, in welcher »der Körper des Mannes dem der Frau ebenso überlegen ist wie die Seele dem Körper«[29], durch solche Beziehungen eher bestätigt als unterminiert.

Diese Vorstellungen fanden weitere Nahrung durch das, was von Ärzten beobachtet und geschrieben wurde. Einige von ihnen hatten bemerkt, daß Frauen hin und wieder nicht einfach die Männer nachahmten, sondern wirklich zu Männern wurden. Dieser Geschlechtswandel verlief immer in einer Richtung, nämlich vom Weiblichen zum Männlichen. Es gab keinerlei Berichte über einen umgekehrt verlaufenen Verwandlungsprozeß. Es war ja auch unwahrscheinlich, daß die Vollkommenheit zur Unvollkommenheit degenerieren könnte.

Der Befund von Ärzten und Anatomen hinsichtlich der weiblichen Fortpflanzungsorgane beeinflußte die Ansichten über lesbische Sexualität auch noch auf andere Weise. Obwohl man allgemein glaubte, daß Frauen Hoden besäßen (später nannte man das dann Eierstöcke), welche Sperma produzierten, hielt man doch dieses Sperma für kälter, weniger aktiv und in nahezu jeder Hinsicht für weniger wichtig bei der menschlichen Fortpflanzung als das der Männer. Der Gedanke, daß Frauen sich wie Männer durch Samenerguß in das falsche Gefäß gegenseitig beflecken könnten, wurde daher allgemein verworfen. In einer Gesellschaft, die eine so ungenaue Kenntnis der menschlichen Biologie besaß und die, was den Zeugungsakt anbetraf, den männlichen Samen für das allerwichtigste hielt, mußte die Verschwendung des männlichen Samens für ein schlimmeres Vergehen gegen die Gesetze Gottes und der Natur gelten als der Mißbrauch des weiblichen Samens oder der weiblichen Fortpflanzungsorgane.[30]

Folglich neigten aus einer ganzen Reihe von Gründen die meisten Autoren, die mit dem Strafmaß für lesbische Handlungen befaßt waren, dazu, diese milder zu behandeln als männliche Homosexualität. Theodor von Tarsus zum Beispiel verordnete eine Buße von drei Jahren für eine Frau, die »Unzucht mit einer Frau treibt« – genausoviel wie für eine, die »allein Unzucht treibt«. Im Gegensatz dazu mußte »Unzucht« zwischen Männern mit einer Buße von zehn Jahren gesühnt werden.[31] Das Bußbuch Gregors III. verordnete 160 Tage für Frauen, die mit anderen Frauen sexuell verkehrten, und ein Jahr und mehr für männliche Homosexualität.[32] Und das Bußbuch des Karl Borromäus teilte eine zweijährige Buße aus, wenn eine Frau mit einer anderen Frau oder allein »Unzucht trieb«, während Männer sieben bis fünfzehn Jahre erhielten, je nachdem, ob sie verheiratet waren oder nicht, wenn sie mit einem anderen Mann Geschlechtsverkehr hatten.[33]

Man war jedoch nicht überall geneigt, lesbische Sexualität als das geringere Vergehen anzusehen. Einige Autoritäten stuften sie genauso ein wie männliche Homosexualität und wollten sie daher mit dem Tode bestraft sehen. In dem unseres Wissens nach ersten weltlichen Gesetz, das sexuelle Beziehungen zwischen Frauen erwähnt, nämlich einer Bestimmung aus einer französischen Gesetzessammlung des späten 13. Jahrhunderts, heißt es: »Diejenigen Männer, denen man Sodomie nachgewiesen hat, müssen ihre c____ [?] verlieren. Und falls es jemand ein zweites Mal tut, muß er ein Glied verlieren. Und wenn er es ein drittes Mal tut, muß er verbrannt werden. Tut eine Frau dies, so soll sie jedes Mal ein Glied verlieren und beim dritten Mal verbrannt werden.«[34] Im 15. Jahrhundert empfahl Bartholomäus von Saliceto die Todesstrafe.[35] Aber erst im 16. Jahrhundert, als mit den katholischen und protestantischen Reformationen das Interesse daran wuchs, moralisches Verhalten durch Gesetze zu erzwingen und auch die Ketzerei – ein Vergehen, das man traditionellerweise mit Homosexualität in Verbindung brachte[36] – im Zaum zu halten, wurden in den wenigen Gesetzen und juristischen Kommentaren, die sich mit dem Thema befaßten, solche harten Ansichten die Norm.[37] Die beiden Gesetze jener Zeit, die Frauen im Zusammenhang mit gleichgeschlechtlichem Sex ausdrücklich erwähnen, schreiben die Todesstrafe vor. Das Gesetz Karls V. von 1532 sagt: »Wenn jemand Unkeuschheit mit einem Tier begeht, oder ein Mann mit einem Mann, oder eine Frau mit einer Frau, haben sie ihr Leben verwirkt und sollen, wie es der Brauch ist, zum Tod durch Verbrennen verurteilt werden.«[38] In dem Gesetz von Treviso heißt es in ähnlicher Weise: »Wenn [...] eine Frau dieses Laster oder diese Sünde wider die Natur begeht, soll sie in der Straße der Heuschrecken nackt an einen Pfahl gebunden werden und dort einen Tag und eine Nacht lang unter zuverlässiger Bewachung bleiben, und am folgenden Tag soll sie außerhalb der Stadt verbrannt werden.«[39] In Spanien spiegelte in der Mitte des 16. Jahrhunderts der Kommentar von Gregorio Lopez zu der grundlegenden Gesetzessammlung des Landes, den *Siete partidas* (1256), diese sich verhärtende Haltung wider, denn auch er dehnte die Todesstrafe auf Frauen aus. Obwohl der ursprüngliche Kodex sie nicht erwähnt hatte, bemerkte Lopez, daß »Frauen, die auf diese Weise sündigen, mit dem Scheiterhaufen bestraft werden, entsprechend dem Gesetz Ihrer Katholischen Majestäten, welches befiehlt, daß dieses Verbrechen wider die Natur mit einer solchen Strafe belegt werde, besonders, da das besagte Gesetz nicht auf Männer beschränkt ist, sondern sich auf jedwede Person jedweden Standes bezieht, die unnatürlichen Verkehr pflegt.«[40]

Selbst unter denjenigen jedoch, die die Todesstrafe für solche Handlungen befürworteten, gab es weitere Meinungsverschiedenheiten. Während Lopez die Ansicht vertrat, daß die Todesstrafe in allen Fällen zu gelten habe, meinte sein Landsmann Antonio Gomez (geb. 1501), daß der Flammentod nur in solchen Fällen obligatorisch sein solle, in denen »eine Frau

Verkehr mit einer anderen Frau hat mit Hilfe eines Gegenstandes«. Wenn andererseits »eine Frau mit irgendeiner Frau Verkehr hat, ohne einen Gegenstand zu benutzen«, dann könne eine leichtere Strafe wie etwa Prügel angewandt werden.[41] Der italienische Rechtsgelehrte Prospero Farinacci (1554–1618) unterschied noch genauer: Wenn eine Frau, ganz allgemein gesprochen, »sich bei einer anderen Frau wie ein Mann benimmt, dann drohen ihr die Strafen für Sodomie und Tod.« Betrachtet man die Fälle im einzelnen, so sollte eine Frau, die bei einer anderen Frau lediglich Annäherungsversuche macht, nur öffentlich angeprangert werden. »Wenn sie sich mit einer anderen Frau verderbt beträgt, indem sie sie reibt«, sollte sie einer nicht genauer genannten »Strafe« unterworfen werden, und »wenn sie irgendeinen hölzernen oder gläsernen Gegenstand in den Bauch der anderen einführt«, so sollte sie hingerichtet werden.[42]

Diese Meinungsverschiedenheiten darüber, wie man mit lesbischer Sexualität umgehen sollte, lassen sich nicht nur mit der zeitlichen und räumlichen Differenz erklären, zumal die meisten der Verfasser in der gleichen Tradition standen, nämlich der des römischen und kanonischen Rechts. Darüber hinaus waren bis zum 16. Jahrhundert viele ihrer Schriften gedruckt und in ganz Europa verbreitet. Ihre Erörterungen des Gegenstandes, sei es in medizinischer, juristischer oder sonstiger Hinsicht, verraten eine fundamentale Unwissenheit darüber, was Frauen miteinander taten und wie dies in die akzeptierten Kategorien sexuellen Verhaltens und sexueller Vergehen einzuordnen war. Der hl. Augustinus beispielsweise, dessen Gedanken über die geschlechtliche Liebe die abendländische Tradition wesentlich geprägt haben, nannte in seiner Schrift *Über den Wert der Ehe* »jene sexuellen Akte unnatürlich und sündig, bei denen der Verkehr nicht in einem Gefäß stattfindet, das zur Fortpflanzung geeignet ist.«[43] Theoretisch ist diese Rubrik so weit gefaßt, daß alles vom Coitus interruptus bis zur lesbischen Sexualität darunter fallen könnte. Aber die von

Augustinus in diesem Essay verdammten Praktiken waren männliche Homosexualität und Analverkehr zwischen heterosexuellen Paaren, den er für noch schlimmer hielt. Da eine Frau ein natürliches Organ besaß, das ein Mann für den Geschlechtsverkehr benutzen konnte, setzte der Verzicht darauf eine größere Bereitschaft voraus zu sündigen. Augustinus' einzige Anspielung auf lesbische Sexualität findet sich in einem anderen Kontext, und zwar als eines der vielen Themen, zu denen er seine Schwester beriet, die versuchte, eine klösterliche Gemeinschaft zu leiten. Offensichtlich legte er ihm kein besonderes Gewicht bei.[44]

Im 7. Jahrhundert stellte Theodor von Tarsus, als er das Bußmaß für Frauen festlegte, die Unzucht, die eine Frau mit einer anderen treibt, neben die Unzucht, die sie allein verübt. Im Gegensatz dazu trennte er seine Erörterung der »Unzucht« zwischen Männern von der der männlichen Masturbation ab und verschrieb für die beiden Sünden auch ganz verschiedene Strafen.[45]

Zwei Generationen später löste Gregor III. die Sodomie aus der Kategorie der »leichten Sünden« heraus, zu denen »Koitus zwischen Frauen«, Masturbation (vermutlich war gegenseitige Masturbation gemeint) und heterosexueller Analverkehr gehörten.[46] Im 13. Jahrhundert jedoch verband Albertus Magnus sowohl männliche als auch weibliche Homosexualität mit den neu aufkommenden Ansichten über die Natur. Das Ergebnis war, daß lesbische wie auch männliche homosexuelle Handlungen nun als Sodomie etikettiert wurden, d. h. als »eine Sünde wider die Natur, Mann mit Mann und Frau mit Frau«.[47] Der hl. Thomas von Aquin, Schüler von Albertus, übernahm diese Einstellung. Nach seiner Ansicht war Sodomie, wie auch andere Formen der Lust, eine Sünde, durch die die Menschen den Verstand verloren. Gleichzeitig aber gehörte sie zu jenen Spielarten der Lust (Sünden wider die Natur), bei denen der sexuelle Akt allein auf das Vergnügen abzielte und die Fortpflanzung ausschloß. Zu solchen Akten gehörten auf der von der geringsten bis zur schwersten Sünde reichenden Skala Masturbation, heterosexueller Verkehr in unnatürlichen Stellungen, Homosexualität (Sodomie) und Geschlechtsverkehr mit Tieren. Alle diese Praktiken unterschieden sich von anderen Formen der Lust wie zum Beispiel Vergewaltigung oder Ehebruch, die ja die natürliche Ordnung der göttlichen Schöpfung nicht untergruben.[48]

Hier, wie in so vielen anderen Bereichen der Moraltheologie, war während der nächsten Jahrhunderte die thomistische Sicht bestimmend. Aber die Unklarheit hielt an, einmal vielleicht deshalb, weil Thomas von Aquin die sexuellen Handlungen nicht so genau spezifiziert hatte, wie einige spätere Autoren dies dann taten, vielleicht aber auch, weil selbst die Moralisten, die ihn zitierten, nicht immer genau verstanden, was er gemeint hatte. So führte der hl. Antoninus (gest. 1459) zusätzlich zur Sodomie noch acht andere Arten von Wollust auf: Unzucht, Defloration (*stuprum*), Vergewaltigung, Ehebruch, Inzest, Sakrileg (Geschlechtsverkehr mit einem Geistlichen oder einer Nonne), Masturbation und Lust wider die Natur. Sodomie hieß in diesem Schema, »wenn Mann mit Mann und Frau mit Frau die Sünde der Wollust begehen«, während Lust wider die Natur gegeben war, »wenn ein Mann sich mit einer Frau der Lust hingibt außerhalb des natürlichen Ortes, wo Kinder gemacht werden«.[49] Karl Borromäus (gest. 1584), der die thomistische Definition von Sodomie als Koitus wider die Natur übernahm, glaubte andererseits, daß es sich nur um ein männliches Laster handle.[50] Die Handlungen der Frauen fielen bei ihm unter Unzucht, eine Sünde der Wollust, die nicht unnatürlich war und zu der auch Ehebruch und Vergewaltigung gehörten. Vincenzo Filliucci, der Thomas von Aquin in der Unterscheidung zwischen Masturbation (*mollitia*) und Sodomie (*sodomia*) sowohl bei Männern als auch bei Frauen folgte, fügte hinzu, zur wahren Sodomie gehöre, daß man »fleischliche Kopulation vollzogen«[51] habe, womit er die Ejakulation meinte. Diese Unterscheidung wurde dann von Giovanni

Domenico Rinaldi aufgegriffen, für den das einfache Eindringen ohne Samenerguß *stuprum* darstellte, d. h. Unzucht, auf die die Todesstrafe stand, auf die aber keine Verbrennung folgte.[52] Die ganze Diskussion läßt den Schluß zu, daß man unter Sodomie im Grunde Analverkehr verstand. Und tatsächlich hatte einem Autor zufolge das Wort »Sodomie« bis zum 17. Jahrhundert in der Umgangssprache (als unterschieden von den Schriften gelehrter Männer) genau diese Bedeutung angenommen.[53]

Die begrifflichen Schwierigkeiten, die die Menschen jener Zeit mit der lesbischen Sexualität hatten, spiegeln sich in dem Fehlen einer adäquaten Terminologie. *Lesbische* Sexualität existierte nicht. Und eigentlich auch keine *Lesbierinnen*. Obwohl das Wort »lesbisch« im 16. Jahrhundert einmal bei Brantôme auftaucht, wurde es allgemein nicht vor dem 19. Jahrhundert gebraucht, und selbst dann bezeichnete man damit anfänglich nur bestimmte Handlungen und nicht eine Gruppe von Menschen.[54] Da ein präzises Vokabular und präzise Vorstellungen fehlten, benutzte man im Laufe der Zeit eine große Anzahl von Wörtern und Umschreibungen für das, was Frauen angeblich taten: gegenseitige Masturbation, Pollution, Unzucht, Sodomie, Verkehr mit Tieren, gegenseitige Entehrung, Koitus, Kopulation, beiderseitiges Laster und Beschmutzung (Schändung) von Frauen durch Frauen. Und diejenigen, die diese schrecklichen Dinge taten, nannte man, wenn überhaupt, auf lateinisch *fricatrices*, d. h. Frauen, die sich gegenseitig rieben, oder, in der griechischen Entsprechung, *tribades*.[55]

Das Durcheinander war so groß und der Schleier der Unwissenheit, der über dem weiblichen Sexualleben ausgebreitet lag, so dicht, daß sich im späten 17. Jahrhundert der gelehrte italienische Geistliche Lodovico Maria Sinistrari dazu veranlaßt sah, über das, was er weibliche Sodomie nannte, ausführlich zu schreiben, um endlich Klarheit in die Sache zu bringen. »Alle Moralisten sprechen von diesem gemeinen Laster zwischen

Frauen und lehren uns, daß es zwischen Frauen eine wahrhaftige Sodomie gibt.« Aber, so klagt er, »auf welche Weise, das erklärt keiner.«[56] Diese bedauerliche Situation mußte seiner Meinung nach augenblicklich geändert werden, denn wie sollten die Geistlichen den verirrten weiblichen Schafen ihrer Herde die Absolution erteilen, wenn sie nicht ganz genau wußten, welche Sünden sie begangen hatten: »In der Praxis muß der Beichtiger imstande sein zu erkennen, wann sich Frauen durch gegenseitiges Berühren zu freiwilliger Pollution (*mollities*) reizen und wann sie das Verbrechen der Sodomie begehen, um ein Urteil über die Schwere ihrer Sünde fällen zu können.« Ein anderer wichtiger Grund, Bescheid wissen zu wollen, war, daß in vielen katholischen Gebieten Sodomie als so schwerwiegende Sünde galt, daß es den Bischöfen vorbehalten war, über Buße und Absolution zu befinden. Nachdem also Sinistrari viele theologische, juristische und medizinische Quellen zu Rate gezogen hatte, definierte er Sodomie als fleischlichen Verkehr im falschen Gefäß. Das schließt heterosexuellen Analverkehr und Koitus zwischen Frauen ein, aber gegenseitige Masturbation unter Zuhilfenahme irgendeines anderen Körperteils oder Gegenstandes aus. Falls ein Finger oder ein unbelebter Gegenstand eingeführt wird, »gibt es weder einen Koitus noch eine Kopulation«, und »es kann keinesfalls Sodomie geben, denn Sodomie erfordert notwendigerweise den Koitus. Statt dessen handelt es sich um eine einfache Pollution, die aber doch von so schwerwiegender Art ist, daß sich die Art des Vergehens nicht im geringsten ändert.« Die Frage ist jedoch, »wie eine Frau einer anderen so beiwohnen kann, daß ihr Sichaneinander-Reiben Sodomie genannt werden kann?« Für Sinistrari war das der Kern des Problems. Zu seiner Lösung konsultierte er viele der neuesten medizinischen Abhandlungen, darunter auch die *Anatomia* des Thomas Bartholinus, und kam zu dem Schluß, daß nur Frauen mit einer übermäßig großen Klitoris Sodomie miteinander treiben konnten. Mögliche Anwärterinnen für diesen unglücklichen körperlichen Zustand waren

Mädchen, die als Kinder masturbiert hatten, und Frauen, die über allzuviel Hitze und Sperma verfügten. Aber im Gegensatz zu den Frauen des Mittleren Ostens, deren Leidenschaft mit Hilfe der Chirurgie im Zaum gehalten werden mußte, fanden sich westeuropäische Frauen nur selten in diesem Dilemma.[57]

Dies bedeutet natürlich nicht, daß weibliche Sodomie ignoriert werden sollte. Falls eine Frau solchermaßen beschuldigt wurde, sollte sie von kompetenten Hebammen daraufhin untersucht werden, ob sie physiologisch in der Lage war, die Tat zu begehen. Eine vergrößerte Klitoris gab Grund zu einer Schuldvermutung, die eine Verurteilung zum Tode durch den Strang mit anschließender Verbrennung auf dem Scheiterhaufen nach sich zog. Das war die Strafe, die alle Sodomiten erhielten, egal welchen Geschlechts sie waren, denn »die oben erwähnten Strafen sollten ohne Ausnahme verhängt werden«.[58]

Eine strenge Bestrafung war notwendig, sowohl um dem Zorn Gottes zu entgehen, der andernfalls die Welt vernichten mochte wie einstmals Sodom und Gomorrha, als auch wegen der abschreckenden Wirkung. Sinistraris Empfehlungen an Beichtiger, wie sie einer Frau, die lesbischer Verbrechen angeklagt war, Auskünfte entlocken konnten, zeugen von der uralten Furcht, daß Frauen mit ihrem übermäßigen Hang zur Wollust und ihrem beschränkten Verstand vielleicht auf falsche Gedanken kommen könnten, wenn sie von solchem Treiben hörten. Wenn ein Beichtiger Grund hatte, eines seiner Gemeindemitglieder zu verdächtigen, dann sollte er mit seinen Fragen »maßvoll und besonnen vorgehen«. Er sollte auf der allgemeinsten Ebene beginnen und ganz allmählich, je nach den Antworten, die er erhielt, auf die Einzelheiten der zu beichtenden Handlung eingehen.[59]

Mehr noch als selbst die männliche Sodomie, war die Sodomie zwischen Frauen »die Sünde, die nicht genannt werden kann«. Im 15. Jahrhundert nannte das Jean Gerson zugeschriebene Beichthandbuch sie eine Sünde wider die Natur, bei welcher »Frauen einander besitzen auf eine verabscheuungswürdige und entsetzliche Weise, die weder genannt noch niedergeschrieben werden sollte«. Im folgenden Jahrhundert spricht Gregorio Lopez von ihr als von der »verschwiegenen Sünde«, »peccatum mutum«.[60] Aus diesem Grunde riet im gleichen Jahrhundert Germain Colladon, der berühmte Jurist, den Genfer Behörden, die noch keine Erfahrungen mit lesbischen Verbrechen hatten, daß das Todesurteil – wie in Fällen männlicher Homosexualität normalerweise üblich – zwar verlesen, die gebräuchliche Beschreibung des begangenen Verbrechens aber ausgelassen werden sollte. »Ein so entsetzliches und widernatürliches Verbrechen«, schrieb er, »ist über die Maßen verabscheuungswürdig, und weil es dermaßen grauenvoll ist, kann es nicht benannt werden.«[61] Das Problem war nicht einfach nur, daß Colladon einen speziellen Abscheu vor dieser Art von Verbrechen hegte, sondern daß man befürchtete, Frauen könnten aufgrund ihrer schwächeren Natur für Anregungen empfänglich sein. Infolge dessen mußten sich zwar Männer, die der Sodomie überführt waren, ihre Verbrechen zur Abschreckung der anderen laut vorlesen lassen, sexuelle Beziehungen zwischen Frauen blieben jedoch besser unerwähnt.

Verbrechen, die man nicht benennen konnte, hatten also buchstäblich keinen Namen und hinterließen nur wenige Spuren in der Geschichte und ihren Zeugnissen. Die widersprüchlichen Vorstellungen, die in Westeuropa von der Sexualität der Frauen herrschten, machten es so gut wie unmöglich, öffentlich über lesbische Sexualität zu sprechen. Schweigen hatte Unklarheit zur Folge – und diese rief Angst hervor. Auf dieser Grundlage errichtete die abendländische Gesellschaft eine undurchdringliche Barriere, die fast zweitausend Jahre lang gehalten hat.[62]

Das ist der Grund, warum die kirchliche Untersuchung des Falles der Benedetta Carlini, Äbtissin des Klosters der Mutter Gottes, so wichtig ist. Wir haben hier nämlich einen der seltenen Fälle, wo wir mit beachtlicher Detailliertheit die praktischen Auswirkungen der abendländischen Einstellung zur lesbischen Sexualität beobachten können. Wir sind dabei in der Lage, auch das soziale Umfeld, in dem diese Einstellung gedieh, zu rekonstruieren und einer Prüfung zu unterziehen. Benedetta Carlini wurde von vielen ihrer Zeitgenossen ebenso wie von der Nachwelt verurteilt. Jedoch war die Verdammung ihres Verhaltens nicht universell und wird es vielleicht auch in Zukunft nicht sein. Im Leben war sie eine beeindruckende und kontroverse Persönlichkeit – und im Tode erzwingt ihre Geschichte jene Aufmerksamkeit, die die offiziellen Erklärungen über sie zu verhindern suchten. Dies also ist die Geschichte der Benedetta Carlini, deren Sünden und deren Leben wir vielleicht verstehen können, über die wir aber nicht urteilen sollten.

ERSTES KAPITEL

Die Familie

Benedettas Geschichte beginnt im 16. Jahrhundert in Vellano, einem abgelegenen Bergdorf hoch oben an den Hängen des Apennin, ungefähr siebzig Kilometer nordwestlich von Florenz. Der Ort scheint dem Lauf der Zeit bis heute getrotzt zu haben – krumme, enge Straßen winden sich den steilen Hang entlang, hohe mittelalterliche Mauern überragen silberblättrige Olivenbäume und dichte Kastanien; terrassenförmig angelegte Felder, dem mageren Boden abgetrotzt, umgeben das Häusergewirr, und jenseits der engen Grenzen des Dorfes und seiner Felder, vorbei an den sanft abfallenden Berghängen, ist am fernen Horizont das weite, offene Flußtal des Arno gerade noch sichtbar.

In diesem idyllischen Ort wurde Benedetta Carlini am Abend des hl. Sebastian im Jahre 1590 geboren. Ihre Geburt und ihre Kindheit hatten, wie sie sich Jahre später erinnerte, etwas Märchenhaftes an sich, waren begleitet von übernatürlichen Ereignissen und Vorzeichen. Die Geburt war schwer. Ihre Mutter Midea hatte so schmerzhafte Wehen, daß die Hebamme, die ihr beistand, zu dem im Nebenzimmer wartenden Ehemann hinausging, um ihm zu sagen, daß Mutter und Kind wahrscheinlich bald sterben würden. Als Giuliano dies hörte, flehte er Gott auf den Knien an, ihre Leben zu schonen. Bald darauf kehrte die Hebamme zurück und teilte ihm mit, daß seine Frau einem Mädchen das Leben geschenkt habe und daß Mutter und Tochter wohlauf seien. Aus Dankbarkeit für Gottes Eingreifen nannte Giuliano das Mädchen Benedetta – die

Gesegnete – und weihte es Seinem Dienst. Vom Augenblick ihrer Geburt an war es Benedetta also bestimmt, Nonne zu werden.

Wir, die wir gewohnt sind, über uns selbst zu bestimmen, mögen es schwierig finden, Giulianos Entscheidung über Benedettas Zukunft zu verstehen und zu akzeptieren – eine Entscheidung, die ja ohne jede Rücksicht auf mögliche spätere Wünsche seiner Tochter getroffen wurde. Benedetta war jedoch nicht die einzige, der ein Mitspracherecht über ihr Leben verweigert wurde. Die meisten Mädchen jener Zeit wurden bei der für ihr Leben wichtigsten Entscheidung nicht gefragt, nämlich ob sie in ein Kloster eintreten oder heiraten sollten. Das wurde von den Eltern beschlossen, solange die Töchter noch zu jung waren, um zuzustimmen oder Einspruch zu erheben. Sicherlich gab es auch Nonnen mit einer starken religiösen Berufung und sogar solche, die gegen den Willen ihrer Eltern ins Kloster eintraten. Erzwungene Eheschließungen und die eingeengte Existenz der Frauen im Haus ließen vielen das Klosterleben als attraktive Alternative erscheinen. Außerdem hatte um die Mitte des 16. Jahrhunderts das Konzil von Trient als Teil seines Kirchenreformprogrammes die jahrhundertealte Haltung der Kirche erneut bestätigt, daß Frauen nicht gezwungen werden dürften, Nonne zu werden, sondern dies nur aus eigenem freien Willen tun sollten.[1] Allerdings hatte das 16. Jahrhundert andere Vorstellungen von dem, was Zwang darstellte, als das zwanzigste. Man kann sich fragen, wieviel freien Willen ein junges Mädchen hatte, wenn es von seinen Eltern und Verwandten bedrängt wurde und wenn, wie es normalerweise der Fall war, die Welt des Klosters die einzige Welt war, die es gut kannte. Denn die meisten Mädchen wurden bereits in zartem Alter dorthin gebracht, lange bevor sie irgendein Gelübde ablegen mußten. Ihre Vertrautheit mit dem klösterlichen Leben und ihre Angst vor der fremden Welt draußen, von den Drohungen, sie zu enterben, ganz zu schweigen – all das hätte einen offenen Widerstand längst zermürbt. Nichts zeigt das Dilemma manch eines Mädchens deutlicher als die Tagebuchnotizen einer Nonne jenes Klosters, in das Benedetta eintreten würde. Eine dieser Eintragungen hält die Ankunft einer Maria Magdalena di Giuliano Ceci fest, die »keine Nonne werden möchte«. Einige Jahre später erwähnen Routineeintragungen wiederum die Anwesenheit Schwester Maria Magdalenas unter den Nonnen des Klosters.[2] Arcangela Tarabotti, eine venezianische Nonne zu Anfang des 17. Jahrhunderts, nannte diese Art von Leben ein »klösterliches Inferno«, zu dem die Nonnen durch die Tyrannei ihrer Väter verdammt seien.[3]

Die Klosterjahre lagen jedoch für Benedetta noch in weiter Ferne, und wenn Giuliano ein »Tyrann« war, dann scheint er ein gütiger Tyrann gewesen zu sein. Benedettas Erinnerungen an ihr Familienleben lassen auf ein liebevolles Milieu schließen, wo beide Eltern von ihrer Tochter »große Zufriedenheit empfingen«. Auch in materieller Hinsicht war ihr Leben relativ problemlos. Von Vellanos achthundert Einwohnern war Giuliano Carlini der drittreichste. Zusätzlich zu seinem Haus in Vellano und mehreren in der Gegend verstreut liegenden Besitztümern besaß er einen Bauernhof direkt vor dem Ort, wohin er sich mit seiner Familie kurz nach Benedettas Geburt zurückzog.[4] Nicht jeder nannte soviel sein eigen. Aber die Carlinis hielten sich auch nicht für jedermann. Giulianos Frau, Midea d'Antonio Pieri, war die Schwester des Gemeindepfarrers, einer Stütze der Gesellschaft – hier wie in allen kleinen Gemeinden im Europa der frühen Neuzeit.[5] Die Carlinis waren stolz auf ihren sozialen Status, so sehr sogar, daß sie sich ein Familiengrab errichteten, welches die Lebenden an die Wichtigkeit der Familie und ihren Platz in der Gemeinde erinnern sollte.

Wie Giuliano zu seinen Besitztümern gekommen war, oder auch wie er sie vergrößerte, ist nicht festzustellen. Im späten 16. Jahrhundert lebten die Einwohner Vellanos davon, daß sie das Land bestellten und ein paar Schafe oder anderes Vieh hielten. Auch die Carlinis dürften ihr Einkommen dem Land verdankt haben. Korn, Olivenöl, Wein und Kastanienmehl – die Hauptnahrungsmittel der Bergbewohner in dieser Region – spielen in Giulianos Testament eine große Rolle. Aber es ist ebenso wahrscheinlich, daß er sein Land nicht selbst bestellte, sondern ein oder zwei Bauern für diese Arbeit eingestellt hatte. Die steilen Hänge mußten mit der Hacke bearbeitet werden, denn für Pflugtiere boten sie zu wenig Raum. Die Steine wurden einzeln aus der Erde geklaubt und zu Stützmauern aufeinandergetürmt, damit nicht ein Bergrutsch das Menschenwerk wieder vernichtete. Es war schwere Arbeit, die einem des Lesens und Schreibens kundigen Manne kaum anstand. Giulianos Kenntnisse qualifizierten ihn für andere Berufe, die den meisten Menschen in dieser abgelegenen ländlichen Welt verschlossen waren. Möglicherweise war er Notar oder Arzt oder ein kleiner Händler. Die Dokumente sagen darüber nichts aus, und wir können nur Vermutungen anstellen.

Sehr viel mehr können wir über Giulianos häusliche Aktivitäten erfahren. Für einen toskanischen Vater kümmerte er sich ungewöhnlich intensiv um die Erziehung seiner Tochter. Ja, er stellte seine Frau praktisch in den Schatten, sieht man einmal von den alleralltäglichsten oder geschlechtsspezifischen Tätigkeiten ab. Vielleicht lag das daran, daß Benedetta sein einziges Kind war. Vielleicht auch widmete Giuliano seinen weiblichen Verwandten mehr Aufmerksamkeit, weil er offensichtlich keine nahen männlichen hatte. Die Dokumente erwähnen nur seine Mutter, seine Schwester, seine Frau und seine Tochter.[6] Was immer auch die Gründe gewesen sein mögen, Giuliano nahm Benedettas Leben in einer Weise in die Hand, die keinen Zweifel an seinem Interesse für sie ließ.

Sofort nachdem er Benedetta dem klösterlichen Leben geweiht hatte, »ging [er], es ihrer Mutter zu sagen, und sie stimmte zu.« Auch »ließ [er] sie von ihrer eigenen Mutter stillen und nähren«, ein ziemlich ungewöhnlicher Schritt für einen Mann seiner Stellung, der es sich hätte leisten können, eine Amme zu dingen. Möglicherweise bestand er darauf, daß Midea ihr Kind selbst nährte, weil er wußte, daß Babys in den Händen von Ammen nicht so gut überlebten wie bei ihren Müttern. Die meisten Ammen waren arme Frauen vom Land, die selbst zu schlecht ernährt und gekleidet waren, um sich angemessen um ihre allzu zahlreichen Schützlinge zu kümmern. Er mag auch befürchtet haben, daß sich der moralische Charakter der Amme auf das Kind übertragen könnte. Man glaubte nämlich, daß Tugenden ebenso wie Laster durch die Muttermilch weitergegeben wurden. Moralisten der Renaissance wie etwa Paolo da Certaldo rieten den Eltern, bei der Wahl einer Amme folgendes zu beachten: »Sie sollte besonnen, gesittet und ehrbar sein, sollte keine Trinkerin oder Säuferin sein, weil die Kinder oft so werden, wie die Milch ist, die sie bekommen.«[7]

Angesichts dieser Sorge um das Wohlergehen seines Babys überrascht es nicht, daß Giuliano nach der Geburt Benedettas etwa anderthalb Jahre lang auf seine ehelichen Rechte verzichtete. Die Ärzte waren damals der Meinung, daß die Muttermilch durch Geschlechtsverkehr und Schwangerschaft verdorben würde. Genau diese als notwendig erachtete sexuelle Abstinenz veranlaßte zusammen mit all den anderen Ansprüchen, die ein Neugeborenes an seine Mutter stellt, manch einen toskanischen Vater aus der Mittel- und Oberschicht, nach einer Ersatzmutter für sein Kind zu suchen. Nach Ansicht des hl. Bernhardin von Siena überließen Eltern ihre Sprößlinge einer ungewissen Zukunft in der Obhut einer »schmutzigen Schlampe«, um »sich selbst größere Lust zu verschaffen«.[8] Benedetta blieb ein solches Schicksal erspart.

Sobald sie alt genug war, eine Erziehung zu empfangen, war es wiederum Giuliano, der die Sache in die Hand nahm. Die meisten pädagogischen Abhandlungen aus jener Zeit schlagen eine klare Arbeitsteilung vor. Kleinkinder beiderlei Geschlechts sollten ihre erste Unterweisung von ihrer Mutter erhalten. Waren sie über dieses Stadium hinaus, sollten die Knaben in Lateinschulen von männlichen Lehrern erzogen werden, während die Mädchen weiterhin von ihren Müttern unterwiesen wurden. Benedettas Erziehung entsprach dieser Norm nicht.[9]

Ihr Vater war ein frommer Mann. Einem Kruzifix, das ihm gehörte, galt seine besondere Liebe, und er bestimmte in seinem Testament, daß sein Haus nach seinem und seiner Frau Tod in eine der Mutter Gottes geweihte Kapelle umgewandelt werden sollte.[10] Folglich war Benedettas Erziehung vorwiegend religiös bestimmt. »Im Alter von fünf Jahren konnte sie die Allerheiligen-Litanei und andere Gebete, die ihr Vater sie gelehrt hatte.« Mehrmals am Tag pflegte sie unter seiner Anleitung den Rosenkranz zu beten. Mit sechs Jahren lernte sie lesen und wurde mit den Anfangsgründen der christlichen Lehre vertraut gemacht. Sie mag sogar ein paar Brocken Latein gelernt haben.[11]

Ihre Mutter spielte in ihrer Erziehung eine gewisse Rolle, aber sie legte dabei ganz offensichtlich kein großes Selbstvertrauen an den Tag. Zwar trug sie Benedetta auf, täglich fünf Paternoster und acht Ave-Maria aufzusagen, aber im großen und ganzen schien sie ihre Aufgabe darin gesehen zu haben, ihre Tochter zu mächtigeren, übernatürlichen weiblichen Vorbildern hinzulenken, die ihr einen besseren Schutz bieten konnten als sie selbst. Ganz besonders war sie der hl. Katharina von Siena ergeben, deren mystische Vermählung mit Christus im Hause Carlini als ein Festtag begangen wurde. Außerdem verehrte sie eine Statue der Heiligen Jungfrau, die sie speziell für Benedetta erworben hatte. Ja, ihre Verehrung der Jungfrau war so groß und ihr Zutrauen zu ihrer eigenen Rolle als Mutter so begrenzt, daß sie »Benedetta sagte, sie solle die Madonna zu ihrer Mutter und Hüterin machen.«

Aber wovor mußte Benedetta beschützt werden? Wie in vielen Volkserzählungen sah sich auch hier die Heldin der Geschichte schon früh zerstörerischen Mächten gegenüber, die es auf ihr Leben und ihre Seele abgesehen hatten. Eines Tages erschien ein schwarzer Hund und wollte sie fortzerren. Das Schreien des Kindes schlug ihn in die Flucht, und als ihre Mutter bei ihr ankam, war der Hund verschwunden. Benedetta und ihre Eltern betrachteten diesen Vorfall als das Werk einer übernatürlichen Macht. Der Teufel hatte die Gestalt eines Tieres angenommen, um ihr etwas anzutun. Von nun an würde sie sich in acht nehmen müssen.

Glücklicherweise brauchte sie der Gefahr nicht allein ins Auge zu sehen. Zusätzlich zu ihren Eltern tauchte auch noch übernatürliche Hilfe auf. An einem schönen Frühlingstag, als Benedetta gerade auf einer kleinen Veranda ihres Elternhauses stand und ihre Laudes sang, hörte sie plötzlich, wie eine Nachtigall ihren Gesang nachahmte. Wie Kinder in Märchen das so tun, wurde Benedetta mit diesem Wunder spielend fertig. Anstatt von dem ungewöhnlichen Ereignis beeindruckt zu sein oder Gott dafür zu danken, daß sie Zeuge Seiner Macht sein durfte, befahl sie dem Vogel schlicht aufzuhören, da sie nicht begleitet werden wollte.[12] Die Nachtigall gehorchte und nahm ihre Melodie erst wieder auf, als Benedetta es ihr erlaubte. Während der nächsten zwei Jahre konnte man die Nachtigall, wegen ihres nächtlichen Gesanges der berühmteste aller Vögel, zu jeder Tages- und Nachtzeit singen hören, ganz wie Benedetta es wünschte. Wie der Hund, so war auch die Nachtigall nicht ganz das, was sie zu sein schien. Im Körper eines Tieres verborgen, war es in Wirklichkeit ein von Gott gesandter Schutzengel.

Warum Gott eine so zarte Kreatur ausersehen hatte, Benedetta in ihrem Kampf gegen einen gewaltigen Feind wie den Teufel zu unterstützen, ist einigermaßen rätselhaft, insbesondere, da die Nachtigall in der europäischen Volksüberlieferung und -literatur ein Symbol der fleischlichen Liebe war, d. h. der sinnlichen Seite des Lebens, deren sich der Teufel so häufig für seine Zwecke bediente.[13] Vielleicht war die Nachtigall genau deshalb am geeignetsten, um in Benedettas Leben als Werkzeug Gottes zu fungieren. Indem es Gott gefiel, ihr von allen Geschöpfen gerade dieses als Hilfe zur Seite zu stellen, ließ er erkennen, daß auf diesem Aspekt ihres Daseins sein Segen ruhte. Die Welt der Sinne, der irdischen Liebe, der engen Verbindung mit der Natur – das alles floß aus Gottes überreichlicher Fülle. Wenn sich Benedetta davon angezogen fühlte, griff sie gleichzeitig nach der Welt Gottes.

Und doch war das die Welt, die sie würde aufgeben müssen. Als Benedetta neun Jahre alt geworden war, erfüllten ihre Eltern das Gelübde, das sie bei ihrer Geburt abgelegt hatten. An einem Vorfrühlingstag, als die Kastanienbäume und die Weinstöcke gerade die neue Blüte ahnen ließen, brachte ihr Vater sie den Bergpfad hinunter in das nahegelegene Pescia, damit sie sich dort einer Gruppe von Frauen anschlösse, die sich dem klösterlichen Leben geweiht hatten. Benedetta erinnerte sich später der Abschiedsworte ihrer Mutter: »Als ich mein Zuhause verließ, sagte meine Mutter zu mir: ›Verlasse mich, die ich deine Mutter bin; ich möchte, daß du die Mutter Gottes zu deiner Mutter nimmst, denn ich habe gehört, daß jene Mädchen eine Madonna haben. Mit allen deinen Nöten sollst du zu ihr gehen, genauso wie du zu mir kommen würdest.‹«[14]

Als Benedetta und ihr Vater sich auf den Weg machten, erschien wieder die Nachtigall und folgte ihnen. Nach ungefähr eineinhalb Kilometern jedoch wandte sich Benedetta zu ihr um und sagte: »Lebe wohl, Nachtigall, ich gehe nach Pescia und verlasse dich.« Die Nachtigall flog davon in den Himmel und wurde nach Aussage der Dorfbewohner in jener Gegend nie wieder gehört.[15]

ZWEITES KAPITEL

Das Kloster

Was Benedettas Reise den Berg hinunter bedeutete, kann man nur ermessen, wenn man die psychische und kulturelle Distanz bedenkt, die zwischen den Orten lag. Die elf Kilometer zwischen Vellano und Pescia trennten zwei völlig verschiedene Erfahrungswelten, aber auch zwei verschiedene kulturelle Räume. Benedetta verließ nicht nur ihre Eltern, die sie mit einer Aufmerksamkeit überhäuft hatten, wie sie einem Einzelkind vorbehalten war, dem Gottes besondere Gnade zuteil wurde, sondern sie tauschte auch die Welt der Berge gegen die der Ebene ein – die Welt der Natur, in der die Zivilisation nie ganz festen Fuß gefaßt hatte, gegen die der Ebene, wo neue Menschen, neue Arbeitsmethoden und neue Denkweisen das Leben der gewöhnlichen Menschen tagtäglich veränderten. Wenn in der mediterranen Welt der Anbau von Wein und Oliven in etwa die Grenzlinie der Zivilisation markierte, dann lag Vellano an deren äußerstem Rand. Gleich oberhalb des Ortes wurde die Kulturlandschaft von Wäldern aus Eichen, Kastanien und Steineichen abgelöst. Dieses Land war niemals von der Hacke berührt worden. »Die Berge«, sagt Fernand Braudel, »sind eine rauhe Welt, abseits der Zivilisation, dieser Errungenschaft der Städte und des Flachlandes.«[1] Die beiden Welten waren natürlich nicht völlig voneinander isoliert. Wenn auch mit Unterbrechungen, so herrschte doch ein von den Lebensbedürfnissen bestimmtes Hin und Her von Menschen und Waren. Benedetta Carlini war folglich ein weiteres Glied in einer sehr alten Kette. Aber wenn der Prozeß der Kommunikation und des Austauschs auch auf lange Sicht für beide Welten gleichermaßen nützlich war, so wurde er doch von Furcht und Mißtrauen begleitet. Die Angst der Flachländer vor den Leuten aus den Bergen würde sich sehr viel später in Benedettas Leben zeigen, so wie sie sich schon bei vielen anderen Gelegenheiten gezeigt hatte, wenn Städter mit ihren Nachbarn aus den Bergen zu tun hatten. Was Benedetta anbetrifft, so erwähnt sie in ihrer Jahre später gegebenen Reiseschilderung nichts von Furcht, aber man kann sich die Gefühle eines neunjährigen Mädchens aus den Bergen gut vorstellen, wie es sich da dem geschäftigen Gewimmel einer kleinen Stadt im Schatten eines der großen kulturellen Zentren Europas nähert.

Pescia, auf das sie zustrebte, war ein schnell wachsendes regionales Zentrum für das Valdinievole, ein abwechslungsreiches agrarisches Gebiet zwischen Pistoia und Lucca. Die Einwohnerzahl der Stadt hatte im 16. Jahrhundert in einem Tempo zugenommen, das jede andere Stadt im Staate Florenz hinter sich ließ – bis 1590 hatte sie sich verdoppelt und war bei über sechstausend angelangt. Dieser Zustrom von Menschen war der Tatsache zuzuschreiben, daß sich Wirtschaft und Gesellschaft Pescias in tiefgreifendem Wandel befanden. Das ehemals rückständige und verarmte Bauerndorf, das sich während des 15. Jahrhunderts von vielen anderen dieser Art im florentinischen Herrschaftsgebiet kaum unterschieden hatte, war, als Benedetta es zum ersten Male sah, zu einem blühenden Marktflecken geworden, wo landwirtschaftliche Produkte – vor allem Seide, Wein und Olivenöl – gehandelt wurden. Außerdem hatte sich eine kleine Papierindustrie angesiedelt. Durch diese Aktivitäten hatten die Bewohner Pescias Anschluß an ein ausgedehntes internationales Handelsnetz gefunden, und diese Verbindungen hatten ihrerseits bedeutsame kulturelle Auswirkungen. Die neuesten Moden in Kunst und Literatur, aber auch in den profaneren Gegenständen des täglichen Lebens fanden allmählich den Weg nach Pescia und veränderten nicht nur seine Sozialstruktur, sondern auch das Erscheinungsbild des Ortes selbst. Aus der mittelalterlichen Schale barsten neue Läden, neue Renaissancepaläste, neue Kirchen, neue Klöster – kurz gesagt, es entstand eine Stadt.[2]

Dieser Ort war Neuerungen gegenüber aufgeschlossen, hier konnten es Außenseiter zu etwas bringen. Aber in dem Lärm und Betrieb einer geschäftigen Stadt konnte der Versuch, sich Anerkennung zu verschaffen, auch untergehen. In Vellano war Benedettas unverkennbarer Status von der Natur ebenso wie von ihren Eltern und vielleicht auch von ihren Nachbarn anerkannt worden. Ganz wie im Märchen akzeptierten sie bereitwillig die verschiedenen Zeichen dafür, daß Gott sie vor allen anderen ausersehen hatte, Seiner göttlichen Gnade teilhaftig zu werden. Die städtische Umgebung jedoch war viel unpersönlicher und würde einer größeren Beharrlichkeit und andersartiger Anstrengungen bedürfen. Das Leben einer Märchenheldin würde zur Vita einer Heiligen umgestaltet werden müssen.

Ob diese Transformation gelingen würde, hing in großem Maße davon ab, wie weit sich Benedetta an die sich rapide verändernde klösterliche Welt würde anpassen können, die zu betreten sie im Begriff stand. Die Klöster in Pescia waren, wie so viele im späten 16. Jahrhundert, noch immer tiefgreifenden Reformen unterworfen, die sowohl die Anzahl als auch den Charakter religiöser Institutionen betrafen. Unter dem Druck des Bevölkerungswachstums, verbunden mit dem gesteigerten religiösen Eifer der katholischen Erneuerung, platzten die Klöster der Stadt aus allen Nähten. Um den anschwellenden Strom von Bewerberinnen unterbringen zu können, wurden die beiden Nonnenklöster der Stadt, San Michele, gegründet im 12. Jahrhundert, und Santa Chiara, das in den neunziger Jahren des 15. Jahrhunderts errichtet worden war, um die Mitte des 16. Jahrhunderts vergrößert. Als das nicht mehr ausreichte, schufen die örtlichen Behörden ein neues Nonnenkloster mit Namen Santa Maria Nuova. Außerdem begann eine kleine Gruppe von Frauen, die in der Gegend als die Theatinerinnen bekannt waren, ein Ordensleben zu führen. Sie hofften, eines Tages die päpstliche Erlaubnis zu erhalten, ein richtiges Kloster gründen zu dürfen. Doch trotz all dieser Maßnahmen mußte man vielen Mädchen aus Platzmangel die Aufnahme in diese Institutionen verweigern. In den Nonnenklöstern Pescias lebten zum Zeitpunkt von Benedettas Eintritt schon fast zweihundert Frauen und Mädchen, die älter als acht Jahre waren, und auf jedes aufgenommene Mädchen kamen drei abgewiesene Bewerberinnen. Die unglücklichen Einwohner von Pescia waren, wie ein Beobachter damals ausrief, noch immer »reich nur an Mädchen, die nicht wußten, wohin sie sollten«. Um der örtlichen Bevölkerung jede nur mögliche Chance zu geben, bestimmten die Beamten des Großherzogs im Jahre 1598, daß die Nonnenklöster der Stadt keine Mädchen als Nonnen oder als deren Dienerinnen (*converse*) aufnehmen durften, die nicht aus dem Valdinievole stammten. Vorher waren nämlich auch Mädchen aus dem angrenzenden Stadtstaat Lucca in Pescias Klöster eingetreten.[3]

Da Benedettas Eltern wußten, wie schwer es war, in den älteren und angeseheneren Klöstern, die vor allem den Töchtern des Patriziats vorbehalten waren, Aufnahme zu finden, faßten sie die jüngste klösterliche Einrichtung ins Auge, nämlich die der Theatinerinnen, wo es leichter und sicherlich billiger sein würde, ihre Tochter unterzubringen. Es bedurfte sorgfältiger Überlegungen hinsichtlich der gesellschaftlichen und finanziellen Voraussetzungen, wollte man für ein Mädchen einen Platz im Kloster bekommen. Die hierarchische Gliederung der Gesellschaft außerhalb der Klostermauern übertrug sich auch auf das Leben innerhalb derselben. Das Kloster Santa Maria Nuova zum Beispiel nahm nur Mädchen aus Pescia auf, deren Väter für ein öffentliches Amt in Frage kamen.[4] Das bedeutete de facto eine Beschränkung auf reiche Besitzbürger, deren Familien schon seit mehreren Generationen in der Stadt lebten.[5] Aber selbst wenn es eine solche Regel nicht gegeben hätte, wäre das draußen existierende Geflecht von Verwandtschaftsverhältnissen, Protektion und Freundschaften von Einfluß darauf gewesen, wohin man ein Mädchen brachte. Natürlich würde man die Tochter dort unterzubringen versuchen, wo bereits eine Schwester, Cousine oder eine Freundin der Familie lebte. Auf diese Weise wollte man von innen heraus die draußen bereits vorhandenen Verbindungen stärken. Aus den gleichen Gründen dürften wohl auch die Nonnen, die über die Aufnahme neuer Mädchen abzustimmen hatten, Mädchen aus ihren eigenen oder befreundeten Familien bevorzugt haben. Ein Vorgang mag dies illustrieren. Die Nonnen von San Michele in Pescia hatten im Jahr 1612 den Großherzog der Toskana, Cosimo de' Medici II., um Erlaubnis gebeten, eine *conversa* aus Collodi, einer Stadt gleich außerhalb der Grenzen von Florenz, aufnehmen zu dürfen. Als Cosimo ihnen antwortete, sie sollten sich nach anderen Kandidatinnen innerhalb des Gebietes von Pescia umsehen, schauten sich die Nonnen gehorsam fünf weitere Mädchen an, die sie dann der Reihe nach ablehnten. Daraufhin wiederholten sie ihre Bitte an den Großherzog und setzten hinzu, daß ihnen das Mädchen aus Collodi am besten gefalle, weil es sich bei der Seidenbearbeitung besonders hervortue und zudem eine Mitgift von einhundert Scudi mitbringe, was doppelt soviel sei wie die Mitgift anderer *converse*. In diesem Stadium schritt der Propst von Pescia, die höchste kirchliche Autorität in der Stadt, ein und klärte Cosimo schriftlich über die wahren Hintergründe des Falles auf. Das betreffende Mädchen sei die Tochter von Schwester Jacopa, einer der ältesten Nonnen in San Michele. Die fünf Mädchen aus Pescia, die sich die Nonnen ansahen, hätten nicht die geringste Chance gehabt, meinte der Propst, da die Nonnen bei ihrer Stimmabgabe parteiisch gewesen seien. Auf seine Empfehlung hin wurde die Bittschrift der Nonnen negativ beschieden, eines der seltenen Beispiele, wo Familieninteressen einmal nicht triumphierten. Es handelte sich allerdings um einen ungewöhnlichen Fall, und aus diesem Grunde blieben seine Unterlagen erhalten – im Gegensatz zu den routinemäßig erteilten Zulassungen, an denen nichts Bemerkenswertes war. Was den Fall so einzigartig machte, war nicht eigentlich, daß Schwester Jacopa eine Tochter hatte (manch eine Witwe mit erwachsenen Kindern ging damals ins Kloster), sondern vor allem, daß sie vom jüdischen Glauben übergetreten war. Auf welch seltsamen Wegen sie schließlich als Nonne nach San Michele gekommen war, wissen wir nicht, aber es ist einsichtig, daß eine konvertierte Jüdin nicht den gleichen Druck auf den Propst ausüben konnte wie eine Nonne aus einer alteingesessenen christlichen Familie. Dennoch waren die verwandtschaftlichen Bande so stark, daß die Mehrheit der Nonnen im Kloster Jacopas Bitte zu unterstützen bereit war und sich über ein Jahr lang beim Großherzog für sie einsetzte.[6]

Wie die Geschichte zeigt, spielten nicht nur verwandtschaftliche Bande, sondern auch Geld ein wichtige Rolle, wenn es darum ging, ein Mädchen in einem Kloster unterzubringen. Der Heiratsmarkt für eine Braut Christi war an den Heiratsmarkt für die Bräute gewöhnlicher Männer gekoppelt. Und in der Toskana des 16. Jahrhunderts beherrschen die Käufer den Markt. Da die Männer in zunehmendem Maße eine Eheschließung hinauszögerten oder gar nicht heirateten, stiegen die Kosten für die Mitgift, sei es im weltlichen oder im klösterlichen Bereich. Um gegen Ende des 16. Jahrhunderts in Pescia für ein Mädchen aus gutem Hause einen Mann zu finden, brauchte man eine Mitgift von mindestens 1500 Scudi. Sie in einem renommierten Kloster wie Santa Chiara unterzubringen, kostete an die 400 Scudi. Wen wundert es da, daß Patrizierfamilien mit vielen Töchtern darin einen attraktiven Ausweg sahen und die Klöster der Stadt vor Bewerberinnen nicht aus noch ein wußten. Nichtsdestoweniger überstiegen selbst 400 Scudi die Mittel der meisten, denn schließlich verdiente zu jener Zeit ein geschickter Handwerker höchstens 55 oder 60 Scudi im Jahr.[7] Ein nur mäßig reiches Mädchen – und mehr war Benedetta Carlini nach den Maßstäben der dortigen Gesellschaft nicht – mußte eine billigere Institution finden.

Eine solche versuchte die Genossenschaft der Theatinerinnen in Pescia aufzubauen. Die Summen, die die Neuankömmlinge bei ihrem Eintritt als Mitgift zahlten, schwankten zu Anfang des 17. Jahrhunderts beträchtlich und richteten sich nach ihrer Zahlungsfähigkeit, betrugen aber im Durchschnitt nicht mehr als 160 Scudi. Der Grund dafür war, daß die Theatinerinnen von Pescia nicht wirklich Theatinerinnen waren und im Jahre 1599, als Benedetta zu ihnen stieß, noch nicht einmal als richtige Nonnen in der regulären Klausur eines Klosters lebten. Die Gruppe war neun Jahre zuvor von Piera Pagni gegründet worden, der Witwe eines prominenten Bürgers der Stadt, dessen Verwandte hohe Ämter in Kirche und Staat bekleideten. Zusammen mit einer Handvoll junger Frauen schuf Piera in einem Privathaus einen Ort der Zurückgezogenheit und inneren Einkehr, wo sie gemeinschaftlich lebten und sich dem Gebet und geistlichen Übungen hingaben. Ihren Lebensunterhalt bestritt die Gruppe aus den jeweils eingebrachten Mitgiften und den Einkünften aus ihrer manuellen Arbeit, die für sie wie für die meisten Frauen Pescias darin bestand, für die Seidenindustrie von Florenz Rohseide zu haspeln.[9]

Die Bildung solcher Ordensgenossenschaften war in der zweiten Hälfte des 16. Jahrhunderts nichts Ungewöhnliches. Halbwegs zwischen einer säkularen und einer klösterlichen Existenz liegend, bot diese Daseinsform jenen Frauen, die nicht in bereits etablierte Klöster eintreten konnten oder wollten, eine Möglichkeit, ihren religiösen Neigungen zu folgen und ihre sozialen Bedürfnisse zu befriedigen. Ihre weniger strengen Anforderungen hinsichtlich der Mitgift hatten ebenso etwas mit ihrem geringeren Sozialprestige zu tun wie mit der Tatsache, daß ihre Mitglieder anstelle des »heiligen« Gelübdes des Gehorsams, der Armut und der Keuschheit, das in den Augen der Kirche nicht aufhebbar war, nur ein einfaches und leicht rückgängig zu machendes Keuschheitsgelübde ablegten. Die unsichere Position dieser Gemeinschaften machte sie finanziell weniger anspruchsvoll, da sie sonst befürchten mußten, daß ihnen die Bewerberinnen ausblieben oder daß sie die bereits Eingetretenen nicht halten konnten. Die Berechtigung solcher Besorgnisse wurde offenkundig, als der Papst die Theatinerinnen im Jahr 1619 aufforderte, ihm Steuern zu zahlen. Pirro Torrigiani, einer ihrer Verwalter, schrieb zurück, daß sie unmöglich zahlen könnten, denn »alles, was sie besitzen, ist das, was sie mit ihrer Arbeit und ihren Mitgiften eingenommen haben. Und obwohl sie in einem Privathaus in einer religiösen Vereinigung leben und gute Werke tun in der Absicht, ein Kloster zu bauen, haben sie sich doch nicht der Jurisdiktion der Kirche unterworfen. Sie haben sich auch nicht verpflichtet, in ihrer Zurückgezogenheit und in ihrer Vereinigung zu bleiben, so daß es einige gibt, die fortgegangen sind und mitgenommen haben, was sie mitgebracht hatten.«[10]

Die finanziellen Aspekte eines Eintritts in ein Kloster sowie die Tatsache, daß einige Frauen dem klösterlichen Leben auch wieder den Rücken kehrten, sollten jedoch nicht über den religiösen Ernst solcher Vereinigungen hinwegtäuschen. Einige der frömmsten und erfolgreichsten weiblichen Orden wie beispielsweise der der Ursulinen entwickelten sich aus solchen bescheidenen Anfängen. Und dies nicht etwa, weil ihre Gründerinnen es sich nicht hatten leisten können, in ein anderes Kloster einzutreten, sondern weil sie ihrer starken religiösen Berufung in der häufig korrupten Welt der etablierten Klöster nicht folgen konnten, in denen die ›abgelegten‹ Töchter aus den Patrizierfamilien ein Leben führten, das sich in vielerlei Hinsicht nicht vom Leben der Oberschicht draußen unterschied.[11]

Zweifellos hatten viele Klöster eine interne Reform erlebt, nachdem das Konzil von Trient 1563 neue Dekrete hinsichtlich ihrer Leitung verabschiedet und befohlen hatte, daß alle Nonnen vollkommen klausuriert leben sollten, ungeachtet irgendwelcher Privilegien, die sie vorher genossen hatten. Aber trotz der Unterstützung durch die weltlichen Regierungen, die deshalb zur Kooperation bereit gewesen sein mochten, weil die

Das Kloster 45

Reinheit der Klöster als für das Wohlergehen der gesamten Gesellschaft äußerst wichtig erachtet wurde, waren solche Regeln nur schwer durchzusetzen. Selbst im Staat Florenz benötigte die Reform viel Zeit, obwohl dem Herzog aus dem Hause Medici das Klosterleben sehr am Herzen lag. Und das auch schon vor dem Tridentinum, hatte er doch früher bereits kleine weltliche Kommissionen (*operai*) berufen, die die Verwaltung jedes einzelnen Klosters im Staat beaufsichtigen sollten, und es Laien verboten, die Klöster nach Belieben zu betreten und zu verlassen.[12] Im Jahre 1558, also dreizehn Jahre, nachdem er diese Gesetze erlassen hatte, schrieb Cosimo de' Medici an den Kardinal Guido Ascanio Sforza:

> Kurzum, ich sage Euch, daß eine meiner größten Sorgen auf dieser Welt der Wahrung der Ehre Gottes in diesen Klöstern gilt. Es hat schon immer einige wenige mit einem schlechten Ruf gegeben und unzählig viele sehr heilige und gottesfürchtige; wegen Kriegsgeschäften war ich nicht in der Lage, mich sofort um sie zu kümmern; einige von denen, die früher ein sündhaftes Leben geführt und sich durch meinen Eifer daraus erhoben hatten, sind in den Sumpf zurückgefallen, und in einigen, bei denen ich energisch eingeschritten bin, habe ich mehr als fünfzehn Nonnen geschändet gefunden, und deshalb einige der führenden Herren dieser Stadt in Haft genommen; in einigen habe ich mehr und in anderen weniger gefunden [...]. Ich habe gefunden, daß Priester und Mönche die schlimmsten Schänder sind, obwohl es auch andere gibt.[13]

In den achtziger und neunziger Jahren des 16. Jahrhunderts war ein solches Treiben in Pescia nichts Unbekanntes. Die Nonnen von Santa Chiara zum Beispiel waren oft mit den Franziskanermönchen zusammen gesehen worden, die sich zwar ihrer geistlichen Nöte annehmen sollten, die aber Gelegenheit fanden, auch andere Arten von Trost zu spenden. Die Nonnen tauschten trotz aller Anstrengungen des Stadtrats von Pescia, dem ein Ende zu machen, regelmäßig mit den Mönchen Briefe und Pakete aus. 1610 kam es dann zu einem Eklat, als sich die *operai* von Santa Chiara auf Anordnung des Propstes in der Klosterkirche versteckten und zwei der herumstreunenden Mönche fingen. Dem »folgte ein großer Tumult und eine Menschenansammlung und ein großer Aufstand der Nonnen.« Die *operai* rauften sich mit den Mönchen und zogen einen von ihnen an der Nase, während die Nonnen sich revanchierten, indem sie mit Steinen und Ziegeln nach ihnen warfen. Der Vorfall kam dem Großherzog zu Ohren, als sich die Nonnen von Santa Chiara schriftlich bei ihm über die schlechte Behandlung beschwerten und ihn aufforderten, eine andere Gruppe von *operai* zu ernennen. Von den vieren, die sie hätten, sei einer, so beklagten sie sich, »von Gicht geplagt und immer im Bett«, ein anderer »ist ein klappriger alter Mann und zu nichts gut«, und ein weiterer »ist gesund und kräftig, aber will sich keine Mühe machen.« Der Großherzog zeigte sich nicht sehr entgegenkommend. Anstatt ihre Bitte zu erfüllen, übte er Druck auf den Provinzial der Franziskaner aus, daß dieser die beiden Mönche entferne, woraufhin die beiden prompt in ein dreijähriges Exil nach Korsika geschickt wurden.[14]

Sollten die Verantwortlichen erwartet haben, daß sich durch die Entfernung der beiden Mönche das Leben in dem Nonnenkloster wesentlich ändern würde, dann dürften die nachfolgenden Ereignisse sie höchlich verärgert haben. Mindestens die nächsten zehn Jahre machten die Nonnen und die restlichen Mönche munter so weiter wie bisher. Im Jahr 1621 erzählten sich die Leute, daß einer der Schuhmacher am Ort gerade ein ziemlich merkwürdiges Paar Holzschuhe zur Reparatur erhalten habe. Im Innern des einen sei eine »schändliche Figur, die nicht einmal für ein öffentliches Bordell geeignet war«, eingeschnitzt, und darunter stünden die Worte: »Von meinem Liebsten« (»Del mio bene«). Im Innern des anderen befinde sich ein Stück weißes Holz »in der Form eines männlichen Geschlechtsorgans *al naturale*«. Offizielle Nachforschungen brachten ans Licht, daß die Holzschuhe von der Haushälterin der Nonnen von Santa Chiara zum Schuster gebracht worden waren. Sie wurde vorgeladen und bezeugte, daß sie die Schuhe von einer der Nonnen erhalten habe. Die Nonne ihrerseits behauptete, einer der Mönche habe das Holz zurechtgeschnitzt, um damit ein Loch zuzustopfen. Da wurde den städtischen Behörden klar, daß drastischere Maßnahmen nötig waren, um des Problems Herr zu werden. Sie erhielten vom Großherzog die Erlaubnis, nach Rom zu schreiben und darum zu bitten, daß den Franziskanern ein für allemal der Zutritt zu dem Nonnenkloster untersagt werde, und daß man sie durch würdigere geistliche Führer ersetzen möge.[15]

Vor diesem Hintergrund moralischer Korruption einerseits und einer starken Bindung an eine reformierte, nach-tridentinische Kirche andererseits muß man die Gründung der Theatinerinnen in Pescia sehen. Piera Pagni, die Patrizierwitwe, die die Gemeinschaft ins Leben rief, hätte in jedes beliebige Kloster eintreten können. Bei ihrem Reichtum und gesellschaftlichen Rang hätte man sie in San Michele, Santa Maria Nuova oder auch in Santa Chiara aufgenommen. Aber für jemanden mit einer starken Berufung wäre das Leben in den Klöstern Pescias mit seiner laxen Moral unerträglich gewesen. Wenn Piera Pagni ein wahrhaft klösterliches Leben fern der Laster und des Materialismus der Welt führen wollte, dann mußte sie ihre eigene Ordensgenossenschaft gründen.

Einer ihrer Verwandten, Antonio Pagni, mag ihr dabei als Vorbild gedient haben, denn dieser hatte 1588, kurz nachdem er einen akademischen Grad in kanonischem Recht an der Universität von Pisa erlangt hatte, eine unabhängige Ordensgenossenschaft für Männer gegründet. Ihm schlossen sich Pater Paolo Ricordati, ein ehemaliger Advokat, und mehrere andere Priester und Laien an. Sie standen bald im Rufe der Heiligkeit und wurden deshalb von den Leuten der Gegend Theatinerpatres genannt – nach dem 1524 vom hl. Cajetan von Thiene mit dem Ziel der Kirchenreform gegründeten Orden von Regularklerikern, den Theatinern. Der Name blieb ihnen, auch als sie sich selbst schon »Kongregation von der Verkündigung Mariä« (»Congregazione della Santissima Annunziata«) nannten, und wurde bald auch auf die von Piera Pagni gegründete weibliche

Genossenschaft ausgedehnt, als sich nämlich die männlichen Theatiner bereit erklärten, sie zu unterstützen und ihnen geistlichen Rat angedeihen zu lassen.[16]

Von Anfang an hatten die Theatinerinnen die Absicht, ein regulärer Orden zu werden. Unter der geistlichen Führung ihres Beichtvaters Paolo Ricordati führten sie ein quasi klösterliches Leben. Ricordati legte ihnen nahe, die sogenannte »Regel Augustins« zu übernehmen. Diese Regel war nicht eigentlich eine förmliche Vorschrift, nach der sich das tägliche Leben oder die Leitung einer Gemeinschaft zu richten hatte, sondern einfach eine Sammlung geistlicher Ratschläge, in die die jeweilige Gemeinschaft ihre eigenen, detaillierten Regeln integrieren konnte. Sie befaßte sich mit Themen wie der Notwendigkeit eines gemeinschaftlichen Lebens ohne Privateigentum, des Gebetes, der Abtötung des Fleisches durch Fasten, einer bescheidenen Kleidung und so fort.[17] Die Strenge ihrer nach diesen Leitlinien entwickelten Lebensregeln kann man nur erahnen, da die Konstitution der Theatinerinnen nicht erhalten ist und ohnehin erst in den fünfziger Jahren des 17. Jahrhunderts niedergeschrieben wurde – aus Angst, eine detaillierte Aufstellung ihrer Observanzen könnte mögliche Bewerberinnen abschrecken.[18] Einer der Theatinerpatres hinterließ jedoch eine knappe Beschreibung einiger dieser Observanzen – sie bestanden aus »Fasten, Abtötung des Fleisches, Gehorsam, Unterweisung, wöchentliche Anwesenheit bei den heiligen Sakramenten, Leben in der Abgeschiedenheit, einziges Erscheinen in der Öffentlichkeit bei der Messe in der am nächsten gelegenen Kirche, Bekennen der Sünden im Refektorium und alle fünfzehn Tage am Ort ihres Gebetes im Angesichte aller«.[19] Zwischendurch waren noch mehrere Stunden täglich der manuellen Arbeit, d. h. der Seidenverarbeitung gewidmet. Eine solche Arbeit sollte Demut lehren, vom Müßiggang abhalten und der Gemeinschaft zu einem Einkommen verhelfen. Um sicherzustellen, daß alle Mitglieder ihre Pflichten erfüllten, und um leichter Ordnung halten zu können, entwickelten die Theatinerinnen eine Hierarchie der Befugnisse. »Sie haben in ihrer Mitte eine Oberin, unter der sie sich selbst regieren, eine Lehrerin für die Novizinnen und andere übliche Ämter, als wären sie reguläre Nonnen.«[20]

Zur gleichen Zeit, da sie sich intern organisierten, setzten sie auch die bürokratische Maschinerie in Gang, um ihre Stellung innerhalb der Kirche legitimieren zu lassen. Nachdem sie bewiesen hatten, daß sie sich mit ihren Mitgiften, ihrer Arbeit und mit Hilfe eines Bauernhofes, den sie 1610 gekauft hatten, selbst unterhalten konnten, erhielten sie im darauffolgenden Jahr von Rom die Erlaubnis, ein allgemeines Kapitel einzuberufen und neue Mädchen in ihrer Mitte aufzunehmen.[21] Offensichtlich steigerte das ihre Anziehungskraft und – mit den neuen Bewerberinnen – auch ihre Finanzkraft, denn im April 1613 baten sie die weltlichen Behörden um die Genehmigung, ein Kloster bauen zu dürfen, das bis zu dreißig Frauen aufnehmen konnte. Zu dieser Zeit zählten sie nur achtzehn Mitglieder, aber sie waren eines anhaltenden Wachstums gewiß. Das von ihnen vorgeschlagene Projekt sollte 4000 Scudi kosten, wovon ein Teil für das Niederreißen eines Stückes Stadtmauer vorgesehen war, um für das Gebäude Platz zu schaffen. Der im Oktober 1618 vollendete Bau, an einem Hang gelegen und mit einem großartigen Blick auf Pescia und das Flußtal, war ein eindrucksvoller Beweis dafür, was eine kleine Gruppe entschlossener Frauen in äußerst kurzer Zeit bewerkstelligen konnte.[22]

Sobald sich die Theatinerinnen in ihrem neuen Gebäude niedergelassen hatten, unternahmen sie die letzten Schritte, um den Rang eines regulären Klosters zu erlangen. Im Jahre 1619 baten sie den Papst, ihnen die völlige Klausur zu bewilligen. Nun würden sie nicht länger mehr ihr Kloster verlassen müssen, um die Messe zu hören. Noch wichtiger aber war die Tatsache, daß ihre Gelübde der Armut, Keuschheit und des Gehorsams in dem Augenblick, da sie »richtige« Nonnen waren, zu ewigen Gelübden wurden. Eine Nonne, die das Kloster wieder verlassen wollte, konnte nun von ihren Oberen und den weltlichen Behörden daran gehindert werden. Und jeder Laie, der versuchte, das Kloster ohne Erlaubnis zu betreten, konnte bestraft werden.[23]

Als die für solche Petitionen zuständigen päpstlichen Beamten die Bitte der Theatinerinnen erhielten, forderten sie den Propst von Pescia auf, ihnen einen Bericht über die Ordensfrauen zu schicken. Dieser muß positiv ausgefallen sein, denn im Juli des Jahres 1620 statteten der Propst und der Vikar von Pescia dem Kloster einen Besuch ab, um die Klausurierung vorzunehmen. Am 28. Juli 1620 gab Papst Paul V. dann die Bulle heraus, die es als reguläres Kloster mit päpstlicher Klausur bestätigte. Nach dem Wunsch der Nonnen erhielt die Gemeinschaft den Namen »Kongregation der Mutter Gottes« und sollte unter dem Schutz der heiligen Katharina von Siena stehen. Ihre Äbtissin, die die Nonnen aus ihren Reihen gewählt und die der Propst von Pescia bestätigt hatte, hieß Benedetta Carlini.[24]

Daß ein Mädchen aus den Bergen, aus einem Ort wie Vellano zu einer so hohen Stellung gelangte, war ziemlich ungewöhnlich. Und noch ungewöhnlicher war, daß sie zu diesem Zeitpunkt erst dreißig Jahre zählte, denn das Konzil von Trient hatte bestimmt, daß Äbtissinnen, wenn möglich, über vierzig Jahre alt sein sollten. Daß sie das alles erreichte, während sie zugleich auch noch half, das Kloster durch die letzten Stadien eines komplexen bürokratischen Prozesses zu lotsen, der für sein Überleben als Institution von ausschlaggebender Bedeutung war, ist höchst bemerkenswert.[25] Doch dürfen wir wohl die Karriere Benedettas und die Entwicklung des Klosters nicht isoliert voneinander betrachten. Es wäre doch auch möglich, daß die »Kongregation der Mutter Gottes« ihren Aufstieg dem Aufstieg der Benedetta Carlini und dem Ruf der Heiligkeit verdankte, in den sie sich und das Kloster gebracht hatte.

DRITTES KAPITEL

Die Nonne

Benedetta kam 1599 zu den Theatinerinnen, und nach außen hin war an ihren ersten Jahren dort nichts Bemerkenswertes. Zwanzig Jahre später erinnerten sich die übrigen Nonnen: »Nachdem sie in das Haus eingetreten war und nun mit den anderen Mädchen zusammen lebte, war sie immer sehr gehorsam und in allen ihren Handlungen vorbildlich. Sie tat niemals etwas Tadelnswertes und empfing zweimal wöchentlich die heilige Kommunion.« Nur Benedetta war sich der übernatürlichen Natur all dessen bewußt, was ihr immer häufiger widerfuhr.

Sobald ihr Vater sie verlassen hatte, tat Benedetta, was ihre Mutter ihr beim Abschied in Vellano gesagt hatte. Das neunjährige Mädchen kniete vor dem Madonnenbild des Klosters nieder und bat die Gottesmutter um ihren Schutz: »Meine allersüßeste Mutter, ich habe meine leibliche Mutter um deinetwillen verlassen, ich bitte dich, mich als deine Tochter anzunehmen.« Und es schien, als ob die Madonna zustimmend nickte.

Nicht lange danach ließ die Heilige Jungfrau erkennen, daß ihr ihre angenommene Tochter besonders lieb war. »Einmal, als ich vor ihrem Bildnis bestimmte Gebete sprach und nicht wußte, worüber ich meditieren sollte, auf daß es ihr ebenso wie mir gefalle, lehnte sich meine Mutter zum Zeichen, daß es ihr gefiel, über den kleinen Altar.« Benedetta glaubte, daß die Heilige Jungfrau sie küssen wolle, aber die Bewegung der Statue erschreckte sie so sehr, daß sie, als diese über den Altar kippte, voller Panik floh. »Ich begann laut zu schreien. Ich rief die Oberin, die hinlief und sie wieder aufrichtete.«

Benedettas Reaktion auf die Geste der Heiligen Jungfrau steht in deutlichem Gegensatz zu ihren früheren Reaktionen auf übernatürliche Begebenheiten. Während sie vorher Wunder als etwas ganz Natürliches hingenommen hatte, begegnete sie ihnen jetzt mit Schrecken und Ehrfurcht. Die Handlungen der Heiligen Jungfrau bezeugten die Allmacht Gottes. Wie die Wunder der Heiligen, die die Mädchen im Kloster lasen, um ihren Glauben zu stärken, so war auch das, was Benedetta erlebte, nicht etwas, was man einfach aufnahm, sondern etwas, worüber man nachdenken und von dem man etwas lernen sollte.[1] Ihre Kindheit und ihr Kinderglauben wurden nun von der religiösen Welt der Erwachsenen abgelöst, Volkskultur durch religiöse Kultur ersetzt. Die Märchenheldin begann, in die Fußstapfen der Heiligen zu treten.

Aus Angst erzählte Benedetta weder der Oberin noch sonst jemandem alles, was sie an jenem Tag am Altar gesehen hatte. Sie sagte einfach nur, daß die Heilige Jungfrau umgefallen sei – was man als zwar bedauerlich, nicht aber als katastrophal empfand. Schließlich glaubte Benedetta selbst das auch. Der Fall eines heiligen Bildes konnte natürlich die unterschiedlichsten Bedeutungen haben. Er konnte göttliche Gunst anzeigen, wie Benedetta anfänglich gemeint hatte, er konnte ein böses Omen sein oder ganz einfach ein natürlicher Unglücksfall ohne große Bedeutung. Soweit sie überhaupt darüber nachdachten, sahen die Theatinerinnen den Vorfall eher negativ, schenkten ihm aber im großen und ganzen nicht sonderlich viel Beachtung. Benedetta trat schnell wieder in die Unauffälligkeit des gemeinschaftlichen Lebens zurück.[2]

Die übernatürlichen Ereignisse, die dann später eintraten, waren eindeutiger und sprachen sich auch sehr viel mehr herum. Im Jahr 1613, kurz bevor die Theatinerinnen die Erlaubnis erhielten, ihr Kloster zu bauen, berichtete Benedetta – inzwischen eine junge Frau von dreiundzwanzig Jahren – ihrer Oberin und ihrem Beichtvater, daß sie Visionen habe. Der ersten Vision wurde sie eines Morgens teilhaftig, während sie betete. Plötzlich fühlte sie sich in einen schönen Garten mit vielen Früchten und Blumen versetzt. In seiner Mitte befand sich ein Brunnen mit duftendem Wasser, und daneben stand ein Engel, der ein Spruchband mit goldener Schrift hielt: »Wer immer Wasser aus diesem Brunnen schöpfen will, möge sein Gefäß reinigen oder nicht näher kommen.« Da sie die Bedeutung dieser Worte nicht verstand, fragte sie den Engel. Er erklärte ihr: »Wenn du Gott kennenlernen willst, dann befreie dein Herz von allen irdischen Wünschen.« Als Benedetta diese Worte hörte, fühlte sie den starken Drang, von der Welt Abschied zu nehmen. Doch die Vision hörte auf, und sie riß sich schmerzlich von ihr los und kehrte in die normale Welt der Sinne zurück. Hinterher fühlte sie ein großes Glück und stärker denn je den Wunsch, gut zu sein.[3]

Ein anderes Mal – es war im gleichen Jahr – sah sie sich von wilden Tieren wie Löwen, Skorpionen und Wildschweinen umringt, die ihr etwas antun wollten. Im allerletzten Augenblick wurde sie von einem äußerst prächtig gekleideten Mann gerettet, der dafür sorgte, daß sich die Tiere zurückzogen. Er sagte, er sei Jesus, und die Tiere seien Dämonen, mit denen sie werde kämpfen müssen. Er ermutigte sie, stark zu sein, und sagte, er werde immer kommen, um ihr Beistand zu leisten. Dann verschwand er.[4]

In einer anderen Vision wurde sie von einem neun- oder zehnjährigen Jungen zum Fuße eines Berges geführt, wo er ihr befahl hinaufzuklettern. Da das Gelände sehr unwegsam war, stolperte sie und fiel immer wieder ein Stück hinab. Schließlich nahm er sie bei der Hand und führte sie zum Gipfel. Dort angekommen, sagte er zu ihr: »Gleichermaßen wirst du ohne den wahren Führer, auf den du dich stützen kannst, niemals imstande sein, den Berg der Vollkommenheit zu erklimmen.« Als sie ihn fragte, wer dieser Führer sein könne, antwortete er: »Dein Beichtvater.«[5]

Der Inhalt mystischer Erfahrungen, ob wir diese nun als psychologische oder göttliche Offenbarungen betrachten oder als physiologische Reaktionen auf das Fasten, verweist auf das, was den Mystiker am tiefsten bewegt. Wenn wir also die Aussagen verstehen, die in Benedettas Visionen enthalten sind, dann verstehen wir auch, was sie am meisten beschäftigte. Obwohl es sich auf die verschiedenste Weise ausdrückte, war das grundlegende Thema ihrer frühen Visionen immer das gleiche: Die spirituelle Welt ist der materiellen überlegen; man muß die eine aufgeben, um die andere zu erlangen; der Weg ist schwierig und voller Gefahren, aber diese können mit göttlicher Hilfe bestanden werden; obwohl der Mensch ein schwaches Geschöpf ist, wird Gott ihm in seiner Barmherzigkeit helfen, wenn er nur willens ist, nach der Vollkommenheit zu streben.

Daß eine junge Frau, die ein klösterliches Leben führt, solche Worte hört, ist nicht überraschend. Zweifellos fand Benedetta in ihrem Bestreben, eine gute Nonne zu werden, den Weg zu spiritueller Vollkommenheit mühsam. Die Gestalten, die sie in ihren Visionen sah, bestätigten die Schwierigkeiten, mit denen sie zu kämpfen hatte, und gaben ihr gleichzeitig Mut und Hoffnung für die Zukunft.

Wenn man auf diese Zusammenhänge hinweist, heißt das nicht, daß man die spirituelle Realität, die diese Erfahrungen für Benedetta hatten, abschwächen wollte oder daß man nur die Aussage an sich, nicht aber die Visionen selbst für wichtig hielte. Die spezifische Art, in der die jeweilige Aussage sichtbar gemacht wird, ist genauso wichtig für das Verständnis einer Vision wie die allgemeine Bedeutung, die sie für den Visionär hat. Da Visionen die gesellschaftlichen und kulturellen Erfahrungen des Visionärs in sich enthalten, müssen sie nicht nur in ihrer Tendenz, sondern auch in ihren konkreten Details verstanden werden. Das trifft besonders für die Visionen der vormodernen europäischen Mystiker zu, die ja in einer Kultur lebten, in der eine bestimmte visuelle Form des stillen Gebets weit verbreitet war.

Wenn Benedetta aussagt, daß sie nicht gewußt habe, worüber sie hätte meditieren sollen, während sie betete, dann meinte sie eine besondere Art von Meditiation, zu der die hochentwickelte Fähigkeit gehörte, sich die Menschen, Orte und Begebenheiten aus dem Leben der Heiligen Familie vorzustellen, die zu bestimmten Gebeten paßten. Wie andere Mädchen jener Zeit hatte sie das mit Hilfe eines der vielen, weitverbreiteten Handbücher gelernt, die zu diesem Zwecke gedruckt wurden – beispielsweise das *Handbuch der Gebete und geistlichen Übungen* des Ludwig von Granada oder das vom hl. Karl Borromäus stammende Buch über das Gebet, das die Theatinerinnen besaßen und das Benedetta gelegentlich las. Der Ende des 15. Jahrhunderts in Venedig erschienene *Gebetsgarten* empfahl den jungen Leserinnen:

> Um die Passionsgeschichte deinem Geist besser einzuprägen und jede Handlung daraus leichter erinnern zu können, ist es hilfreich und nützlich, dir die Orte und Personen im Geiste auszumalen: zum Beispiel eine Stadt, die die Stadt Jerusalem sein wird; zu diesem Zwecke wählst du eine Stadt, die du gut kennst. Finde in dieser Stadt die wichtigsten Orte heraus, an denen all die Ereignisse der Passionsgeschichte würden stattgefunden haben. [...] Auch mußt du dir einige Personen vorstellen, die du gut kennst, um dir ein Bild von den Personen zu machen, die an der Passionsgeschichte beteiligt waren [...].
> Wenn du das alles getan und deine ganze Vorstellungskraft hineingelegt hast, dann geh in dein Zimmer. Allein und einsam schließe alle äußeren Gedanken aus deinem Bewußtsein und beginne, an den Anfang der Passionsgeschichte zu denken, wie Jesus auf dem Esel in Jerusalem einritt. Bewege dich langsam von Ereignis zu Ereignis, denke tief über jedes nach, verweile bei jeder einzelnen Phase und Stufe der Geschichte [...].[6]

Es waren Texte dieser Art, die Benedettas Visionen prägten. Zwar behauptete sie, als ihre Oberen sie über ihre Visionen befragten, daß das, was sie sehe, von keiner äußeren Quelle gespeist werde, doch aus ihren Antworten geht klar hervor, daß sie sich die Erbauungsliteratur, mit der sie in Berührung gekommen war, durchaus voll anverwandelt hatte. Sie erinnerte sich zum Beispiel, daß sie vor ihrer Vision vom Berg der Vollkommenheit mit den anderen Nonnen zusammen ein Buch vorgelesen bekommen hatte, das davon handelte, wie man mit den Sünden und Fehlern seines vergangenen Lebens umgehen sollte. Sie habe nicht die Absicht gehabt, den Gipfel des Berges zu erklimmen, aber sie habe viele Male mit den anderen Mädchen darüber in einem Buch gelesen, das sich mit der höchsten Stufe der Vollkommenheit in den drei Gelübden der Mönche und Nonnen befaßt habe, und besonders habe sie gelesen, daß »derjenige, der den Berg der Vollkommenheit erklimmen möchte, sich abmühen muß«.[7]

Die Nonnen lasen aber nicht nur Gebetsanleitungen und andere erbauliche Schriften, sondern versuchten auch, eine höhere Stufe des Betens zu erreichen, indem sie sich mit Hilfe von Gemälden und Skulpturen, die sie gesehen hatten, Bilder vor ihr inneres Auge stellten. Wie der Kunsthistoriker Michael Baxandall feststellte, war es »der Beruf des Malers [in der Renaissance und der frühen Neuzeit], die heiligen Geschichten zu visualisieren.« Er gab dem, was sich die Frommen bereits in ihrer Phantasie vorstellten, eine äußere Form, und seine Funktion war es, sie bei ihren Andachtsübungen weiter zu stimulieren.[8] Es verwundert also überhaupt nicht, wenn Benedetta einmal ausrief, daß die Gestalt der hl. Katharina von Siena, die ihr in einer Vision erschienen war, »genauso angezogen war, wie man sie auf den Bildern sieht«.[9] Benedetta dürfte solche Bilder in der Pfarrkirche von Vellano oder in einigen der Kirchen von Pescia gesehen haben, wo die Theatinerinnen der Messe beiwohnten oder die Kommunion empfingen, bevor sie in die Abgeschlossenheit ihres eigenen Klosters zogen.

Gleichermaßen dürfte Benedetta auch bei ihrer ersten Vision von schriftlichen und bildlichen Quellen inspiriert worden sein, auch wenn sie bestritt, je etwas über einen solchen Garten gelesen oder etwas ähnliches je gesehen zu haben. In ihrer Vision klingt die biblische Geschichte von der Frau aus Samaria an. Jesus sagte zu ihr, die er zunächst gebeten hatte, ihm Wasser zu schöpfen: »Wer aber von dem Wasser trinken wird, das ich ihm gebe, der wird in Ewigkeit nicht dürsten«

(Joh. 4,14). Doch erinnert der Garten, in dem Benedetta die Worte des Engels hörte, noch an eine andere Episode im Leben der Heiligen Familie – eine Episode, die zu den beliebtesten Sujets in der bildenden Kunst des späten Mittelalters und der Renaissance gehörte. Mit seiner Blumenfülle, dem jungen Engel mit goldenen und weißen Flügeln, seinem Brunnen und der in goldenen Lettern dargestellten göttlichen Botschaft ähnelt der abgeschlossene Garten, in dem sie sich fand, dem Garten der Verkündigung. Der umfriedete Garten (*hortus conclusus*), Symbol für die Jungfräulichkeit Marias, der Brunnen, der den Lebensquell repräsentierte, aus dem die geistige Wiedergeburt kam, das Spruchband mit dem Ave-Maria – all das waren ikonographische Topoi der Zeit. Wenn Benedetta sich nicht erinnern konnte, solche Bilder je irgendwo gesehen zu haben, so sicherlich deshalb, weil sie den religiösen Diskurs ihrer Zeit mit Erfolg verinnerlicht hatte.[10]

Trotz der konventionellen Bildlichkeit und des erbaulichen Tons ihrer Visionen reagierte Benedetta auf sie mit gemischten Gefühlen. Wie andere Visionäre auch empfand sie die Macht und die Gefahr, die von ihnen ausging. Als gläubiger Mensch in einer zutiefst gläubigen Gesellschaft hatte sie keinerlei Zweifel an der Realität von Visionen. Der moderne Hang, solche Phänomene als pathologische Halluzinationen einzustufen, existierte noch nicht. Die Frage war nicht, ob die Visionen real waren oder nicht, sondern ob sie göttlichen oder teuflischen Ursprungs waren. Was eine diesbezügliche Entscheidung so schwierig machte, war die Tatsache, daß der Teufel die unterschiedlichsten, oft allem Anschein nach auch freundlichsten Gestalten annahm, um sein ahnungsloses Opfer zu umgarnen. Durch eine schöne Gestalt und tugendhafte Reden vermochte er die Frommen auf seine Seite zu ziehen, um sie dann für seine bösen Taten zu benutzen. Der Apostel Paulus hatte die Frommen entsprechend gewarnt: »Er selbst, der Satan, verstellt sich als Engel des Lichts« (2. Kor. 11,14), und zahlreiche Abhandlungen, geschrieben zur geistlichen Unterweisung von Nonnen und Priestern, hatten seitdem warnend darauf hingewiesen, wie verwundbar man würde, wenn man sich mystischen Begegnungen mit dem Übernatürlichen überließe. Gerade die tiefe Frömmigkeit der Visionäre konnte von dem Widersacher Gottes gegen sie verwendet werden.[11]

Anfänglich fürchtete Benedetta, daß auch ihr dies geschehen könnte. Als sie Jesus sagen hörte, daß er immer bei ihr sein werde, »fühlte sie Furcht. [...] Und diese Worte ließen in mir die Frage aufkommen, ob es sich um eine teuflische Illusion handelte.« Und auch als sie sich allein in dem Garten mit dem Brunnen fand, »empfand sie Entsetzen.«[12] Jedoch machten ihre anfängliche Furcht und ihre Beklommenheit immer einem sich steigernden Glücksgefühl und großer Befriedigung Platz. »Und am Ende ihres Gebetes war ihr, als sei sie vollkommen zufrieden und glücklich, mit dem noch größeren Wunsch als vorher, gut zu sein, und in Jesus verliebt.« Das heißt also, »am Anfang der Visionen hatte sie Angst und fragte sich, ob sie vom Teufel oder von Gott stammten, aber dann hörte sie ganz allmählich auf, sich Sorgen zu machen.«[13] Ihre Reise durch die Gefühle – von der Angst über die Hinnahme bis zum Glück – spiegelte die Reise anderer Mystiker vor ihr wider, und diese Gewißheit war an sich schon ein Trost. Als erste hatte die Mutter Gottes diese Reise zurückgelegt, denn als diese hörte, daß der Herr sie vor allen anderen Frauen auserwählt habe, empfand sie Furcht, die aber dann zur Hinnahme und schließlich zur Freude wurde.

Benedettas niemals absolutes, aber doch wachsendes Vertrauen darauf, daß ihre Visionen göttlichen Ursprungs waren, wurde von dem Glücksgefühl gestärkt, das sie erfüllte. Zu ihrer Zeit wie auch heute noch waren und sind Gefühle bedeutungsbeladen. Aber während man im 20. Jahrhundert Emotionen als das Ergebnis von Erfahrungen ansieht, als das letzte innerliche Ergebnis äußerer Ereignisse, betrachtete man sie im 17. Jahrhundert noch selbst als Erfahrungen. Sie gaben den Ereignissen Sinn und Form, sie bestätigten moralische Wahrheiten.

Gefühle des Glücks waren göttlichen Ursprungs, Angst und Entsetzen kamen vom Teufel. So liest man beim hl. Athanasius:

> Die Anwesenheit guter kann von der böser Geister mit Hilfe Gottes leicht unterschieden werden. Die Vision der heiligen Geister bringt keine heftige Erregung mit sich [...], sondern sie kommt so ruhig und sanft, daß sich augenblicklich Freude, Heiterkeit und Mut in der Seele erheben. [...] Doch wenn einige, da sie menschlich sind, die Vision der Guten fürchten, so nehmen jene, die erscheinen, augenblicklich alle Furcht fort. [...] Aber das Eindringen und Sichzurschaustellen der bösen Geister ist mit Verwirrung, Lärm, Getöse und Geheul verbunden [...], wodurch sich Furcht im Herzen erhebt, Aufruhr und Verwirrung der Gedanken entsteht, Niedergeschlagenheit [...]. Wenn immer du also irgend etwas gesehen hast und du dich fürchtest und deine Furcht wird augenblicklich von dir genommen und an ihrer Stelle kommen unaussprechliche Freude, Fröhlichkeit, Mut, erneute Kraft, Ruhe des Gedankens, [...] Kühnheit und Liebe zu Gott, so fasse Mut und bete. Denn Freude und ein ruhiger Zustand der Seele zeigen die Heiligkeit dessen, der anwesend ist. Aber wenn bei der Erscheinung von Geistern Verwirrung herrscht, draußen ein Klopfen zu hören ist, sie in weltlicher Pracht daherkommen, Todesdrohungen ausstoßen [...], dann wisse, daß es ein Angriff böser Geister ist.[14]

Um sich der Echtheit ihrer Visionen zu versichern, unterzog Benedetta ihre Gefühle einer fortwährenden Überprüfung. Sie registrierte ganz genau auch die geringfügigste Veränderung in ihrem emotionalen Zustand. Um sich zusätzlich zu schützen, erzählte sie auch ihren Oberen von ihren Erfahrungen. Sie folgte damit lediglich dem Rat ihres übernatürlichen Führers auf dem Berg der Vollkommenheit – daß sie sich nämlich auf ihren Beichtvater als ihren geistlichen Ratgeber stützen solle.

Als Benedettas Beichtvater und die Äbtissin hörten, was sie in ihren Visionen erlebt hatte, hielten sie ihre Gefühle durchaus für wichtig. Sie zweifelten auch nicht daran, daß sie wirklich Visionen gehabt hatte, zumal da einige Male Zeugen zugegen gewesen waren, die beobachtet hatten, wie sie während des Gebets in einen tranceartigen Zustand verfallen war, in welchem sie gestikulierte und unverständliche Laute von sich gab. Während ihres veränderten Bewußtseinszustands konnten ihre Gefährtinnen keinerlei Antwort auf ihre besorgten Fragen erhalten. Hatte also der öffentliche Schauplatz ihrer Visionen bereits dazu beigetragen, ihre Behauptungen zu stützen, so lieferte sie nun ihren Oberen mit ihrem Bericht die Erklärung für die Vorkommnisse, die die anderen beobachtet hatten.[15]

Doch es blieb die Frage: waren die Visionen teuflischen oder göttlichen Ursprungs? Die Kirche hatte Offenbarungen und persönlichen Mystizismus schon immer problematisch gefunden. Visionen wurden als Wege akzeptiert, auf denen Gott die Menschen zum Heil führt, und die Jahrhunderte hindurch waren die Visionen der Heiligen niedergeschrieben und von Predigern als Beweis für die christlichen Wahrheiten sowie als Ermahnung für die Frommen verwendet worden.[16] Aber trotz ihres theologischen Fundaments und ihres pädagogischen Wertes betrachtete man Visionen zunehmend mit Mißtrauen, da sie außerhalb der Sakramentalstruktur der Kirche lagen. Normalerweise wurde die Kommunion zwischen Gott und den Gläubigen durch die Sakramente spendenden Priester vermittelt. Ganz besonders im 16. Jahrhundert, als die kirchliche Hierarchie sowohl innerhalb der Kirche als auch von protestantischen Dissidenten angegriffen wurde, unternahm man große Anstrengungen, alle jene Formen charismatischer Erfahrungen zurückzudrängen, die ohne die priesterliche Mittlerrolle auskamen. Das Ziel dieser Anstrengungen war es, alle anderen Zufahrtswege zur Gnade zu blockieren und die Ausbreitung der Ketzerei durch gutgläubige aber unwissende Visionäre, deren fehlerhafte Auslegung ihrer Erfahrungen sie und ihre Anhänger unabsichtlich in die Irre führen konnte, einzuschränken. Ausnahmslos wurden alle Mystiker des 16. Jahrhunderts, von denen einige zu großen Heiligen der katholischen Kirche werden sollten, des langen und breiten verhört, bis die meisten Zweifel hinsichtlich der Echtheit, des göttlichen Ursprungs und der Rechtgläubigkeit ihrer Visionen ausgeräumt waren.[17]

Die Visionen von Mystikerinnen wurden mit noch größerem Eifer untersucht als die von Männern. Bereits im 15. Jahrhundert hatte der Theologe Jean Gerson warnend darauf hingewiesen, daß die Visionen und Aussagen von Frauen »in Zweifel gezogen werden müssen, es sei denn, man habe sie sorgfältig geprüft und viel genauer als die von Männern [...], denn sie sind leicht zu verführen.«[18] Frauen besaßen nicht die Urteilskraft der Männer, sie waren das »schwächere Werkzeug« oder das »schwächere Geschlecht«, und ihre begrenzten geistigen Fähigkeiten, ungezügelte Neugier und unersättlichen Lüste ließen sie zu einer leichten Beute des Teufels werden.[19] Es ist paradox, daß just jene Neigung der Frauen zu Leichtgläubigkeit und schlichtem Glauben, die im späten Mittelalter und in der frühen Neuzeit so viele anerkannte Mystikerinnen hervorgebracht hatte und es ihnen – wie die Zeitgenossen meinten – leichter machte, sich mit Gott zu vereinigen, zugleich schuld daran sein sollte, daß das Weib oftmals zum ahnungslosen Werkzeug des Teufels wurde.[20]

All dessen eingedenk riet Benedettas Beichtvater dem Mädchen, allem zu mißtrauen, was es sah, um dem Teufel keine Handhabe zu geben. Sich von Gott für eine besondere Gnade auserwählt zu glauben, konnte ein Zeichen allergrößter Eitelkeit sein, und der Teufel wußte, wie er solche Gedanken für sich auszunutzen hatte. Pater Ricordati riet Benedetta, sie solle versuchen, die Visionen im Keim zu ersticken, und »Gott bitten, er möge ihr Qualen anstelle von Ekstasen und Offenbarungen senden, denn dies schiene ihm für sie der sicherere Weg zu sein, nicht vom Teufel betrogen zu werden.«[21] Die Bitte um Schmerzen würde einen Akt der Reue darstellen, der ihr helfen könne, ihren Stolz zu sühnen. Er würde sie auch Demut lehren, eine besonders wünschenswerte Tugend bei einer Nonne. Folgte Benedetta dem Ratschlag, dann würde es für den Teufel schwer werden, ihre Eitelkeit auszunutzen – jedenfalls hoffte dies Ricordati. Eines der Zeichen eines echten Sehers war das Gefühl der Unwürdigkeit, das Gefühl, Gottes Gnade nicht verdient zu haben. Wie konnte man das besser zeigen als dadurch, daß man Gott um physisches Leiden bat? Viele weibliche Heilige hatten sich solcher Bußfertigkeit befleißigt und waren mit Leiden gesegnet worden, die es ihnen ermöglichten, Demut zu üben und ihre uneingeschränkte Hingabe an Gott unter Beweis zu stellen.[22]

Da Gehorsam eines der wichtigsten Attribute einer guten Nonne war, tat Benedetta, was man ihr gesagt hatte. Sie mühte sich sehr, keine Visionen zu haben, und es glückte ihr anscheinend auch. Größere Schwierigkeiten hatte sie indes, mit irgendeiner Art von Leiden geschlagen zu werden. Erst 1615 wurden ihre Gebete erhört, und sie empfand endlich so starke Schmerzen am ganzen Körper, besonders während der Nacht, daß sie oft völlig von ihnen gelähmt war. Die Ärzte, die man herbeirief, standen vor einem Rätsel. Sie konnten weder ihre Krankheit diagnostizieren, noch wußten sie, was zu tun war. Keines der Mittel, die sie versuchten, vermochte Benedettas Schmerzen zu lindern.[23]

Wir können heute wahrscheinlich Benedettas Krankheit besser verstehen als ihre Ärzte. Der schwere Konflikt zwischen ihrer Neigung, sich ekstatischen Zuständen hinzugeben, und ihrem Wunsch, dem Rat ihres Beichtigers zu folgen, belastete ihre Seele. Trotz ihrer eigenen anfänglichen Zweifel wollte sie nur zu gern daran glauben, daß ihre Visionen gut und göttlichen Ursprungs seien und daß sie selbst durch sie erhöht werde. Aber man hatte ihr gesagt, daß die Visionen böse sein könnten, weshalb sie, um eine gehorsame Nonne zu sein (was ja ihrem eigenen Wunsch entsprach), alles aufgeben müsse, wonach sie am meisten verlange. Aus diesem Dilemma gab es keinen leichten Ausweg. Wenn sie sich den Visionen verweigerte, verweigerte sie sich vielleicht Gott. Wenn sie die Visionen aber annahm, half sie vielleicht dem Teufel. »Der größte Kampf, den sie hatte«, sagte sie später, »war es, nicht glauben zu wollen, daß es Gott war, [...] und das verursachte ihr großen Schmerz, denn Seine Exzellenz [der Propst] kam her und sagte, sie solle nicht [an ihre Visionen] glauben, und sie prüfte sich selbst; sie betete zu Gott, daß er diesen Glauben von ihr fortnehme, aber der Glaube wurde stärker; sie fühlte Schmerz darüber, daß sie ihm nicht gehorchen konnte, und der Schmerz ging nur weg, weil sie nicht mehr darüber nachdenken konnte, oder sie wäre verrückt geworden.«[24]

Benedettas Krankheit war ein physischer Ausdruck ihres seelischen Leidens und des ungelösten Konflikts, in dem sie sich befand. Aber gleichzeitig brachte sie auch eine gewisse Erleichterung mit sich. Krankheit war die einzig annehmbare Lösung für ihr Dilemma, denn sie stellte sie unausgesprochen auf die Seite Gottes. Sie war das Zeichen göttlicher Gnade, das ihr Beichtvater herbeigewünscht hatte. Sie war die Antwort auf ihre Gebete und bestätigte die Gültigkeit der Worte Jesu, daß sie aus Liebe zu ihm viel Drangsal erleiden müsse. Wie schon andere Mystikerinnen vor ihr, folgte sie dem Pfad, der zur Heiligkeit führte.[25]

Sollte Benedetta jedoch erwartet haben, als Empfängerin einer so außergewöhnlichen Gnade auch die gebührende Anerkennung zu finden, so wurde sie arg enttäuscht. Natürlich rief man Ärzte herbei, die sie untersuchten, aber diese verschwanden auch ziemlich schnell wieder, wenn sie feststellten, daß sie ihr nicht helfen konnten. Benedetta mußte also allein mit ihren Schmerzen fertig werden. Das Leben der Nonnen kehrte zu seinem gleichmäßigen Ablauf von Beten, Fasten und Arbeiten zurück, und Benedetta stand nicht länger mehr im Rampenlicht, als ihre Visionen von einer Krankheit abgelöst wurden, gegen die man nichts tun konnte. Zwei Jahre lang lebte und litt sie still in der Unauffälligkeit der klösterlichen Gemeinschaft.

Das änderte sich im Jahre 1617, als ihre Visionen wieder anfingen. Aber es war dies nicht einfach eine Rückkehr zu den Ekstasen und Offenbarungen der Zeit vor ihrer Krankheit. Statt daß sie Jesus und wohlwollenden Engeln begegnete, wurde sie nun des Nachts von gutaussehenden jungen Männern verfolgt, die sie töten wollten und die sie mit Eisenketten,

Schwertern, Stöcken und anderen Waffen schlugen. Die Angriffe fanden mehrmals die Woche statt, nachdem sie zu Bett gegangen war, und dauerten sechs bis acht Stunden. Sie wurden von unerträglichen körperlichen Schmerzen begleitet.

Nicht zufrieden damit, ihren Körper zu attackieren, versuchten die jungen Männer auch, ihre Seele zu verderben. Sie drängten sie, mit ihnen zu gehen und die Theatinerinnen zu verlassen, denn wenn sie weiter im Kloster bliebe, würde sie sich nur krank machen, ohne letztlich zu wissen, ob sie das Seelenheil erlangen werde. Vor allem der Anführer der Gruppe – sie erkannte ihn als jemanden wieder, den sie in den Straßen von Pescia gesehen hatte – war besonders darauf erpicht, sie auf Abwege zu führen. Zuerst näherte er sich ihr mit zärtlichen Worten und in der Hoffnung, sie durch seine geheuchelte Sanftheit verführen zu können. Er bat sie, seine Braut zu werden, und zeigte ihr sogar einen Ring, den er ihr zur Besiegelung ihres Bundes auf den Finger stecken wollte. Sie erwiderte, daß sie lieber aus Liebe zu Jesus im Kloster krank wäre, als mit ihm zu gehen, und fügte hinzu: »Ich möchte die Braut Christi sein, nicht deine.« Diese Worte erzürnten ihn so sehr, daß er versuchte, ihr den Ring mit Gewalt aufzustecken. In dem nun folgenden Kampf enthüllte er seine wahre Natur. Seine Sanftheit wurde zu Zorn, sein schönes Gesicht zu einer scheußlichen Fratze, und er schlug sie mit einer Grausamkeit wie kein anderer seiner Begleiter.[26]

Immer wenn die jungen Männer erschienen, versuchte Benedetta, der Versuchung auszuweichen, indem sie sie nicht direkt ansah. Auch schlug sie zum Schutze das Kreuz, aber das machte jene nur noch wütender, und sie griffen sie dann um so heftiger an. Gelegentlich überwand sie ihr Widerstreben, die anderen Nonnen im Schlaf zu stören, und rief um Hilfe. Diese Hilferufe brachten ihren Oberen schließlich zu Bewußtsein, in welch schlimmer Situation Benedetta war, und sie gaben ihr eine junge Gefährtin bei, Bartolomea Crivelli, die ihr bei ihren Kämpfen mit dem Teufel zur Seite stehen sollte. Bartolomea sollte mit Benedetta die Zelle teilen und immer ein Auge auf sie haben. Später hatten die Oberen des Klosters allen Grund, diese Maßnahme zu bedauern, denn sie hatten damit Benedetta unwissentlich eine Möglichkeit verschafft, ihre erotischen Visionen zu verwirklichen. Aber das fanden sie erst mehrere Jahre später heraus. In der Zwischenzeit beschränkte sich ihre Kenntnis auf das, was Benedetta ihnen erzählte und was sie mit eigenen Augen sehen konnten. Ihr Kloster hatte die Ehre, eine Mystikerin in seinen Mauern zu beherbergen, auf deren Körper übernatürliche Mächte ihre Kämpfe ausfochten. Daß man Bartolomea zu ihrer Begleiterin machte, war die stillschweigende Anerkennung Benedettas als Visionärin.

Wenn sich der Beichtiger und die Oberin zu diesem Zeitpunkt noch Gedanken wegen der Echtheit der Visionen machten, dann äußersten sie sie jedenfalls nicht. Im Gegenteil, sie waren äußerst besorgt um ihr Wohlergehen und befreiten sie wegen ihres geschwächten Zustands von vielen ihrer täglichen Pflichten. Falls Bendetta eine echte Visionärin war, dann war es schließlich für das Kloster ein Privileg, sie bei sich zu haben. Hatte Gott sie erwählt, so hatte die ganze Gemeinschaft Anteil an ihrer Ehre. Gott hatte nicht nur Benedetta zu Seiner ganz besonderen Magd gemacht, sondern das ganze Kloster zu einem Objekt göttlicher Gnade. Diese Vorstellung, die in den folgenden Jahren auch öffentlich ausgesprochen wurde, konnte dazu beitragen, dem Streben des Klosters nach besonderer Anerkennung förderlich zu sein.[27] Im Jahre 1618, als sich der geräumige Neubau seiner Vollendung näherte und man die nächsten Schritte plante, die dem Orden die Anerkennung als reguläres Kloster bringen sollten, hätte man kaum einen besseren Beweis für die Würdigkeit der Gemeinschaft liefern können als eine heilige Frau in ihrer Mitte. Jetzt mußte ihnen Papst Paul V. doch die Klausurierung gewähren!

Der Tag kam, an dem die Nonnen in einer feierlichen Prozession zu ihrem neuen Haus zogen. Benedetta war in ekstatischer Trance. Sie sah die Engel von Pescia, die ihr huldigten und ihr Blumen auf den Weg streuten, als wäre sie das Bildnis der hl. Dorothea, der Schutzheiligen Pescias, das bei der alljährlichen Prozession durch die Stadt zur Schau gestellt wurde. Als sie am Tor des Klosters ankamen, grüßte die Madonna sie und gab ihr und ihrer Gefährtin zwei Schutzengel mit.[28]

Man kann sicher sein, daß die ekstatische Nonne, die die Huldigung der Engel entgegennahm, ja, der Jungfrau Maria zulächelte und Gebärden in ihre Richtung machte, bei der Stadtbevölkerung nicht unbemerkt blieb. Es dürften nicht wenige Menschen gewesen sein, die die Prozession sehen wollten. Und dies nicht nur, weil das Schauspiel die Monotonie ihres Alltags unterbrach, sondern weil religiöse Prozessionen überall wichtige Ereignisse waren. Der rituelle Raum, den sie bezeichneten, verband die Topographie des Gemeinwesens mit einer heiligen Ordnung. Die höchsten Spitzen der lokalen Behörden – der kirchlichen wie der weltlichen – kümmerten sich üblicherweise um alles, was mit so einer Prozession zusammenhing, also um die Route, die die Prozession nehmen sollte, die Reihenfolge der Teilnehmer, die Gebete und Psalmodien sowie die Haltepunkte unterwegs.[29] Wenn im Verlaufe einer dieser Zeremonien einem der Teilnehmer die Jungfrau Maria erschien, wie beispielsweise vierzig Jahre zuvor auf der Hauptbrücke von Pescia, dann konnte die Stelle, an der das geschehen war, zu einer Wallfahrtsstätte werden, die Hunderte von Menschen anzog.[30] Die Nachricht von Benedettas Trance verbreitete sich wahrscheinlich schnell und dürfte an jenem Abend in den meisten Häusern der Stadt den Gesprächsstoff geliefert haben.

Die Tatsache, daß niemand außer Benedetta die Blumen und Engel entlang des Weges wirklich sehen konnte, hatte höchstwahrscheinlich für die meisten Leute nichts zu sagen. Obwohl Zeichen dazu beitragen konnten, die Echtheit der Vision zu erhärten, waren sie nicht unbedingt erforderlich. Und was die Gläubigen im 17. Jahrhundert für ein ausreichendes Zeichen hielten, kann ohnehin nicht mit unseren heutigen Vorstellungen gleichgesetzt werden. Für viele Menschen jener Zeit – Laien wie Theologen – war die Verzückung des Visionärs an sich schon ein Zeichen dafür, daß eine direkte Verbindung mit dem Himmel hergestellt war. Allerdings wurden bereits im 17. Jahrhundert die Beweismaßstäbe allmählich strenger. Zunehmend wurden Seher und Visionäre aufgefordert, verifizierbare Zeichen vorzuweisen, da man dem psychischen Zustand allein keine ausreichende Beweiskraft mehr zubilligen mochte.[31] Für die ungläubigen Thomasse, die vielleicht solche Zeichen von Benedetta hatten sehen wollen, ereignete sich bald etwas, das ihre Zweifel beseitigen sollte. Drei Monate, nachdem die Theatinerinnen ihre neue Behausung bezogen hatten, am zweiten Freitag der Passionszeit, wurde Benedetta stigmatisiert:

> Während ich im Bett lag, zwischen zwei und drei Uhr des Nachts, kam mir der Gedanke, alles das zu erleiden, was Jesus Christus erlitten hat, und während ich dies dachte, erschien mir ein großes Kruzifix mit einem daran gekreuzigten lebendigen Mann, und er fragte mich, ob ich das Verlangen hätte, aus Liebe zu ihm zu leiden, der er Jesus Christus sei. Aber ehe ich ihn fragen konnte: »Und was, wenn all dies eine Vorspiegelung des Teufels wäre? Dann will ich nicht einwilligen. Ich möchte, daß mein geistlicher Vater von allen diesen Dingen erfährt«, machte er das Zeichen des Kreuzes über meinem Herzen. Und als dies getan war, sagte mir der Gekreuzigte, daß dies keine Vorspiegelung des Teufels sei, sondern daß er Gott sei und daß er wolle, daß ich Zeit meines Lebens leide und daß ich mit meinem Körper ein Kreuz bilden solle, da er seine heiligen Wunden in meinen Körper einprägen wolle. Und ich bildete ein Kreuz, wie er es mir befohlen hatte, und in diesem Augenblick brach ein Strahlen aus allen Wunden des Kruzifixes, das vor mir war, und es schien mir, daß jene Strahlen, die er in seinen Wunden hatte, sich in meine Hände, Füße und meine Seite einprägten. Und um seinen Kopf sah ich viele Strahlen, aber kleine, die meinen Kopf zu umgeben schienen, und ich empfand äußerst große Schmerzen in meinen Händen, Füßen, meiner Seite und meinem Kopf. Aber im gleichen Augenblick kam eine solche Zufriedenheit in mein Herz, wie ich sie noch niemals in meinem Leben gefühlt hatte, und er sagte, daß ich mich darauf vorbereiten solle, bis zu meinem Tode zu leiden, und daß er wolle, daß ich ihm in allen Dingen ähnele, und fügte hinzu,

daß ich meinem geistlichen Vater alles genau erzählen solle, wie ich es getan habe.[32]

Dieses wunderbare Geschehen wurde von Bartolomea Crivelli, Benedettas Begleiterin, beobachtet, die ihr, wie gewöhnlich, in ihrer Zelle Gesellschaft leistete, um ihr in ihren nächtlichen Leiden beizustehen. Sie hörte nicht nur Benedettas Gespräch mit Christus, sondern war auch die erste, die die Zeichen an ihrem Körper sah:

> Ich war anwesend, als sie jene Zeichen empfing, [...] und ich sah, daß sie mit ihrem Körper ein Kreuz bildete und so rot wurde wie glühende Kohle, und sie sagte: »Herr, es gibt andere, die besser sind als ich, ich verdiene dies nicht, da ich eine Sünderin bin.« Und ich konnte sehen, daß sie so große Schmerzen an ihren Händen, Füßen und ihrer Seite litt, und sie blieb eine kleine Weile so und bat mich dann, sie am Arm aufzuheben, weil sie es selbst nicht tun konnte. Und ich hob sie auf und sah, daß sie gewisse rote Male wie kleine Rosetten an ihren Händen, Füßen und an ihrer Seite hatte, und sie hatte ein tiefrotes Band um ihren Kopf, aber ohne Blut. Und dann zog ich mich zurück, aber auf jeden Fall war ich anwesend und tat so, als ob ich sie nicht beachtete.[33]

Von diesem Zeitpunkt an wurde Benedetta von den Nonnen nicht länger vernachlässigt. Die Wundmale zu erhalten, war nichts Alltägliches, selbst im 17. Jahrhundert nicht. Visionen zu haben, war eine Sache – in einer Zeit intensiver religiöser Wiedererweckung war das nichts allzu Ungewöhnliches. Aber die heiligen Wunden Christi zu empfangen, war ein Wunder ganz anderer Größenordnung. Die Wundmale mußten nicht geglaubt werden, sondern man konnte sie sehen, jeder konnte das, mochte er den Realitäten des Alltags auch noch so verhaftet sein.

Benedetta wurden schnell die irdischen Ehrungen zuteil, die der himmlischen Gnade entsprachen. Irgendwann zwischen Februar und Mai 1619 wählten die Theatinerinnen sie zu ihrer Äbtissin. Vermutlich geschah dies – wie es üblich war – mit der Zustimmung ihres Beichtvaters, der von Benedetta selbst hörte, wie sie die Wundmale empfangen hatte. Pater Ricordati besuchte nun auch das Kloster regelmäßig, um Benedetta während der Passionszeit zu den Nonnen predigen zu hören, während diese sich geißelten, wie es ihre Bußübungen verlangten. Wenn Benedetta zu ihnen redete, war sie immer in Trance und sprach nicht als sie selbst, sondern als ein Engel, der die Nonnen ermahnte, ein besseres Leben zu führen. Der Engel beschloß seine Predigt gemeinhin mit einem Lobpreis Benedettas, erwählt vor allen anderen, die Zeichen der göttlichen Gnade zu empfangen.

Wäre Benedetta nicht in diesem veränderten Bewußtseinszustand gewesen, hätte Pater Ricordati ihr nicht erlaubt zu predigen. Seit den Anfängen der Kirche war es Frauen verboten, im Gotteshaus zu sprechen oder öffentlich zu predigen, zu lehren oder Reden zu halten. »Wie in allen Gemeinden der Heiligen«, schrieb der Apostel Paulus, »sollen die Frauen schweigen in der Gemeindeversammlung; denn es ist ihnen nicht gestattet zu reden, sondern sie sollen sich unterordnen, wie auch das Gesetz sagt. Wollen sie aber etwas lernen, so sollen sie daheim ihre Männer fragen. Es steht der Frau schlecht an, in der Gemeinde zu reden.«[34] Dieses Verbot entstand aus einer Synthese verschiedener Traditionen – der griechischen, die da lehrte, daß die Frau von Natur aus weniger wert sei als der Mann und sich ihm deshalb unterzuordnen habe,[35] und der biblischen, der viele Leser entnahmen, daß die Frau für immer zu schweigen habe als Strafe für die Sünden Evas, deren Geschwätzigkeit die ganze Menschheit einst ins Unglück stürzte. »Der Fluch Gottes, den er über euer Geschlecht ausgesprochen hat, lastet noch immer auf der Welt. Schuldig müßt ihr seine Härte ertragen«, schrieb Tertullian im 3. Jahrhundert. »Ihr seid das Tor des Teufels, [...] ihr habt mit euren schmeichlerischen Worten den Mann erweicht, bei dem der Teufel mit Gewalt nichts ausrichten konnte.«[36] Über die Jahrhunderte verfestigten sich diese Gedankengänge, bis das Schweigen zu einer Tugend wurde, die besonders den Frauen anzuempfehlen war. »In der Tat, durch Schweigen erwerben sich die Frauen den Ruf der Beredsamkeit«, schrieb ein italienischer Humanist.[37] Natürlich gab es eine Handvoll Frauen, denen es im Prinzip gestattet war, ihrer Beredsamkeit auf konventionellere Art Ausdruck zu verleihen: Herrscherinnen oder Frauen, denen es gelungen war, sich trotz allem, was der weiblichen Erziehung im Wege stand, eine ungewöhnliche Gelehrsamkeit anzueignen, oder Frauen, die in Trance fielen. Wie außergewöhnlich solche Frauen jedoch waren und wie widerwillig man sie akzeptierte, findet sich in den Kommentaren ihrer männlichen Zeitgenossen immer wieder bestätigt. Petrus Martyr Vermilius (1500–62) beispielsweise räumt ein, daß »es nicht geleugnet werden kann, daß einige von der Gabe der Prophetie erfüllte Frauen die Menschen öffentlich gelehrt haben, indem sie ihnen das weitergaben, was ihnen von Gott offenbart worden war. Denn göttliche Gaben erhält man nicht, um sie zu verstecken, sondern damit sie der Erbauung der Kirche insgesamt dienen. Aber daraus sollten wir nicht folgern, daß wir das, was Gott in einem besonderen Fall von Privilegierung tut, zum Maßstab unseres Verhaltens machen sollten.«[38]

Benedetta gehörte nun also aufgrund ihrer Trancezustände zu der Gruppe der privilegierten Frauen. Durch sie hatte sie eine Stimme erhalten, während ihre Schwestern schweigen mußten – eine Stimme, die von ihren Zeitgenossen als legitim anerkannt wurde.[39] Sie hatte nicht nur Anerkennung gefunden, sondern ein öffentliches Forum, zumal da das Kloster ja noch nicht seine Klausurierung hatte und Laien noch Zutritt gewährt wurde. All das hatte sie erreicht, ohne die von den Männern vertretene Wertordnung und die gesellschaftliche Struktur ihrer Zeit in Frage zu stellen. In ihren Visionen wurde der Gehorsam gegenüber ihrem Beichtiger immer wieder betont, und ihre Predigten fanden dessen stillschweigende Billigung.

Da sich Pater Ricordati von ihrer Rechtgläubigkeit überzeugt hatte, erlaubte er ihr, weiterhin zu predigen, dachte sich aber ein kleines Experiment aus, um zu sehen, ob sich ihre

Visionen auf Befehl einstellten. Am 21. März 1619 ließ er Benedetta zu sich kommen und sagte: »Heute ist der Tag des heiligen Benedikt, der Tag Eures Schutzheiligen, und wenn Ihr möchtet, so verfallt in Ekstase, ich erlaube es Euch.« Am gleichen Abend, während der Komplet, als die Nonnen das »Nunc dimittis« anstimmten, fiel Benedetta in Trance.[40] Trotz der Unabhängigkeit, die ihr die Stimme der Ekstase verlieh, war sie ihren Oberen gegenüber von untadeligem Gehorsam.

An jenem Abend jedoch ereignete sich, nachdem Benedetta zu Bett gegangen war, etwas von Pater Ricordati nicht Vorhergesehenes. Wieder erschien ihr Christus, nun in Gestalt eines schönen jungen Mannes mit langen Haaren und mit einem langen roten Gewand angetan. Er war in Begleitung der hl. Katharina von Siena und anderer Gestalten, denen Benedetta weiter keine Beachtung schenkte, weil die meisten von ihnen im Dunkeln blieben. Ihre Aufmerksamkeit war ganz auf den jungen Mann konzentriert. Als sie ihn näherkommen sah, wandte sie sich zu Bartolomea und sagte: »Ich weiß nicht, ob es das Werk des Teufels ist; bete für mich. Wenn es das Werk des Teufels ist, werde ich das Zeichen des Kreuzes auf meinem Herzen machen, und er wird verschwinden.« Der junge Mann erzählte ihr, wer er war und weswegen er gekommen war. »Ich bin gekommen, um dir dein Herz herauszunehmen.« Sie sagte lachend: »Was willst du tun, mein Jesus! Du bist gekommen, um mir mein Herz herauszunehmen, aber ich möchte das nicht ohne die Erlaubnis meines geistlichen Vaters tun.« Er antwortete: »Oh, du wirst sehen, er wird nichts dagegen haben« – und erinnerte sie daran, daß ihr Beichtiger gesagt hatte, sie könne ohne Einschränkung alles tun, was Gottes Wille sei. Dadurch überzeugt und auch ohne die Kraft, sich Gottes Willen zu widersetzen, legte sich Benedetta auf den Rücken und fragte: »Von wo willst du mein Herz herausnehmen?« »Von der Seite«, sagte er, woraufhin er sich den Ärmel bis zur Mitte des Armes hochschob und ihr das Herz aus dem Körper riß. Die Welle des Schmerzes, die durch ihren Körper ging, ließ sie beinahe ohnmächtig werden, aber ihre Neugier besiegte doch alle anderen Gefühle, und sie bat, ihr Herz sehen zu dürfen. Es war größer, als sie gedacht hatte, und dampfte noch. »Kein Wunder, daß ich solche Schmerzen gefühlt habe«, meinte sie daraufhin. »Aber wie kann ich ohne Herz leben, nun, da du mich ohne eines läßt? Wie werde ich imstande sein, dich zu lieben?« Er antwortete: »Für mich ist kein Ding unmöglich.« Dann verbarg er ihr Herz an seinem Busen. Da verschwand Benedettas Furcht und wich einer großen Zufriedenheit und dem wachsenden Wunsch, Gottes Willen zu tun. Ehe Christus sie kurz darauf verließ, befahl er ihr, alles, was geschehen war, ihrem Beichtiger zu erzählen.[41]

Das tat Benedetta denn auch und lebte drei Tage lang, wie sie behauptete, ohne ihr Herz. Ihre Geschichte konnte von ihrer Gefährtin bestätigt werden, die bei der Erscheinung im Zimmer gewesen war und durch Benedetta hatte hören können, was Christus sagte, auch wenn sie ihn nicht hatte sehen können. Mehr noch, unter dem Vorwand, Benedetta mit ihren Decken helfen zu wollen, war sie zu ihr hingegangen und hatte ihre Brust in der Gegend ihres Herzens befühlt – und tatsächlich war dort ein leerer Raum gewesen.[42] Es sieht jedoch nicht so aus, als ob Bartolomea zu diesem Zeitpunkt nach ihren Beobachtungen gefragt worden wäre. Niemand scheint Benedettas Geschichte in Zweifel gezogen zu haben, so daß keine Notwendigkeit für eine Zeugenaussage bestand. Die Möglichkeit, Benedettas oder Bartolomeas Aussagen zu überprüfen, existierte jedenfalls drei Tage später nicht mehr, da Christus zurückkehrte, um Benedetta ein neues Herz zu geben, was eine ärztliche Untersuchung sinnlos machte.

Wieder erschien Christus mitten in der Nacht mit einem großen Gefolge von Heiligen. Die Prozession, die von der hl. Katharina von Siena angeführt wurde, sah sehr festlich aus, als sie sich da Benedettas Bett näherte. Aus Angst hinzusehen schlug Benedetta die Augen nieder und fragte die hl. Katharina: »Was wollen alle diese hier?« Die hl. Katharina antwortete: »Du wirst sehen.« »Warum sagst du es mir nicht?« fragte Benedetta. »Ich möchte es wissen, damit ich mich bereit machen kann.« In diesem Augenblick näherte sich Jesus und hielt ein Herz hoch, aus dem oben drei Pfeile ragten und das von einem goldenen Band umschlossen war. »O mein Bräutigam«, rief Benedetta aus, »bist du gekommen, um mir mein Herz zurückzugeben?« Jesus erklärte ihr, daß sie sein Herz haben solle. Es sei größer als dasjenige, welches er von ihr genommen habe, und die Pfeile seien ein Zeichen für das Ausmaß ihrer Liebe zu ihm; das goldene Band symbolisiere ihre Bereitschaft, sich nach seinem Willen zu richten. Benedetta breitete ihre Arme aus, als wollte sie ihn umarmen, war aber von dem Glanz des Herzens so geblendet, daß sie es nicht länger als nur einen Augenblick ansehen konnte. Dann forderte Jesus sie auf, sich zu entblößen, damit er ihr das Herz an derselben Stelle einsetzen konnte, an der er das ihre herausgenommen hatte. Benedetta zögerte: »Ich möchte mich hier in der Gegenwart so vieler Leute nicht ausziehen«, sagte sie und sah all die Heiligen an, die sich um ihr Bett gruppiert hatten. Jesus antwortete: »Wo ich bin, gibt es keine Scham«, woraufhin Benedetta ihre linke Seite entblößte und er das Herz in ihren Körper zurücktat.[43] Nun waren die beiden in Körper und Seele vereint – so wie die Liebenden in den Romanen des Mittelalters.

Ob Benedetta bei ihrer Lektüre auf solche Geschichten gestoßen war, entzieht sich unserer Kenntnis. Doch waren sie ohnehin zu einem Bestandteil der allgemeinen Kultur geworden, und Benedetta hätte sie ohne weiteres auch auf dem Wege mündlicher Überlieferung kennenlernen können.[44] Es gab jedoch noch eine andere, wichtigere Quelle für den Tausch der Herzen, nämlich die Lebensbeschreibungen der Heiligen. Benedetta hatte sie schon als Kind gelesen und las sie auch weiterhin nach ihrem Eintritt bei den Theatinerinnen – wie die anderen Nonnen auch. Seit im 13. Jahrhundert die hl. Luitgard von Tongern als erste ihr Herz mit dem Herzen Jesu vereinigt hatte, nahm der Tausch der Herzen in den mystischen Erlebnissen der weiblichen Heiligen einen wichtigen Platz ein. Benedettas Lieblingsheilige, Katharina von Siena, lebte im Jahr 1370 mehrere Tage ohne ihr Herz, bis sie das purpurrote, flammende Herz Christi empfing. Und es war noch nicht allzu lange her, daß Benedettas Fast-Zeitgenossin, die hl. Katharina de' Ricci (gest. 1590), in der Nachbarstadt Prato Christi Herz empfangen hatte. Die Vorstellung von dem Tausch der Herzen war aus zwei miteinander verbundenen Entwicklungen innerhalb der Frömmigkeit der Nonnen erwachsen: aus einer zunehmenden Betonung des menschlichen, männlichen Aspekts Christi, mit deren Hilfe sie fleischliche Liebe in geistige Liebe verwandeln konnten, und aus einer wachsenden Hinwendung zur Eucharistie, in der sie in einer körperlichen ebenso wie geistigen Vereinigung die Wunden, das Blut und das Herz Jesu zu den ihren machen konnten. Bei manchen Mystikerinnen war die Sehnsucht nach einer solchen Vereinigung so stark, daß man sie an einem übertrieben häufigen Empfang der Kommunion hindern mußte. Trotz dieser Versuche, solche Frömmigkeitsbekundungen im Zaum zu halten, breitete sich die Herz-Jesu-Verehrung weiter aus und wurde im 18. Jahrhundert von der Kirche offiziell anerkannt.[45]

Obwohl der Austausch der Herzen Schmerzen mit sich brachte, ging es doch weniger um Leiden und Buße, sondern eher um die affektive, erotische Vereinigung mit Jesus, dem Bräutigam. Tatsächlich ließen Benedettas Schmerzen nach ihrer Stigmatisierung nach, und ihre mystischen Erlebnisse wurden von Liebe, nicht aber von Leiden bestimmt. »Ich habe dir Liebe gegeben«, sagte Jesus, »nun erwidere meine Liebe.« Und das tat sie. Sie war, wie sie selbst sagte, »in Jesus verliebt«.[46] Ihr neues Herz war so von Liebe zu ihm erfüllt, daß sie es kaum unter Kontrolle halten konnte. Ihr Glück war unbeschreiblich.

Aber wie das in der Liebe so geht, ist die Geliebte nicht immer so vollkommen, wie es der Liebende von ihr erwartet.

Trotz des Lobes, mit dem er Benedetta während ihrer Predigten überhäufte, schien sich Jesus Gedanken über ihre Reinheit zu machen. Nun, da sie sein Herz hatte, mußte er es vor allem Laster schützen. Das Gefäß, in dem das Herz Fleisch geworden war, mußte der Gabe würdig sein. So befahl Jesus Benedetta, daß sie um ihrer körperlichen Reinheit willen weder Fleisch noch Eier oder Milchprodukte zu sich nehmen und nichts außer Wasser trinken solle. Für ihre spirituelle Reinheit hatte ein Schutzengel namens Splenditello zu sorgen, der sie darauf aufmerksam machte, wenn sie etwas tat, was ihres Geliebten nicht würdig war. Wie die anderen Engel in Benedettas Visionen war Splenditello ein schöner Knabe. Er trug ein weißes Gewand mit goldbestickten Ärmeln und eine goldene Kette um den Hals. Sein hübsches Gesicht wurde von langem, lockigem Haar umrahmt und von einem Blumenkranz gekrönt. In der Hand hielt er einen etwa sechzig Zentimeter langen grünen Stab, an dessen einem Ende Blumen und am anderen Dornen waren. Wenn Benedetta etwas Jesus Wohlgefälliges tat, gab es die Blumen, wenn nicht, straften sie die Dornen: »Und wenn ich etwas Unrechtes tue, berührt er mich mit dem dornigen Ende und bereitet mir Schmerzen.«[47]

Ließen der Tausch der Herzen und die Sprache der Liebe, die daraus erwuchs, erkennen, daß Benedettas Spiritualität in ihrer weiblichen Ausprägung von Gott akzeptiert wurde, so bedeuteten die Diätvorschriften in Form von Verboten und die von Splenditello ausgeteilten Strafen eine Zurückweisung. Zweifellos gehörte das Fasten als fester Bestandteil zur mönchischen Askese, und viele Heilige hatten es praktiziert. Außerdem war es, wie die Krankheit auch, eine Form der Selbstverleugnung, die im späten Mittelalter und in der frühen Neuzeit besonders bei Frauen anzutreffen war.[48] Aber während es für viele Mystikerinnen eine vollständigere Annahme ihrer Körperlichkeit bedeutete, eine Methode, mit Christus durch den Nachvollzug seines *menschlichen* Leidens eins zu werden, hatte es für Benedetta eine ganz andere Bedeutung.

Ihr Fasten war keine selbstauferlegte Buße, sondern eher ein göttlicher Befehl, etwas ihr von außen Auferlegtes, das ihren Körper reinigen sollte. Manchmal versuchte sie sogar, etwas von den verbotenen Nahrungsmitteln zu essen, aber sie mußte dann würgen und sich übergeben. So war Benedettas Nahrungsverweigerung kein positiver Akt der Selbstkontrolle, der Buße und der mystischen Vereinigung, sondern hatte etwas Quälerisches und Negatives an sich. Ihr Fasten spiegelte ihre zutiefst zwiespältigen Gefühle gegenüber den physischen Aspekten ihrer Weiblichkeit wider.[49] Im Fasten wies sie nicht nur den ganzen Komplex der Nahrungszubereitung und -aufnahme zurück, der traditionellerweise den Frauen zugeordnet war, sondern sie säuberte darin auch ihren Körper von der Unreinheit des weiblichen Geschlechts. Denn Ärzte und Theologen hatten die Ansicht geäußert, daß Fasten die Menstruation verhindere, die Eva als Fluch auferlegt worden war. Die reinigende Wirkung des Fastens entsprach der reinigenden Wirkung des Waschens, und Benedetta wusch sich ungewöhnlich oft – zum größten Erstaunen der anderen Nonnen, die noch niemals jemanden gesehen hatten, der sich so häufig den Körper wusch und eine solche Abneigung gegen Schmutz zeigte.[50] Jesu Befehl, daß sie ihr körperliches Selbst reinige, implizierte, daß ihr Körper, wenn er sich selbst überlassen blieb, für den Bräutigam nicht annehmbar war.

Ihr innerer Zwiespalt drückte sich auch in dem Engel Splenditello aus, der sie erzog, indem er ihren Körper entweder mit Blumen streichelte oder mit Dornen züchtigte. Splenditello ist ohne Beispiel in der Hagiographie oder der bildenden Kunst. Die hl. Katharina von Siena hatte Jesus gesehen, wie er eine goldene Krone in seiner Rechten und eine Dornenkrone in seiner Linken hielt. Doch bezogen sich die Kronen auf seine eigene Rolle in der Heilsgeschichte und waren nicht für sie gedacht. Auch in ihrem Leben kommt ein blühender Stab vor – wie beim hl. Fortunatus und beim hl. Christophorus, die häufig mit einem solchen Stab in der Hand dargestellt wurden. Aber niemals trugen diese Stäbe Dornen, denn sie dienten nicht der Züchtigung, sondern waren Symbole für das geheimnisvolle Erblühen des Glaubens. Höchstwahrscheinlich stand Benedettas Splenditello-Vision mit dem Gebet des Rosenkranzes in Zusammenhang, in dem die Freuden und Schmerzen der Heiligen Jungfrau eine so große Rolle spielen. In den bildlichen Darstellungen der Rosenkranz-Madonna aus dem 16. und 17. Jahrhundert erscheinen diese immer häufiger als Blumen und Dornen dargestellt.[51] Die Wahrscheinlichkeit, daß dort der Ursprung Splenditellos zu suchen ist, ist um so größer, als Benedetta einmal erwähnte, daß sie beim Beten des Rosenkranzes als Strafe für schlechtes Betragen mit der dornenbesetzten Seite des Stabes geschlagen worden war.[52] In Splenditello verbinden sich also Elemente aus verschiedenen religiösen Bildern, mit deren Hilfe Benedetta ihr schwieriges Verhältnis zu Jesus und zu sich selbst auszudrücken versuchte. Einerseits liebte Jesus sie so sehr und war mit ihrer Liebe so zufrieden, daß ihr eine körperliche und seelische Vereinigung mit ihm zuteil wurde, die einigen wenigen Auserwählten vorbehalten war. Andererseits aber fürchtete sie, daß ihre Liebe nicht ausreiche und ihre Tugenden nicht vollkommen genug waren, um angenommen zu werden – und die Schläge von Splenditellos Stab bestätigten ja solche Befürchtungen.

Doch trotz dieser Schwierigkeiten wurden die Liebesbande zwischen Jesus und Benedetta bald noch fester geknüpft. Am Pfingstmontag (am 20. Mai 1619) erschein Jesus Benedetta wieder und kündigte ihr an, daß er sie eine Woche später, am Tage der Heiligen Dreifaltigkeit, in einer feierlichen Zeremonie zu heiraten gedenke. Er gab ihr genaue Instruktionen, wie die Kirche auszuschmücken sei:

Ich möchte, [...] daß du für eine prächtige Ausstattung sorgst, so, daß der obere Teil des Altars mit himmelbauem Tuch bedeckt ist, die rechte Seite mit rotem und die anderen beiden Seiten mit grünem Tuch. Der Fußboden soll bedeckt sein. Dann sollst du für dreiunddreißig Kerzen sorgen und für ein Kreuz mit einem Bild von mir als dem Gekreuzigten, ein Bild der Madonna mit dem Kind auf dem Arm, Blumen aller Art und Farbe und zwölf Kissen der verschiedensten Art. Du wirst das alles herrichten ganz so, wie ich es dir eingeben werde. [...] Und du wirst drei Stühle in den Chor stellen, dem Altar gegenüber, dann wirst du alle Nonnen im Haus zusammenrufen und eine Prozession anführen; du wirst das Kruzifix allen vorantragen, nachdem du jeder eine brennende Kerze in die Hand gegeben hast. Und wenn du die Prozession beginnst, wirst du nicht wissen, wohin du gehen oder was du sagen sollst; denn ich werde durch dich sprechen und durch deinen Mund erklären, was das alles bedeutet. Ziehe zwei der Novizinnen als Engel an [...] und gib ihnen einen Platz in der Mitte der Prozession. Ich möchte, daß Pater Paolo [Ricordati], Pater Antonio Pagni und Messer Pirro [Torrigiani] anwesend sind und alles mit anhören.[53]

Benedetta zögerte, Pater Ricordati alle Einzelheiten ihrer Vision mitzuteilen. Sie machte sich Gedanken darüber, daß das Ereignis so öffentlich stattfinden sollte und soviel Arbeit erforderte. Jesus pflegte sich im allgemeinen nicht so öffentlich zu offenbaren. War das etwa ein Werk des Teufels? Wenn ja, dann wollte sie nichts damit zu tun haben. Wenn dies aber ein wirklich außergewöhnliches, von Gott arrangiertes Ereignis war, war sie dann seiner würdig? Und noch etwas war zu bedenken. Sie hatte das Gefühl, daß die Hochzeit stattfinden würde, wie Jesus es wünschte – was immer sie auch tat. Gleichwohl zweifelte sie daran, daß Pater Ricordati seine Zustimmung zu solch aufwendigen Vorbereitungen geben würde. Das würde sie dann in die unangenehme Lage bringen, ihrem Oberen den Gehorsam verweigern zu müssen, was sie bisher noch niemals getan hatte. Hin- und hergerissen zwischen ihren widersprüchlichen Gefühlen, erzählte sie Pater Ricordati erst drei Tage später die Einzelheiten ihrer Vision und war überrascht, als dieser keinerlei Einwendungen machte und ihr nur auftrug, den Nonnen Bescheid zu sagen, damit sie ihr helfen konnten.[54]

Benedetta tat, wie ihr geheißen war, aber offensichtlich war das ganz überflüssig. Die Nonnen hatten bereits angefangen, das Kloster zu schmücken, was Benedetta in ihrem Gefühl bestärkte, daß Gottes Wille auch ohne ihr Zutun geschehen würde. Sie mag sich der Tatsache nicht bewußt gewesen sein, daß sie ein oder zwei Tage zuvor in einer ihrer Ekstasen von der bevorstehenden Hochzeit und den dafür notwendigen Vorbereitungen gesprochen hatte, woraufhin die Nonnen unverzüglich an die Arbeit gegangen waren.[55] Sie schickten eine Dienerin los, um von verschiedenen Leuten die Tücher für den Altar zu borgen, sie baten einige der religiösen Einrichtungen in der Nachbarschaft um zusätzliche Kerzen und anderswo um Kissen und Blumen. Natürlich sprach sich herum, was los war, und jedermann wollte gern dabei sein, obwohl der Propst es allen – selbst Pater Ricordati – untersagt hatte, das Kloster während der Vorbereitungen oder der eigentlichen Zeremonie zu betreten. Die Beteiligung der Außenwelt beschränkte sich auf die Übersendung von Geschenken, dies aber in so überwältigendem Umfang, daß die Nonnen nicht wußten, wohin mit all den Gaben. Viele Leute schenkten Tücher, um die Wände und den Altar damit zu schmücken. Die Kerzen, wunderbar groß und dick, wurden zum Teil von den Patres der Kongregation von der Verkündigung Mariä und den Nonnen von Santa Maria Nuova, zum Teil aber auch von den Menschen aus dem Bergland gestiftet. Körbe voller Blumen kamen von überallher. Der Prior von Pescia lieferte die drei benötigten Stühle. Die Nonnen bedeckten den Boden der Kirche mit Gobelins, behängten die Wände und den Altar mit Tüchern und schmückten das ganze Gotteshaus mit Blumen. Noch ehe sie sich von ihrer Arbeit ausruhen konnten, war der Tag, auf den sie sich alle freuten, gekommen.[56]

Am Morgen der Heiligen Dreifaltigkeit, als sich Benedetta erhob, um zu beten, hörte sie eine innere Stimme, die ihr sagte, daß sie persönlich die beiden Novizinnen wie Engel ankleiden solle.[57] Schnell schrieb sie ein paar Zeilen an Pater Ricordati, um seine Erlaubnis einzuholen. Nachdem dies getan war, gingen sie und die anderen in den Chor, wo sie einen Korb mit Blumen aufnahm und seinen Inhalt überall verstreute. Dann zündete sie die Kerzen an und gab jeder Nonne eine in die

Hand. Sie befahl ihnen niederzuknien, die Ordnung einzuhalten, in der sie sie aufstellte, und ihre Anweisungen genau zu befolgen. Dann nahm sie das Kruzifix auf, intonierte das »Veni creator spiritus« und führte die Prozession aus dem Chor hinaus und in den Garten und wieder zurück in den Chor und um ihn herum. Dabei sangen alle mehrere Choräle und die an die Heilige Jungfrau gerichteten Litaneien. Anschließend verstreute sie Weihrauch und verbeugte sich dreimal zum Altar hin, kniete dann nieder und nahm ihren Gesang allein wieder auf. Einige der Anwesenden dachten, sie sänge lateinisch, aber die Worte waren nicht zu verstehen, da sie so leise sang. Bewegungslos blieb sie eine Zeitlang in dieser Stellung, während sich ihre Umgebung allmählich aus ihrem Blick verlor. Ein großes strahlendes Licht erschien ihr, und Jesus näherte sich – er war so schön, daß sie ihn kaum ansehen konnte. Dann kam die Heilige Jungfrau mit einem Gefolge von Engeln und Heiligen. Jesus wandte sich zu ihr und sagte: »Ecce ancilla Dei« – »Siehe, die Magd des Herrn.« Und dann zu Benedetta: »Freue dich, denn heute werde ich mich dir vermählen.« Obwohl sie tief in ihrem Herzen wußte, daß er Jesus war, versuchte Benedetta noch immer, sich vom Gegenteil zu überzeugen, und erwiderte, daß sie nicht einwilligen wolle, da sie nicht sicher sein könne, ob er Jesus oder der Teufel sei. »Ich bin nicht der Teufel, sondern Jesus«, antwortete er, »gib mir deine Hand, denn ich will dir den Ring anstecken.« Bei diesen Worten konnte sie nicht anders als mit ganzer Kraft zu glauben, aber noch immer wehrte sie sich: »Aber Jesus, ich bin es nicht wert.« Da nahm die Madonna ihre rechte Hand, und Jesus steckte den Ring an ihren Finger, während sie mit den Worten der Jungfrau Maria antwortete: »Mir geschehe, wie du gesagt hast.« In diesem Augenblick empfand sie ein so großes Glück, solche Freude, daß Worte es nicht auszudrücken vermochten. Sie hatte den festen Wunsch, Gottes Willen zu tun, und mußte ihn und alle seine Kreatur einfach lieben. Sie küßte den Ring und dankte Jesus für die ihr erwiesenen Wohltaten. Dann bedeutete Jesus ihr, daß niemand außer ihr den Ring sehen würde. Er gebot ihr, aus Liebe zu ihm in allem geduldig zu sein, auf die Reinheit ihres Herzens zu achten und allen ein gutes Vorbild zu sein, auf daß ihre Seelen gerettet würden. Auch die Madonna ermahnte sie, ihr Herz mit großer Wachsamkeit zu hüten und ihren Oberen zu gehorchen.

Dann sagte die Stimme Jesu durch Benedetta – und sie erschien den Nonnen viel schöner als Benedettas normale Stimme –: »Ich möchte, daß meine Braut auf dem mittleren der drei Stühle Platz nimmt, auf daß ich, o ihr Sünder, alle ihre Tugenden vom Tage ihrer Geburt an bis heute darlege.« Benedetta gehorchte, und die Stimme fuhr fort: »Und damit ihr, o Sünder, wißt, daß von dieser meiner Braut kein Stolz und keine Eitelkeit Besitz ergreifen können, ist es nicht sie, die da sieht, spricht und hört, sondern ich bin es, der sieht, spricht und diese Dinge in ihr bewirkt.«

Jesus erzählte sodann Benedettas Lebensgeschichte und stellte besonders die übernatürlichen Ereignisse während ihrer Kindheit und Jugend heraus: ihre wunderbare Geburt, das Erscheinen der Nachtigall, das Fallen der Madonnenstatue und so fort. Dann kam er zu Ereignissen aus jüngerer Zeit:

> Der Komet, den ich jüngst am Himmel über diesem Kloster erscheinen ließ, zeigte die Vortrefflichkeit meiner Braut an und die große Pein, die ich sie erdulden ließ. [...] Wenn ihr dachtet, daß er den Tod von Fürsten, Herren und Königen dieser Welt ankündigte, dann tat er dies nicht; vielmehr bedeutete er, daß die Wunder, die ich in meiner Braut bewirke, in der ganzen Welt bekannt werden sollen, denn ich tue sie nicht nur um ihretwillen, sondern um der Rettung aller Seelen willen. [...] Nun sende ich euch diese meine Dienerin, die die größte ist, die ich auf der Welt habe, damit ihr seht, daß ich nicht in stolzen Herzen wohnen mag, die voller Laster sind. [...] aber wehe euch, wenn ihr daraus keinen Gewinn zieht. O mein Volk, ich habe dich in ihre Hand gegeben und ihr gesagt, daß sie zu mir beten solle, wenn es ihr Wunsch sei, daß ich dich bestrafe, und daß ich dich dann augenblicklich strafen werde, also sieh dich vor, daß du mich und sie nicht zum Zorne reizest.

Dann ging Jesus ausführlich auf die Tugenden seiner Magd ein:

> Wenn ihr wüßtet, o Sünder, daß selbst ich, der ich Gott bin, erstaunt war, als ich meine Braut inmitten der Hölle sah, zwischen Feuer und Eisen und all den bösen Geistern der Luft und der Hölle, die gekommen waren, sie zu peinigen. [...] und ich fand sie immer als starke Säule inmitten der Wellen, wie Gold im Schmelzofen, kein Alchimistengold, sondern pures Gold; und wieder will ich sie prüfen und ihren Gehorsam gegenüber ihren Oberen und den Prälaten, [...] denn ich will, daß ihr Sünder wißt, daß sie nicht eine Säule aus Eisen oder Marmor ist, sondern aus Diamanten. Ich wollte, daß heute die Zeichen meiner Passion größer an ihr in Erscheinung treten als je zuvor, daß meine Braut die offenen Wunden an ihren Händen und an ihrem Kopf habe, wie ich sie am Kreuze hatte, aber nicht, damit sie Schmerzen fühle, sondern großes Glück. Ich will, daß alle, die in diesem Kloster leben, diese Zeichen sehen, auf daß sie ständig Kraft daraus schöpfen mögen und an meine Passion erinnert werden. [...] Ich war es, der befahl, daß sie die Äbtissin dieses Klosters sei, und ich habe sie zu einem Spiegel für all die anderen Nonnen gemacht. [...] Ich möchte, daß diese meine Braut die Herrscherin über alle anderen Nonnen ist, und ich möchte, daß alle, die in diesem Kloster wohnen, dem Laienstand, aber auch allen anderen Ordensleuten ein Ansporn sind, denn ich habe befohlen, daß sie nicht nur gut, sondern absolut gut sein sollen, und denen, die das nicht sein wollen, werde ich entweder einen Teufel senden, um sie zu versuchen, so daß sie voller Verzweiflung das Kloster verlassen, oder ich werde ihnen den Tod schicken, denn ich will, daß alle, die hier leben, vollkommen gut sind.

Jesus schloß damit, daß er die Symbolik der Dekorationen erklärte, von denen einige etwas über Benedetta aussagten, andere etwas über ihn selbst, die Apostel und die Heilige Jungfrau. Das Grün des Altartuchs bezog sich auf die Hoffnung, die Benedetta in ihn setzte, das Rot auf ihre Liebe zu ihm und das Blau auf ihr Herz, das sich stets Gott zuwandte. Die Blumen waren Symbole für alle ihre Tugenden, die weißen für ihre Reinheit. Die zwölf Kissen dagegen verwiesen auf die Tugenden der zwölf Apostel, die dreiunddreißig Kerzen auf die Jahre, die er auf Erden gewandelt war, die drei größten auf die Jahre seines Predigens, und die beiden Bänder um die allergrößte Kerze auf seine Barmherzigkeit und die seiner Mutter. Bei dem Thema Barmherzigkeit kam er darauf zu sprechen, daß ihm die Mildtätigkeit des Großherzogs der Toskana sehr wohlgefällig sei, der in diesem Jahr der Not Korn an die Armen austeilen ließ. Er fügte hinzu: »Und ich will, daß der Großherzog alles über meine Braut erfährt, die unablässig für sein Wohlergehen zu mir betet. [...] Und wer nicht an meine Braut glaubt, soll nicht gerettet werden.«

Am Ende dieser Predigt gab Benedetta ihrem Glück und ihrer Dankbarkeit Ausdruck, indem sie das Tedeum und das Lied »O glorreiche Mutter« sang. Dann kam sie wieder zu sich und schickte sich an, den Chor zu verlassen – fast so, als ob nichts geschehen wäre. Unterwegs hielt sie an, um mit der Frau des Vikars zu plaudern, die dem Befehl des Propstes zum Trotz ins Kloster gekommen war, um der Hochzeit beizuwohnen.

Benedettas Unbekümmertheit wurde jedoch von den anderen Teilnehmern an diesem Ereignis nicht geteilt. Etwas Bedeutsames war geschehen – oder vielleicht doch nicht? Niemand außer Benedetta hatte Jesus, die Madonna, die Heiligen oder den Ring gesehen. Und das erweckte diesmal größere Zweifel und beunruhigte die Gemüter mehr, als Benedettas andere mystische Erlebnisse es getan hatten. Jedermann wußte, daß es auch bei der Hochzeit der hl. Katharina keine sichtbaren Zeichen gegeben hatte, und doch war an Benedettas Hochzeit etwas, das anders und besorgniserregend war, ja, es waren sogar mehrere Aspekte, die – zusammengenommen – nicht einfach ignoriert werden konnten. Bedeutete der Wunsch nach einer halböffentlichen Zeremonie nicht gerade, daß die Zeugen einige übernatürliche Personen oder Gegenstände zu sehen bekommen sollten? Doch diese hatten sich nicht eingestellt. Dann die Aufforderung, wichtige Persönlichkeiten, ja, keinen Geringeren als den Großherzog von Benedettas Taten in Kenntnis zu setzen. Der Wunsch nach Publizität war ungewöhnlich für eine Mystikerin. Man wußte sehr wohl, daß

Frauen, denen es ja verwehrt war, sich öffentlich zu gesellschaftlichen Fragen zu äußern oder gar Einfluß zu nehmen, versuchten, sich auf anderen Wegen Gehör zu verschaffen. Manch eine Visionärin war in Wirklichkeit eine Frau, die nach Beachtung und Macht strebte. Die Leute konnten sich noch gut an die berüchtigte Maria de la Visitación erinnern, jene Nonne aus Lissabon, die in den achtziger Jahren des 16. Jahrhunderts vermöge ihrer Stigmata und ihrer visionären Kräfte zu einer der einflußreichsten Frauen Europas geworden war. Herrscher und hohe kirchliche Würdenträger suchten ihren Rat, bis man herausfand, daß sie eine Betrügerin war.[58] Konnte es mit Benedetta eine ähnliche Bewandtnis haben? Wenn ja, dann wäre es besser, es sofort herauszufinden. Wie die Hochzeitsvorbereitungen bereits gezeigt hatten, waren inzwischen viele Menschen an Benedettas mystischen Fähigkeiten interessiert, ungeachtet der schwächlichen Versuche des Propstes, jede Art von Publizität zu unterbinden. Sollte ihre Zahl wachsen und sollten erst hochgestellte Persönlichkeiten zu ihnen zählen, dann konnten die Dinge außer Kontrolle geraten. Auch mögen die übertriebenen Lobesworte, die Jesus für Benedetta gefunden hatte, und seine Drohung, alle, die nicht an sie glaubten, in ewige Verdammnis stürzen zu wollen, dazu beigetragen haben, den Fall plötzlich dringend erscheinen zu lassen. So benahmen sich Heilige für gewöhnlich nicht – ihre göttlichen Botschaften enthielten im allgemeinen das Lob des Herrn und nicht ihr eigenes, und sie gewannen Anhänger aufgrund ihres Charakters und ihres Betragens, nicht aber durch Drohungen. Wenn jedoch schlichte und ungebildete Gemüter diese Drohungen erst einmal ernst nahmen, dann würde es sehr viel schwieriger werden, sie später anzuzweifeln. Jesus hatte durch Benedettas Mund gesagt, daß das Schicksal der Stadtbewohner in ihren Händen liege. Je mehr Menschen dies glaubten, desto schwerer würde Benedettas Einfluß einzudämmen sein, falls sie sich als Betrügerin herausstellen sollte. Es brachte nichts ein, wenn man die Sache hinauszögerte. Und so verbot der Propst von Pescia allen, die den Ereignissen dieses Tages beigewohnt hatten, darüber mit Außenstehenden zu sprechen. Benedetta wurde bis auf weiteres ihres Amtes als Äbtissin enthoben. Die Untersuchung begann am folgenden Tag.

VIERTES KAPITEL

Die erste Untersuchung

Der Propst von Pescia, Stefano Cecchi, der oberste kirchliche Amtsträger der Stadt, kam selbst, um Benedetta zu befragen. Er wurde von mehreren seiner Untergebenen und einem Schreiber für das Protokoll begleitet. Der Propst war ein schon älterer, aber energischer Mann, der zu einer der reichsten und mächtigsten Familien Pescias gehörte. Er war es gewöhnt, die Dinge in die Hand zu nehmen. Ja, auf diese Weise war er vor fast zwanzig Jahren überhaupt Propst geworden. Denn als Papst Klemens VIII. im Jahre 1600 einen florentinischen Adligen, Bernardo Segni, für dieses Amt nominiert hatte, war es Cecchi durchaus nicht in den Sinn gekommen, untätig herumzusitzen und zuzusehen, wie das hohe Ansehen, das dieses Amt mit sich brachte – von der Pfründe ganz zu schweigen – seiner Familie verlorenging, die es schließlich seit fast einem Jahrhundert abwechselnd mit der Familie Turini innegehabt hatte. Seine energischen Proteste hatten die Ernennung Segnis verhindert und statt dessen zu der seinen geführt. An die Macht gelangt, verfolgte er seine weiteren Ziele mit gleicher Tatkraft. Zwei Jahrzehnte lang kämpfte er um die Erhebung Pescias zum Bistum, selbstverständlich mit ihm als erstem Amtsinhaber. Gleichzeitig verstand er es, die kirchlichen Interessen angesichts einer rapide sich wandelnden Rechtsprechung mit Nachdruck zu vertreten. Kurz gesagt, Cecchi war kein Mann, der sich gern täuschen oder übergehen ließ.[1] Er würde die Vorfälle im Kloster der Theatinerinnen mit großer Sorgfalt prüfen. Es stand ja nicht nur das Prestige des Klosters auf dem Spiel, sondern auch sein eigener Ruf und der Erfolg der noch immer andauernden Kampagne, für Pescia höhere kirchliche Würden zu erreichen.

Als erstes war es geboten, die Wundmale zu untersuchen, da sie das einzige sichtbare Zeichen eines göttlichen Eingreifens waren. Christus hatte in Benedettas Predigt am Vortage gesagt, daß die Wunden an ihrem Körper offen und größer als vorher sein würden. Folglich sah sich der Propst ihre Hände, Füße und ihre Seite an, wo er Flecken getrockneten Blutes in der Größe etwa einer kleinen Münze sehen konnte. Als sie mit warmem Wasser abgewaschen wurden, zeigten sich kleine Öffnungen, aus denen tropfenweise frisches Blut trat. Wenn man das Blut mit einem Handtuch trocknete, trat neues aus. Auch an Benedettas Kopf zeigten sich – hier in großer Zahl – blutige Male, die ebenfalls in das Handtuch bluteten, wenn man sie mit warmem Wasser abwusch. Die Stigmata, die bis zum Vortag nur kleine rote Male an Benedettas Körper gewesen waren, hatten sich verändert, wie es Christus vorhergesagt hatte.

Nach dieser Untersuchung forderte der Propst Benedetta auf, ihm zu sagen, wie sie zu diesen Wunden gekommen sei. Da erzählte sie ihm, wie Jesus ihr während der Passionszeit erschienen war und ihr mitten in der Nacht durch Strahlen, die von seinem Körper ausgingen, diese Wunden aufgeprägt hatte. »Wie viele Strahlen hast du gesehen?« fragte der Propst. »Fünf große, aber von seinem Kopf kamen viel mehr, allerdings kleinere«, antwortete sie. »Wie hast du es, als du im Bett lagst, gemacht, daß deine Füße genau übereinander lagen?« Sie erwiderte: »Ich habe sie nicht übereinander gelegt, sondern ich fand sie bereits so, einen über dem anderen, ohne daß sie mir in dieser Stellung wehtaten.« Daraufhin fragte der Propst: »Hast du in diesen Wundmalen anhaltende Schmerzen?« Sie antwortete: »Sonntags scheine ich sie nicht zu fühlen; montags und dienstags habe ich fast keine Schmerzen; an allen anderen Tagen habe ich große Schmerzen, besonders freitags.«[2] Damit endete der erste Besuch.

Zehn Tage später (am 7. Juni 1619) kam der Propst mit seinem Gefolge ein zweites Mal. Inzwischen hatte Benedetta an Paolo Ricordati geschrieben und ihm von ihrer jüngsten Vision berichtet. Außerdem hatte sie um ein Treffen mit dem Propst gebeten. Wie bei seinem ersten Besuch begann Cecchi mit einer Prüfung der Stigmata. Er fand die gleichen Male vor, bemerkte aber einige Veränderungen. Die Wunde an der rechten Hand blutete nicht mehr, wenn man sie wusch und mit einem Handtuch abtrocknete. Die kleinen Einstichwunden am Kopf waren ebenfalls abgetrocknet und sahen teilweise verheilt aus. Daraufhin fragte er Benedetta, was sie ihm sagen wolle, aber sie schien verblüfft zu sein und hatte nichts zu sagen. Es traf zu, daß sie ihrem Beichtiger einen Brief gesandt und ihm eine Vision beschrieben hatte. Die Handschrift war dieselbe wie in dem Brief, den der Propst ihr nun zeigte. Aber sie konnte sich nicht erinnern, um ein Treffen mit ihm gebeten zu haben. Der Propst war verdutzt, aber da war nichts zu machen, und so endete der Besuch.[3]

Erst der neunte Besuch, der im folgenden Monat stattfand, brachte des Rätsels Lösung. Benedetta teilte dem Propst mit, daß ihr einen Tag vor dem oben erwähnten Besuch Jesus in Gestalt des gekreuzigten und blutenden Christus erschienen sei und ihr gesagt habe, daß er die Meinung, die ihre Oberen von ihr hätten, beeinflussen wolle.[4] Sie solle von ihrem Beichtiger die Erlaubnis einholen, an den Propst schreiben zu dürfen. Er, Jesus, werde ihr sagen, was sie schreiben solle, so wie er ihr auch sagen werde, was sie dem Propst zu sagen habe, wenn dieser sie besuchen komme.[5] »Du wirst ihm in meinem Namen sagen, daß ich dieses Kloster für mich auserwählt habe, und daß ich wünsche, daß er sich seiner besonders annimmt, da ich will, daß alle, die darin leben, daran denken, daß sie an einem besonderen, mir geweihten Orte leben und eine größere Verpflichtung als andere Nonnen haben, nach Vollkommenheit zu streben.«[6] Da sie, als sie an Ricordati geschrieben hatte, in Trance gewesen war, konnte sie sich hinterher nicht mehr an alle Einzelheiten erinnern, sondern nur noch daran, daß sie darum gebeten hatte, an Stefano Cecchi direkt schreiben zu dürfen – eine Bitte, die Ricordati abgelehnt hatte, da er der Ansicht war, Christus würde schon Wege finden, wenn er sich wirklich mit dem Propst in Verbindung setzen wollte. Wie sich herausstellte, hatten sowohl Benedetta als auch ihr Beichtiger ihren Willen bekommen, denn Ricordati hatte Benedettas Brief an den Propst weitergeleitet. Als sich dieser jedoch am nächsten Tage eingefunden hatte, war es Jesus weniger darum zu tun gewesen, seine Meinung zu beeinflussen, als ihn zu prüfen. Anstatt durch Benedetta zu sprechen, wie er es ursprünglich vorgehabt hatte, war er stumm geblieben, um zu sehen, ob der Propst an sie glaube. Doch hatte er Benedetta erst Ende Juni wissen lassen, was er getan hatte und warum, woraus sich ihr rätselhaftes Schweigen während jenes Gespräches erklärte.

Ganz anders verlief die nächste Untersuchung am 14. Juni. Sie erbrachte einen dramatischen Beweis dafür, daß Christus noch immer seine Gegenwart durch die Person Benedettas zu manifestieren gewillt war. Bei der üblichen Prüfung der Stigmata fand man, daß einige der fast verheilten Wunden erneut bluteten. Damit die Wunden an Benedettas Kopf besser zu erkennen wären, wurden ihr auf Anordnung des Propstes die Haare geschnitten und der Kopf gewaschen – und da zeigte sich, daß an den Einstichen frisches Blut war. Nun erlaubte man Benedetta, den Raum kurz zu verlassen, damit sie ihre Kleidung richten konnte, ehe die Befragung ihren Fortgang nahm. Diese fand jedoch ein abruptes Ende, denn Benedetta kam plötzlich zurückgelaufen, ihren Kopf mit den Händen haltend. »Jesus, was ist das?« rief sie, als Blut über ihr Gesicht strömte und auf die Erde tropfte. Die Besucher ergriffen schnell einige Handtücher und vermochten das Blut zu stillen, die Prüfung mußte jedoch abgebrochen werden, weil Benedetta zu große Schmerzen hatte.[8] Das bedeutete allerdings nicht das Ende der Untersuchung, sondern nur einen Aufschub. Die Zweifel der Kirche konnten nicht einfach durch ein bißchen Blut zerstreut werden.

Wenn solch eine positive Demonstration göttlicher Macht nicht ausreichte, Zweifler zu Gläubigen zu machen, dann würde vielleicht die Angst vor dem Zorn Gottes zum Ziele führen. Noch im Juni, dem Monat der fortgesetzten Visitationen, offenbarte Benedetta Pater Ricordati, daß sie wieder eine Jesus-Vision gehabt habe. Diesmal sei es ein zorniger und rachsüchtiger Christus gewesen – ein Christus in all seiner Herrlichkeit, umgeben von den himmlischen Heerscharen, mit gezogenem Schwert. Sein Zorn habe sich gegen die Bewohner der Stadt Pescia gerichtet. Dort gebe es niemanden, habe er gesagt, der ihn um Barmherzigkeit anflehen wolle, wo es doch alle bitter nötig hätten, so schwer wie ihre Sünden seien. Er wolle sie mit der Pest heimsuchen, um ihnen über die Torheit ihres Lebenswandels die Augen zu öffnen. Sie habe angeboten, selbst zu beten und ihn um Barmherzigkeit zu bitten, ja, zur Rettung der Stadt ihre Zeit bis zum Tag des Jüngsten Gerichts im Fegefeuer zu verbringen. Christi Zorn habe sich bei ihren Worten anscheinend gelegt. Er habe ihr befohlen, ihn immer zu lieben und dafür zu sorgen, daß Prozessionen abgehalten würden, um ihn zu versöhnen. Das tat sie denn auch, denn kaum hatte sie Ricordati erzählt, was sie gesehen hatte, als er ihr auch schon die Erlaubnis gab, eine Prozession mit einem Christusbild an der Spitze zu organisieren.[9] Die Androhung der Pest durfte man nicht auf die leichte Schulter nehmen. Pescia war lange Zeit von der schrecklichen Seuche verschont geblieben, aber die Gefahr war ständig gegeben. Die Menschen hier wußten aus eigener Erfahrung ebensogut wie von ihren Nachbarn, daß ein Viertel, ja sogar ein Drittel der Bevölkerung in nur wenigen Wochen ausgelöscht werden konnte. Darüber hinaus hatte sich Pescia noch immer nicht gänzlich von der Getreideknappheit erholt, die in diesem Jahr im ganzen Staat geherrscht hatte, und es war allgemein bekannt, daß Hungersnöte und Epidemien Hand in Hand gingen.[10] Folglich war es nur klug, Benedettas Rat zu befolgen. Und wenn man sie auch noch nicht gleich als die Retterin Pescias ansehen konnte, so war es doch besser, nicht vorschnell Zweifel daran anzumelden.

Die Untersuchung nahm ihren Gang, sorgfältig und vorsichtig. Von ihrem Beginn in den letzten Maitagen bis zu ihrem vorläufigen Ende Anfang September fanden insgesamt vierzehn Visitationen statt, die alle von einem Schreiber festgehalten wurden. Was sich während dieser Treffen ereignete, ist nur teilweise rekonstruierbar. Einige der ursprünglichen Niederschriften sind verlorengegangen, und die Fragen des Propstes wurden nur gelegentlich mitgeschrieben. Man kann jedoch die Art der Befragung aus den Zeugenaussagen ableiten und durch Interpolation eine relativ genaue Vorstellung von den Vorgängen gewinnen.[11] Außerdem kann man das erhaltene Material durch vollständigere Berichte von ähnlichen Untersuchungen ergänzen. Denn in den vorhergehenden Jahrhunderten hatte es zahlreiche Überprüfungen von Fällen gegeben, wo Menschen behauptet hatten, mystische Erlebnisse zu haben, und es war viel darüber geschrieben worden, was in solchen Situationen zu tun sei. Fälle von vorgespiegelter Heiligkeit wurden normalerweise vor einem kirchlichen Tribunal verhandelt. Kirchliche Amtsträger wie Stefano Cecchi konnten, wenn sie bei der Echtheitsprüfung solcher Fälle Hilfe brauchten, auf eine große Zahl von zu diesem Zweck erstellten Leitfäden zurückgreifen.[12]

Was für Fragen stellte man Benedetta nun aber, und welche Kriterien für die Beurteilung ihres Falles lassen sich aus ihnen ableiten? Am nächsten lag es, bei den Wundmalen anzufangen, denn sie waren der einzige sichtbare Beweis. Aus diesem Grunde befaßten sich die ersten vier Visitationen ausschließlich mit den Stigmata. Zuerst wurden die Wunden selbst untersucht, um sicherzugehen, daß sie echt und nicht aufgemalt waren. Dann fragte man genau nach, wie sich das Wunder ereignet hatte. Die Vernehmenden wollten im einzelnen wissen, wie die Wunden an Benedettas Körper gekommen waren.

Waren sie einfach erschienen oder hatten von Christus ausgehende Strahlen sie hervorgerufen? Wenn letzteres der Fall gewesen war, wie viele waren es gewesen? Das waren keine müßigen Fragen, sondern man wollte mit ihrer Hilfe herausfinden, was sich wirklich zugetragen hatte, und feststellen, ob Benedettas Bericht mit den Naturgesetzen zu vereinbaren war. Die Frage nach der Anzahl der Strahlen zum Beispiel führte zu der Antwort, daß es fünf Strahlen – und nicht sechs – gewesen seien, was angesichts der sechs wunden Stellen durchaus hätte der Fall sein können. Denn da war je eine an den Gliedmaßen, eine an der Seite des Brustkorbes und eine am Kopf. Das bedeutete, daß Benedetta ihre Füße gekreuzt, einen Fuß über dem anderen, gehalten haben mußte, so daß nur ein Strahl nötig gewesen war, um beide Füße zu durchbohren. Wie die nächste Frage des Propstes erkennen läßt, war es jedoch äußerst schwierig, seine Füße im Liegen auf diese Weise zu kreuzen. Wie hatte Benedetta das fertiggebracht? Ihre Antwort, daß ihr Körper ohne ihr Wissen in diese Position gebracht worden sei, bedeutete, daß dieser Teil ihrer Geschichte mit dem, was man normalerweise in der natürlichen Welt beobachten konnte, nicht übereinstimmte.[13]

Zwar hielt das Interesse an den Stigmata während der gesamten Untersuchung an, aber nach der vierten Visitation wandte sich der Propst auch anderen Bereichen zu. War Benedetta sicher, daß sie Visionen gehabt hatte? Vielleicht hatte sie sie sich nur im Anschluß an Lesungen und Gebete eingebildet. Vielleicht waren es Träume gewesen. Um sich darüber Klarheit zu verschaffen, fragte er sie nach den Umständen, unter denen sie stattgefunden hatten. Wann hatten sie angefangen? Was hatte Benedetta bei ihrem Einsetzen jeweils gerade getan? Wie lange hatte jede Vision gedauert? Benedettas Antworten legten nahe, daß sie nicht geträumt hatte. Die meisten ihrer Visionen waren mitten am Tage aufgetreten, während sie ihren Verrichtungen nachgegangen war, und nicht, wenn sie im Bett gelegen hatte. Aufgrund der Erinnerung an das, was am Anfang und am Ende jeder Vision um sie herum vorgegangen war, konnte sie ihre Dauer ungefähr abschätzen.

Da die Traumtheorie ausschied, mußte sich Cecchi nun versichern, ob Benedettas Erlebnisse nicht die Einbildungen einer allzu enthusiastischen Nonne waren. Viele Theologen und Religionsphilosophen hatten sich zu diesem Thema geäußert, so in allerjüngster Zeit die hl. Theresia von Avila: »Wenn jemand versucht, über dieses [erste] Stadium des Gebets hinauszugelangen und seinen Geist zu erheben, damit er Tröstungen erfahre, die ihm nicht gegeben werden, dann verliert er, wie ich glaube, in der einen wie in der anderen Hinsicht. [...] Es scheint eine Art Stolz zu sein, die uns wünschen läßt, höher zu steigen. [...] Für Frauen sind solche Versuche besonders schädlich, denn der Teufel kann in ihnen Illusionen fördern.«[14]

Hatte Benedetta ihre Visionen gefördert oder hatte sie versucht, sie zu unterdrücken? Das Streben nach mystischen Erfahrungen war mit der Demut nicht vereinbar, der grundlegendsten Eigenschaft eines wahren Visionärs. Dieser Gedanke stand hinter vielen Fragen Cecchis. Als der Engel gekommen war, um Benedetta zum Berg der Vollkommenheit zu führen, hatte sie da versucht zurückzubleiben? Hatte sie sich gesträubt, als die Heilige Jungfrau ihr gesagt hatte, sie wolle ihr einen Schutzengel zur Seite geben? Hatte sie versucht, Splenditello nicht zu sehen, wenn immer er vor ihr erschien? Hatte sie in Erwägung gezogen, daß die Male an ihrem Körper das Werk des Teufels und nicht das Gottes sein könnten?[15]

Benedettas Antworten auf alle diese Fragen zeigen ihr Bemühen, die Grenzen des theologisch Akzeptablen nicht zu überschreiten. Ehe sie den Berg der Vollkommenheit bestiegen habe, habe sie sich angestrengt, in sich selbst zu bleiben und weiterzubeten wie die anderen Nonnen, und sie habe sich im Verlauf dieser Anstrengungen auch bekreuzigt. Und als sie das Zeichen gemacht habe, habe sie ihre Umgebung nicht mehr wahrgenommen. Als sie die Madonna habe sagen hören, daß sie ihr einen Engel geben wolle, habe sie ihr einfach glauben müssen, obwohl sie versucht habe, dies nicht zu tun. Sie habe oftmals mit aller Kraft versucht, nicht an die Visionen zu glauben. Sie habe Splenditello auf die Probe gestellt, um herauszufinden, ob er von Gott oder vom Teufel komme, indem sie ihn aufgefordert habe, dem Namen Jesu seine Reverenz zu erweisen, während sie ihn laut ausspreche. Und als sie dies dreimal tat, habe sie gesehen, wie er sich gleich beim ersten Mal fast bis auf den Boden verneigte. Jedoch sei ihr hinterher der Gedanke gekommen, daß selbst diese Probe ohne Beweiskraft sein könne, »denn der Teufel könnte dies tun, damit ich glaube, aber dann wuchs in mir eine gewisse Hoffnung, daß ich mich nicht täuschte; doch selbst da glaubte ich noch nicht, daß ein Sichneigen vor dem Namen Gottes das Werk Gottes sei.« Ihr Versuch, ihre mystischen Erlebnisse zu leugnen, ging sogar noch weiter: »Sie hat in sich die Gewißheit, daß die Male an ihren Händen, ihrem Kopf, ihren Füßen und ihrer Seite das Werk Gottes sind, aber sie hat ihnen nicht zugestimmt, und es geschieht gegen ihren Willen. Und am nächsten Morgen, als sie mit ihrer Seide beschäftigt war, kam ihr diese Gewißheit in den Sinn, und sie wollte sie nicht, und sie sagte zu sich, das ist nicht das Werk Gottes, sondern das des Teufels, und um die Gewißheit loszuwerden, ging sie und wusch sich die Hände in dem Becken mit heißem Wasser, in dem die Kokons liegen, um dadurch dem Teufel ihre Verachtung zu zeigen. Sie dachte, sie würde vor Schmerzen sterben, aber nichtsdestoweniger blieb ihre Überzeugung bestehen.«[16]

Benedetta vertrat also die Ansicht, daß sie trotz aller Willensanstrengungen gezwungen war zu glauben. Sie hütete sich jedoch davor, ungerechtfertigte Ansprüche zu erheben, und unterschied sorgfältig zwischen Gewißheit und Glauben. Sie räumte ein, daß keine der von ihr vorgenommenen Prüfungen ihr absolute Gewißheit verschafft hatte, und sprach eher vom Glauben und Hoffen als von Überzeugungen und unbestreitbaren Beweisen. Ihre Hoffnung erwuchs aus ihrem Glauben, der stärker war als alle Bemühungen des Verstandes.

Diese Unterscheidungen stimmten mit dem überein, was Theologen zu diesem Thema geäußert hatten, nämlich daß es keine unfehlbaren Methoden gebe, echte Visionen von teuflischen Trugbildern zu unterscheiden. Alles, was diese Autoren anbieten konnten, waren Leitlinien, mit deren Hilfe man die charakteristischen Merkmale einer echten Vision erkennen und jene Merkmale aussondern konnte, die nicht zu einer göttlichen Offenbarung paßten.[17]

Doch wollten die Examinatoren nicht nur herausfinden, ob Benedetta nun Träume, Trugbilder oder echte Visionen gehabt habe, sondern sie wollten auch genau wissen, welcher Art ihre Visionen gewesen seien, wenn es denn welche waren. Dem zu entsprechen war schwierig, da, wie die hl. Theresia und andere bestätigt hatten, die »inneren Dinge des Geistes so schwer zu beschreiben sind und noch viel schwerer auf eine solche Weise, daß man sie verstehen kann«.[18] Im 13. Jahrhundert hatte der hl. Thomas von Aquin zwischen Visionen und Ekstasen unterschieden und für beide Kategorien die verschiedenen Wege untersucht, auf denen die göttliche Wahrheit erfaßt werden kann, nämlich durch die Sinne, die Einbildungskraft und den Intellekt.[19] Diese Kategorien entsprachen ungefähr den mystischen Zuständen, die die hl. Theresia dreihundert Jahre später beschrieb. Sie unterschied zwischen der Vereinigung der Seele mit Gott und der Verzückung und sah – wie Thomas von Aquin – drei Arten des göttlichen Selbstausdrucks.[20] Im Zustand der *Unio mystica*, so die hl. Theresia, »spürt die Seele, daß sie schwächer und schwächer wird. [...] Sie hört allmählich auf zu atmen, und alle ihre körperliche Kraft verläßt sie: sie kann noch nicht einmal die Hände bewegen, es sei denn unter großen Schmerzen; ihre Augen schließen sich unwillkürlich, oder können, falls sie offen bleiben, kaum etwas sehen. [...] Er kann hören, aber er kann nicht verstehen, was er hört. Er kann mit den Sinnen etwas wahrnehmen. [...] In diesem Zustand schwindet alle äußere Kraft, während die Kraft der Seele zunimmt, damit diese um so vollständiger in den Genuß ihrer

Glückseligkeit komme.«[21] In diesem Zustand ist es noch immer möglich, Gott zu widerstehen und die Vereinigung zu verhindern. Anders bei der Verzückung, die eine so plötzliche und heftige seelische Entrückung darstellt, daß an einen Widerstand nicht zu denken ist. Eine Seele in Verzückung »kann noch hören und verstehen, aber nur undeutlich, wie aus großer Ferne.« Auf ihrem Höhepunkt jedoch »kann sie weder sehen noch hören noch wahrnehmen.« Und hinterher, »wenn die Verzückung tief gewesen ist, können die Sinne noch ein oder zwei Tage lang völlig gefangengenommen [...] und wie in einem Zustand der Benommenheit sein, so daß sie nicht mehr sie selbst zu sein scheinen.«[22]

Benedettas Aussagen lassen klar erkennen, daß die ihr gestellten Fragen auf diese Unterscheidungsmerkmale der jeweiligen mystischen Erlebnisweisen abzielten. So war ihre Aussage, daß sie bei der Vision der wilden Tiere durchaus ihrer Sinne mächtig und sich der Anwesenheit der anderen Nonnen bewußt gewesen sei, mit Sicherheit die Antwort auf eine Frage nach dem Ausmaß der sinnlichen Wahrnehmung während ihrer Vision. Ihre Antwort muß Cecchi die Schlußfolgerung nahegelegt haben, daß ihre Vision weder etwas mit einer *Unio mystica* noch mit einer Ekstase zu tun gehabt hatte. Fragen zu späteren Visionen führten jedoch zu ganz anderen Antworten. Auf die Frage etwa nach ihrem Zustand während jener Vision, in der sie den Berg der Vollkommenheit gesehen hatte, antwortete sie, sie glaube nicht, daß sie bei sich gewesen sei wie die anderen Male, da sie nicht imstande gewesen sei, die anderen Nonnen zu sehen, und auch nicht gewußt habe, was sie tue. Und als sie das Zeichen des Kreuzes gemacht habe, habe sie von ihren fünf Sinnen Abschied genommen.[23] Als sie gefragt wurde, wie sie zu der Vision des abgeschlossenen Gartens gekommen sei, antwortete sie, daß sie, als sie von ihren Sinnen abgetrennt gewesen sei, sich heftig gezogen gefühlt habe. Niemand habe sie zu dem Garten geführt, sondern sie habe sich ganz plötzlich dort wiedergefunden.[24] Benedettas reduzierte Wahrnehmung ihrer Umgebung und ihre Unfähigkeit, dem Zug der Visionen zu widerstehen, waren kennzeichnend für einen Zustand der Ekstase. Die Frage war nun, ob denn, als sie in diesem Zustand gewesen sei, die Kommunikation mit Gott durch die Sinne, die Einbildungskraft oder den Verstand stattgefunden habe. »Als du auf den Berg der Vollkommenheit geführt wurdest, hast du da eine Stimme tatsächlich *gehört*?« dürfte man sie gefragt haben, denn die Antwort lautete: »Ich hörte die Stimme eines Knaben, so wie ich die Stimme Euer Ehrwürden höre, wenn Ihr mich befragt.« Ob sie den heiligen Petrus in einer ihrer Visionen wirklich *gesehen* habe? Sie habe den heiligen Petrus *in persona* gesehen und nicht in ihrer Einbildung.[25] Hatte sie die jungen Männer gesehen, die sie geschlagen hatten? Sie habe sie ganz gewiß gesehen, so wie sie Seine Ehrwürden sehe. Hatte sie während der mystischen Hochzeit Jesus und die Heilige Jungfrau gesehen? Sie habe sie ganz gewiß gesehen und nicht in ihrer Einbildung. Ihre Ekstasen schienen also echt zu sein, aber ihre Visionen standen auf einer niedrigeren Stufe als die Visionen der Einbildungskraft oder des Intellekts, die nach Thomas von Aquin eine tiefere Schau der göttlichen Wahrheit erlaubten als die Visionen, in denen das reine Wesen Gottes durch sinnliche Erscheinungsformen verhüllt wurde.[26]

Benedettas Examinatoren wollten jedoch nicht nur wissen, welcher Art ihre Visionen gewesen waren, sondern auch, ob sie etwa gegen die Rechtgläubigkeit verstießen. Nach Ansicht der kirchlichen Theologen vermittelten göttlich inspirierte Visionen nichts, was von den Lehren der Kirche abwich.[27] Aus diesem Grunde zeigte Cecchi zum Beispiel ein so großes Interesse an Benedettas Vision des abgeschlossenen Gartens, die sie Anfang Juli beschrieben hatte und auf die er einen Monat später zur Klarstellung noch einmal zurückkam. Er wollte wissen, was die Blumen und die Lichter und das goldene Speirohr bedeuteten. Benedetta hatte auf alle Fragen eine Antwort: Die Blumen seien die Tugenden, deren Duft Gott wohlgefällig sei; die Lichter bedeuteten, daß derjenige, der Tugend besitze, diese an andere weitergebe, denn die Tugend erleuchte immer den Weg; das goldene Rohr stehe für ihren Beichtvater, der sie zur Vollkommenheit und zum Brunnen der göttlichen Gnade führe, ohne den sie unmöglich den Strahl oder das Wasser oder die Gnade Gottes empfangen könne. Cecchi wollte mit seinen Fragen herausbekommen, ob Benedetta glaubte, sie könne die Gnade Gottes ohne die Hilfe ihrer Oberen erlangen. Wenn das Wasser des Brunnens das Heil darstellte, konnte Benedetta dann ihren Durst ohne die Hilfe der heiligen katholischen Kirche löschen? Ihre Antworten mußten wohl alle seine diesbezüglichen Befürchtungen zerstreut haben. Ihre Auslegung dieser wie anderer Visionen ließ klar erkennen, daß sie die Notwendigkeit des Gehorsams gegenüber der kirchlichen Autorität niemals in Frage stellte.[28]

Auch die Fragen des Propstes zu einer Vision, in welcher der hl. Petrus in priesterlichem Gewand die Messe gelesen und die Kommunion an Benedetta ausgeteilt hatte, zielten auf Benedettas Rechtgläubigkeit ab. Das Recht, die Sakramente zu spenden, war einzig und allein dem Klerus vorbehalten und eines der wirkungsvollsten Machtmittel in den Händen der Kirche. Im Laufe ihrer Geschichte hatte diese eine ganze Reihe ketzerischer Sekten bekämpft, die hinsichtlich der Sakramente abweichende Meinungen vertreten hatten. Hatte Benedetta jemals irgend jemanden sagen hören, daß die Sakramente den Gläubigen direkt von den Heiligen ausgeteilt werden könnten? Glaubte sie, daß man zum Empfangen der Sakramente auf einen Priester verzichten konnte? War irgend etwas an der Art, wie die Messe zelebriert worden war, ungewöhnlich oder unüblich? Was hatte der heilige Petrus als Hostie benutzt? Hatten sich seine Gebete von denen der katholischen Priester unterschieden? Obwohl die Tatsache der Vision an sich ärgerlich blieb, weil sie implizierte, daß auch ein außerhalb der kirchlichen Hierarchie Stehender die Kommunion austeilen konnte, waren Benedettas Aussagen hinsichtlich des Gebrauchs heiliger Gegenstände und der korrekten Form des Gebetes doch beruhigend: Das heilige Sakrament und die Hostie seien ihr ganz normal vorgekommen, und der heilige Petrus habe die üblichen Worte gesagt, als er ihr die Hostie austeilte.[29]

Eine andere bei Mystikern häufig anzutreffende Ketzerei war der Glaube, daß sie durch Gebet und die Vereinigung mit Gott die Fesseln der persönlichen Sünde abstreifen könnten. Ihre eigene Vollkommenheit böte dann wiederum anderen einen direkten Zugang zur Gnade. Stefano Cecchi durchforschte Benedettas Aussagen nach Spuren solcher Gedanken und konzentrierte sich dabei besonders auf die von ihr wiedergegebene Ermahnung Jesu, daß sie auf die Reinheit ihres Herzens achten und allen Nonnen ein gutes Beispiel geben solle, so daß diese sich retten könnten.[30] Bei seinem Besuch am 15. Juli, der vor allem einer Klärung der während der vorhergehenden Sitzung gemachten Aussagen galt, kam er mit Bedacht auf diesen Punkt zurück. Ob Benedetta glaube, daß sie imstande sei, einen höheren Grad der Vollkommenheit zu erreichen als andere? Ob sie glaube, daß sie das Heil anderer garantieren könne? Sie antwortete, sie habe immer ohne zu schwanken geglaubt, daß die anderen alles, was sie tue, auch tun könnten. Und sie wolle allen, mit denen sie spreche, ein gutes Beispiel geben. Sie sei nicht sicher, daß alle, die ihrem Beispiel folgten, gerettet würden, hoffe dies jedoch, da sie ihre Hoffnung immer auf Gott gesetzt habe.[31]

Nachdem die richterliche Kommission sich davon überzeugt hatte, daß Inhalt und Bedeutung der Visionen dem Glauben nicht zuwiderliefen, richtete sie ihr Augenmerk auf die Wirkung, die die Visionen auf Benedetta hatten. Echte Visionen, so glaubte man, machten den Visionär nicht stolz auf die von Gott gewährte Gunst. Statt dessen führten sie zu größerer Demut und der Einsicht, daß die der Seele zuteil gewordenen Gaben nicht auf deren Verdienste zurückzuführen waren, sondern ein freiwilliges Geschenk Gottes darstellten. Die Antwort darauf waren Dank und der um so heftigere Wunsch, dem Pfad der Tugend zu folgen und die empfangene Gnade mit anderen zu teilen. Arroganz dagegen und ein Mangel an Nächstenliebe ließen auf teuflische Illusionen schließen.[32] Dieser Punkt sollte also noch mit Hilfe von Benedettas Aussagen geklärt werden. Als sie ihre Gefühle zu erläutern versuchte, die sie nach der Vision des abgeschlossenen Gartens gehabt hatte, sagte sie, daß ihr Wunsch, gut zu sein, größer geworden sei als vorher. Und nachdem sie das Herz Christi erhalten habe, habe sie noch stärker das Verlangen empfunden, Gottes Willen zu tun. Wenn sie Jesus rufe und mit den anderen Nonnen über Gottes Liebe spreche, dann fühle sie ihre Sehnsucht nach Gottes Liebe wachsen.[33] Und als ihr Jesus den Ring an den Finger gesteckt habe, habe sie eine solche Freude und Zufriedenheit verspürt, daß sie nicht anders gekonnt habe als Gott und alle Menschen zu lieben. Wenn man ihr auftrage, um der Liebe zu Gott und den Menschen und um des Gehorsams willen bestimmte Dinge zu tun, dann scheine sie das gleiche innere Glück zu empfinden, daß sie an dem Tage gefühlt habe, als sie den Ring bekommen habe, und sie habe immer den Wunsch, daß alle gerettet würden.[34]

Trotz dieser angeblichen Gefühle der Nächstenliebe deutete einiges in Benedettas Aussagen auf Spannungen zwischen ihr und ihrer Umgebung hin. Ziemlich zu Anfang, während des fünften Besuches, als Benedetta über den Stab sprach, mit dem der Engel sie zu züchtigen pflegte, hatte sie versehentlich etwas mehr über ihr Verhältnis zu den anderen Nonnen durchblicken lassen. Um ein Beispiel für Splenditellos Anwendung des Stabes zu geben, hatte sie erzählt, daß er sie einmal mit dem dornigen Ende auf die Hand geschlagen habe, »nachdem ich ein junges Mädchen auf den Rücken geschlagen hatte, weil ihr Geschrei es unmöglich machte, den Rosenkranz zu hören, der gerade leise gebetet wurde.«[35] Ein weiterer Hinweis darauf, daß irgend etwas nicht in Ordnung zu sein schien, war Benedettas Bemerkungen zu entnehmen, als sie einen Monat später darüber sprach, wie Jesus vom Propst verlangt hatte, dieser solle dazu beitragen, das Kloster zu einem Ort besonderer

Tugend zu machen. Ihre Zusammenfassung der von Christus erteilten Instruktionen enthielt unausgesprochen eine Kritik am Verhalten der Nonnen. Der Propst »sollte dafür sorgen, daß sie abgeschieden und gut eingeschlossen blieben und daß das Sprechen mit Laien an den Türen und am Gitter aufhörte, [...] und wenn sie mit Männern reden müßten, dann sollten sie immer zwei Begleiterinnen haben, damit der Teufel ihnen keine schädlichen Gedanken in den Kopf setzen konnte.«[36] Es scheint durchaus verständlich, daß sich zumindest einige der Nonnen, über denen sich Benedettas Kritik hauptsächlich entlud, nicht mit ihrem Betragen anfreunden mochten. Benedetta beklagte sich jedenfalls gegenüber Pater Ricordati, daß etliche von ihnen sie gar nicht gut behandelten.[37]

Daß es zwischen den Frauen im Kloster und den Menschen außerhalb zu solchen Begegnungen kam, kann angesichts der sozialen Funktion der Klöster im 17. Jahrhundert nicht überraschen. Auch fällt es nicht schwer zu glauben, daß es hinsichtlich dieser und anderer Fragen zu Spannungen unter den Nonnen kam. In den Klöstern trafen Frauen mit echter religiöser Berufung auf solche, die diese keineswegs verspürten. Das klösterliche Leben erzwang, daß Frauen unterschiedlichsten Herkommens, Alters und unterschiedlichster Erziehung tagtäglich auf engstem Raum und einem äußerst strengen Verhaltenskodex unterworfen miteinander lebten – und dies praktisch ohne jede Möglichkeit auszubrechen. Wenn die Nonnen ins Kloster eintraten, brachten sie vollentwickelte Vorstellungen von Familiensolidarität, politischer Parteilichkeit und ökonomisch bedingter sozialer Stellung mit, die sich mit den klösterlichen Regeln des Gehorsams und der Demut schlecht vertrugen. Unausweichlich kam es zu Machtkämpfen, Bündnissen und – gelegentlich – zu Gewalttätigkeiten. In der Mitte des 16. Jahrhunderts floh zum Beispiel Schwester Cassandra Capponi aus einem nicht weit entfernten Kloster in Fucecchio und weigerte sich zurückzukehren, weil sie Angst hatte, einige der Nonnen, die ihre Feindinnen waren, könnten sie töten. In demselben

Kloster war einige Jahre zuvor ein neunjähriges Mädchen von Schwester Giulia della Luna mit einer Schere erstochen worden, und eine andere junge Novizin war von Schwester Caterina de' Brunaccini so grausam behandelt worden, daß sie in den Brunnen des Klosters gesprungen war und sich ertränkt hatte.[38]

Solche Vorfälle zählten natürlich zu den Ausnahmen. Mord war in toskanischen Klöstern keineswegs an der Tagesordnung. Aber wie auch der berüchtigte Fall der Nonne von Monza, bei dem im frühen 17. Jahrhundert zwei Ordensfrauen zu Tode gekommen waren, gemahnten diese außergewöhnlichen Situationen die Behörden an die der Dynamik des Klosterlebens inhärenten Gefahren.[39] Denn diese zugegebenermaßen ungewöhnlichen Fälle waren Teil eines Dauerzustands, in dem die normalerweise ausgetauschten Beleidigungen, die Zornesausbrüche und Schläge manchmal auch zu ernstlicher Gewalttätigkeit ausarten konnten. Tatsächlich mußten im 16. und 17. Jahrhundert die kirchlichen und weltlichen Behörden viel Zeit darauf verwenden, die kleinlichen Zänkereien, die den Alltag des Klosterlebens ausmachten, in Grenzen zu halten. Sie befürchteten, daß sich solche Auseinandersetzungen zu gefährlicheren Konflikten ausweiten und dann in einen Streit der Parteien außerhalb der Klostermauern münden könnten.[40] So gesehen, waren der Schlag, den Benedetta einer anderen Nonne gegeben hatte, die Kritik, die sie an ihren Mitschwestern geübt hatte, und das Selbstlob, das sie als Jesus während ihrer mystischen Hochzeit geäußert hatte, wenn auch noch weit entfernt von den Morden in Monza und Fucecchio, so doch gefährliche Anzeichen einer selbstgerechten Überheblichkeit, denen man nachgehen mußte.

Die kirchlichen Vertreter beschlossen, einige der anderen Nonnen im Kloster zu befragen. Bei ihrem zehnten Besuch am 23. Juli sprachen sie mit der neuen Äbtissin Felice di Giovanni Guerrini, mit Bartolomea Crivelli, Benedettas Begleiterin, und mit einer weiteren Nonne namens Margherita d'Ippolito Ricordati, einer Verwandten des Beichtigers des Klosters. Den Aussagen der drei Frauen nach zu urteilen, kreisten die ihnen gestellten Fragen um Benedettas mystische Vermählung. Dieses Ereignis bot sich an, weil es die Untersuchung ausgelöst hatte und weil in seinem Verlauf skeptische Zuschauer mit verbalen Drohungen bedacht worden waren. Außerdem waren alle drei Nonnen dabeigewesen, so daß ihre Erinnerungen vielleicht vieles von dem erhellen konnten, was Benedetta selbst darüber berichtet hatte.

Es stellte sich jedoch heraus, daß die drei Zeugenaussagen nicht viel Neues an den Tag brachten. Sie bestätigten nur bereits Bekanntes – so, daß Benedetta behauptet hatte, eine Visionärin zu sein, daß sie, als Jesus sprechend, voll des Lobes für ihre eigene Tugend gewesen war und daß sie denen, die ihr nicht glauben wollten, die ewige Verdammnis angedroht hatte. Der Wert dieser drei Aussagen lag also nicht so sehr im Inhaltlichen als viel eher darin, daß sie sich gegenseitig stützten – und dies bis ins Detail. Man erinnerte sich lebhaft an fast alle Einzelheiten der Hochzeitsvorbereitungen und der Zeremonie selbst – was zeigt, wie vorzüglich das Gedächtnis der Nonnen war und welche Bedeutung man im 17. Jahrhundert dem Ritual beimaß. Eine der Nonnen entschuldigte sich zwar, daß sie sich nicht an alles erinnern könne, weil Benedetta »so viel gesagt hat, daß ich ganz durcheinander komme«,[41] aber nur wenige Zuschauer unserer heutigen Zeit dürften in der Lage sein, sich so gut an die Einzelheiten einer Zeremonie zu erinnern, die länger als drei Stunden gedauert hat.

Zum Schluß wurden die Nonnen jeweils gefragt, ob sie wirklich mit niemandem außerhalb des Klosters über die mystische Vermählung gesprochen hatten, wie ihnen befohlen worden war. Wie zu erwarten war, beteuerten alle, sie hätten geschwiegen. Aber Felice Guerrinis Aussage enthält einen interessanten Zusatz. Eines Abends, als Benedetta in Ekstase gewesen sei – sie könne sich nicht erinnern, ob es Mittwoch oder Freitag war –, habe sie sie sagen hören: »Warum wollen diese

Undankbaren nicht, daß mein Schatz entdeckt wird? Ich will ihn den anderen Menschen draußen kundtun, und ich werde dafür sorgen, daß sie von weit her kommen.«[42] Dieser unumwunden geäußerte Wunsch nach Publizität war nachdrücklicher als alle bisherigen und ließ vermuten, daß der schleppende Verlauf der Untersuchung unter Ausschluß der Öffentlichkeit den durch Benedetta sprechenden Jesus zunehmend ungeduldig stimmte.[43] Andererseits hatte sich Benedetta über ihre wachsende Bekanntheit bestürzt gezeigt. Sie hatte ausgesagt, sie sei fassungslos gewesen, als eine junge Nonne ihr erzählt habe, daß etwas von ihren mystischen Erfahrungen nach außen gedrungen sei. Und dies sei gegen ihren Wunsch geschehen, da sie mit niemandem darüber hatte sprechen wollen.[44] Dementsprechend äußerte sie auf Befragung auch keinerlei Bedauern darüber, daß der Propst es Paolo Ricordati, Antonio Pagni und Pirro Torrigiani verboten hatte, der Vermählung beizuwohnen. Nachdem sie sich gesagt habe, daß alles nach den Regeln des Gehorsams vonstatten gehen solle, habe sie nicht weiter darüber nachgedacht. Und als man sie fragte, ob sie die Frau des vorigen Vikars eingeladen habe, antwortete sie, sie wisse nicht, wer das getan habe, räumte aber ein, daß sie ihr etwas gesagt haben könnte, als sie sie am Tage davor gesehen habe.[45]

Sollte nun allerdings das Haupthindernis für eine offizielle Anerkennung das Fehlen eines die mystische Vermählung bestätigenden Ringes gewesen sein, so brauchte man nun nicht mehr länger zu zögern. Am Ende ihrer Zeugenaussage erwähnte die letzte Zeugin, Margherita Ricordati, fast beiläufig, daß sie am Tag zuvor einen Ring an Benedettas Finger gesehen habe. Sie sei nicht imstande gewesen, ihn richtig zu sehen, da Benedetta diese Hand immer verdecke. Immerhin hatte sie genug gesehen, um der Kommission mitteilen zu können, daß es ein »gelber Reif mit einem Kreuz war [...] und daß er nicht so sehr wie ein Ring aussah, sondern wie ein gelbes Mal mit einem Kreuz.«[46]

Man darf mit Sicherheit annehmen, daß diese Mitteilung eine ziemliche Aufregung hervorrief. Benedetta wurde in den Untersuchungsraum geholt, und siehe da, um den vierten Finger ihrer rechten Hand lief – für jeden deutlich sichtbar – »ein kreisförmiges Band, so breit wie ein gewöhnlicher, billiger Goldring, und auf seiner Oberseite waren fünf Punkte, vier davon so groß wie normale Stecknadelköpfe, und in der Mitte war ein weiterer, wie ein Nadelstich, von fast dunkelroter Farbe.«[47] Wunderbarerweise war das Zeichen, das alle zu sehen wünschten, tatsächlich erschienen.

Die Untersuchungskommission brannte darauf, der Sache auf den Grund zu gehen, aber Benedetta fühlte sich schon bald zu krank, um zu antworten. Der Besuch mußte zwangsläufig abgebrochen und die Befragung auf spätere Treffen verschoben werden. Als die Kirchenvertreter eine Woche später (am 1. August 1619) wiederkehrten, untersuchten sie zusätzlich zu den Stigmata auch den Ring, und bis zu ihrem letzten Besuch am 9. September taten sie das nun regelmäßig. Auf die Frage, wie der Ring dort hingekommen sei, erklärte Benedetta, daß sein Erscheinen, soweit sie wisse, nicht auf ein erneutes übernatürliches Eingreifen zurückgehe. Für sie sehe er so aus, wie er seit ihrer Vermählung mit Christus schon immer ausgesehen habe. Das einzig Neue könne höchstens sein, daß die anderen jetzt etwas wahrnähmen, was die ganze Zeit schon dagewesen sei.[48]

Also wandten die Ermittler während der nächsten Besuche ihr Interesse den anderen zu. Da sie bereits Augenzeugenberichte von der mystischen Vermählung eingeholt hatten, wollten sie nun auch etwas über die anderen Ereignisse hören. Sie befragten zwei Nonnen, Felice Guerrini und Schwester Angelina, über den Kometen, der in jenem Jahr erschienen war. Ungewöhnliche Naturereignisse wie besonders heftige Unwetter, das Auftauchen eines neuen hellen Sterns und anderes deuteten häufig auf das Kommen eines Heiligen hin. Beide Nonnen bestätigten, daß sie den Komet gesehen hatten. Felice hatte ihn mehrere Tage lang beobachtet und fügte hinzu, daß die Nonnen von Leuten außerhalb des Klosters erfahren hätten, daß der Komet direkt über dem Kloster gestanden habe.[49]

Die Kommission wollte auch wissen, was am Tage des Heiligen Geistes (20. Mai 1619) geschehen war, als Felice und Angelina mit Hilfe der anderen Nonnen das Refektorium mit Blumen geschmückt und eine Figur des Jesuskindes auf ein Kissen gelegt hatten – in der Hoffnung, der Heilige Geist werde an der Mahlzeit teilnehmen. Auf die Frage, ob eine von ihnen an diesem Tage den Heiligen Geist gesehen habe, antworteten beide, nein, das hätten sie nicht, und sonst auch kein anderer, aber selbstverständlich habe man sehr gehofft, daß Benedetta ihn sehen werde. In der Tat hatten die beiden Benedetta nach der Ausschmückung des Raumes hereingerufen, um von ihr zu hören, ob es so richtig sei, und Benedetta hatte ihr Werk nicht nur gebilligt, sondern auch gewünscht, daß das Jesuskind an eine Stelle gelegt werde, wo sie es leicht sehen konnte. Die Nonnen waren so überzeugt von Benedettas mystischen Gaben, daß der Platz neben ihr zu einem heißbegehrten Ehrenplatz geworden war, den Felice aber abgelehnt hatte, da sie sich von den anderen Nonnen nicht hatte schmeicheln lassen wollen. Ihre Hoffnung und die der anderen war nicht völlig enttäuscht worden. Obwohl sie selbst des Heiligen Geistes nicht ansichtig geworden waren, hatte doch Benedetta, als sie die Figur des Jesuskindes angeblickt hatte, gesehen, wie sich die Taube des Heiligen Geistes plötzlich auf die Versammelten herabgelassen hatte. Ihre Trance hatte mehrere Stunden gedauert.[50]

Die letzte Zeugin war Bartolomea Crivelli, die während der letzten zwei Jahre eng mit Benedetta zusammengelebt hatte. Von ihr erhoffte man sich Informationen über Ereignisse, denen niemand sonst beigewohnt hatte. Bartolomea bezeugte, daß sie mehrere Jahre lang mit Benedetta ein Zimmer geteilt hatte, und berichtete von der Hilfe, die sie ihr während jener langen, schmerzerfüllten Nächte geleistet hatte, als Benedetta sie bat, sie möge ihr die Hand auf das Herz legen, um ihre Pein zu lindern. Ihre Aufgabe war nicht leicht gewesen: »Während ich meine Hand dort liegen hatte«, gab sie zu Protokoll, »fühlte es sich an, als ob ein Dolch sie träfe; [...] und wenn meine Hand dort war, schien sie sich weniger wild herumzuwerfen, aber wenn ich meine Hand nicht dort hatte, konnte sie wegen der großen Schmerzen, die sie empfand, nicht im Bett bleiben. Und ich strengte mich immer so sehr an, daß ich schwitzte, [...] und man konnte einen schrecklichen Schwefelgestank riechen, der aus ihrem Munde kam. [...] Manchmal rief sie mich zweimal die Nacht, [...] und sie sagte dann: ›Halte mich, hilf mir.‹ [...] Sobald ich sie hörte, legte ich meine Hand auf ihr Herz und beruhigte sie.«[51] Gefragt, ob Benedetta ihr jemals die Ursache ihrer Schmerzen mitgeteilt habe, antwortete sie: »Sie hat mir niemals gesagt, was sie hervorgerufen hat, aber wenn ich sagte, daß Jesus sie prüfen wolle, bestätigte sie das.« Auf die Frage, ob sie jemals jemanden habe erscheinen sehen, antwortete sie: »Ich habe niemals jemanden gesehen, aber ich habe sie sprechen und sagen hören, daß sie diesen Ort nicht verlassen, sondern lieber um der Liebe zu Jesus willen krank sein wolle.« Dann bestätigte Bartolomea Benedettas Erzählung, wie Jesus ihr ihr Herz nahm. Von ihrer günstigen Position außerhalb der Bettvorhänge aus habe sie Benedetta sehen und ihre Unterhaltung mitanhören können. Aber sie sei sorgsam darauf bedacht gewesen, sich zu entfernen, sobald Benedetta angefangen habe, aus ihrer Trance zu erwachen, weil sie fürchtete, sich ihren Tadel zuzuziehen.

Bartolomea berichtete weiter, wie Jesus drei Tage später zurückkam, um Benedetta sein Herz zu geben. Wieder habe sie alles vom Vorhang aus beobachten können, nachdem Benedetta sie für den Rest des Abends entlassen hatte. »Ich wollte nicht fortgehen«, sagte sie, »und in der Tat konnte ich es auch gar nicht, denn mir war, als würde ich dort festgehalten.« Sie habe die hl. Katharina und dann Jesus mit Benedetta sprechen hören und gesehen, wie sie die Seite ihres Oberkörpers entblößt und ein Mal freigelegt habe, das größer und röter gewesen sei als vorher. »Und als er es [das Herz] in sie hineintat, begann ich zu sehen, daß das Fleisch sich erhob und sich langsam, langsam bewegte, mit diesen Strahlen vorn; und alle Rippen [...] wurden hochgehoben. Und als es dort ankam, wohin das Herz gehört, hielt es inne, [...] und das Herz ging wieder an seinen Platz zurück. Aber es war so groß, daß man schon sehen konnte, es würde niemals hineinpassen, und es hob das Fleisch empor. Dann deckte sie sich wieder zu, aber bevor sie das tat, berührte ich es [das Herz], und es fühlte sich sehr groß und so heiß an, daß meine Hand es nicht aushalten konnte.« Kurz danach war Benedetta langsam aus ihrer Trance erwacht, und Bartolomea hatte sich in ihr eigenes Bett auf der anderen Seite des Raumes zurückgezogen. Auf die Frage, ob sie irgendwann während der geschilderten Ereignisse Angst gehabt habe, erwiderte sie: »Als ich dort war, hatte ich keine Angst, sondern fühlte eher Zufriedenheit. Ebensowenig fürchtete ich mich, als sie angegriffen wurde und diese Schmerzen hatte.« Gefragt, ob sie jemals irgendwelche Erscheinungen gesehen habe, verneinte sie. Und auf die Frage, ob sie Benedettas Herz oder das Herz Jesu tatsächlich gesehen habe, antwortete sie abermals verneinend.

Das letzte von Bartolomea beschriebene Ereignis war die Stigmatisation. Ihr Bericht stimmte mit dem Benedettas genau überein, so daß er keine neuen Einsichten brachte. Wieder wurde sie gefragt, ob sie jemanden gesehen habe, und wieder antwortete sie, dies sei nicht der Fall gewesen. Sie habe nur die Unterhaltung zwischen Benedetta und Jesus mitangehört und die Male an ihrem Körper gesehen. Bevor sie zum Schluß kam, wurde ihr eingeschärft, mit niemandem über das, was sie gehört oder gesehen hatte, zu sprechen.

Damit war die Zeugenvernehmung beendet. Monsignore Cecchi und seine Kollegen kamen während des folgenden Monats noch dreimal, um die Stigmata und den Ring zu prüfen und um noch einige Punkte zu klären. Man zeigte Benedetta die Protokolle aller vorhergegangenen Befragungen und bat sie, ihre Richtigkeit zu bestätigen.[52]

Nach zwei Monaten eingehender Befragung und nach vierzehn Besuchen im Kloster war die Untersuchung, für die Teilnehmer jedenfalls, abgeschlossen. Was hatten die Kirchenvertreter erreicht? Sie hatten die Stigmata auf das gewissenhafteste geprüft und sich von ihrer Echtheit überzeugt. Außerdem hatten sie ziemlich viel über die Beschaffenheit von Benedettas mystischen Erlebnissen erfahren, und auch über ihren Charakter und ihr Verhalten. Ihre Visionen schienen echt zu sein; sie waren weder Träume noch Phantastereien, und ihr religiöser Inhalt stimmte mit kirchlicher Lehre und Praxis überein. Viele von ihnen hatten durch Zeugen bestätigt werden können, die Benedetta nicht nur hatten in Trance fallen sehen, sondern auch die Stimmen göttlicher Erscheinungen aus ihrem Munde gehört hatten. Eine der Zeuginnen, Bartolomea Crivelli, war auch dabeigewesen, als sie die Stigmata und das Herz Christi erhalten hatte, und konnte Benedettas Behauptungen aus eigener Anschauung bekräftigen. Sie hatte Male an Benedettas Körper gesehen, die vorher nicht dagewesen waren, und sie hatte die sich bewegende Schwellung beobachtet, als das Herz Christi an seinen Platz getan worden war. Außerdem war Benedettas Haltung einer göttlich inspirierten Visionärin angemessen. Sie schwieg über ihre Visionen und gab immer wieder ihrem Wunsch Ausdruck, ihren Oberen gehorchen und jeder Publizität aus dem Wege gehen zu wollen. Das ließ darauf schließen, daß sie keine Neigung zum Stolz hatte, durch den sich der Teufel Einlaß verschaffte. Kurz, wenn die Kriterien für einen echten Visionär das Vorhandensein nachprüfbarer Zeichen, die Orthodoxie der Visionen und der Charakter und das Verhalten der betreffenden Person waren, dann schien Benedetta allen Erfordernissen zu genügen.

Allerdings gibt es keine Untersuchung, bei der nicht Probleme und ungelöste Fragen auftauchen – und diese bildete keine Ausnahme. Die Stimmen, die während ihrer Trancen durch Benedetta gesprochen hatten, hatten ihre Tugenden in einem Übermaß gelobt, daß man an Benedettas Heiligkeit zweifeln mußte. In den Viten der Heiligen konnte man lesen, daß in ihren Visionen Gott und andere Heilige gelobt wurden, nicht aber sie selber. Im Gegensatz dazu klangen die Worte, die aus Benedettas Munde gekommen waren, eitel und unbescheiden. »Und das, was sie über ihre Geburt und über Benedetta und zu ihrem Lobe sagte, war vermutlich gesagt worden, um sie zur Prahlerei zu verführen.«[53]

Auch Benedettas Eifer, mit dem sie die anderen Nonnen dafür getadelt hatte, daß sie nicht ihren, Benedettas, strengen Maßstäben entsprechend lebten, deutete möglicherweise darauf hin, daß sie ihre eigenen Qualitäten übertrieben hoch einschätzte und daß sie leicht zornig wurde. Die hl. Theresia und andere hatten alle, die noch am Anfang des Weges zur Vollkommenheit standen, vor einem solchen Eifer gewarnt. Sich um das Verhalten anderer und nicht um das eigene zu sorgen, war eine Irreführung und eine vom Teufel aufgestellte Falle für die Unvorsichtigen.[54]

Schließlich war da noch die Behauptung, daß das Schicksal Pescias in Benedettas Händen liege und daß sie entscheiden könne, ob seine Menschen streng bestraft oder aber errettet würden. Darin konnte man natürlich einen bewußten Versuch der Nötigung sehen. Benedetta mochte schlicht versucht haben, mit Hilfe dieser Drohung soviel Macht wie möglich zu gewinnen.

Jedoch konnte man zu ihrer Verteidigung anführen, daß nicht sie selbst, sondern Jesus die Lobesworte gesprochen hatte. Wie hätte man sie für etwas verantwortlich machen können, das nicht von ihr kam? Hatte Jesus doch selbst gesagt: »Und damit ihr, o Sünder, wißt, daß von dieser meiner Braut kein Anflug von Stolz oder Eitelkeit Besitz ergreifen kann, ist sie es nicht, die da sieht, spricht oder hört, sondern ich bin es.«[55] Im Gespräch mit ihren Examinatoren – wenn sie also sie selbst war – hatte sie niemals behauptet, ohne Sünde oder vollkommen zu sein, nicht einmal etwas von dem wiederholt, was Jesus in ihren Visionen zu ihr gesagt hatte. Einzig und allein durch die Aussagen der anderen hatten die Kirchenvertreter etwas von Jesu Hochachtung für Benedetta erfahren. In ihren eigenen Aussagen hatte sie Jesu Lob nicht erwähnt, sondern immer betont, daß sie göttlicher Gaben nicht wert sei.

Und was ihren Eifer anbetraf, andere zu disziplinieren, so durfte man nicht vergessen, daß sie schließlich die Äbtissin des Klosters gewesen war. Sie war für die klösterliche Zucht verantwortlich gewesen, und wenn sie die Nonnen nicht gemaßregelt hätte, wer hätte es dann tun sollen? Vielleicht war ihr Verhalten durchaus gerechtfertigt gewesen – schließlich hatten Nonnen während des Rosenkranzes nicht zu reden oder herumzuschreien oder sich am Tor mit Laien abzugeben.

Ihre Behauptung endlich, daß das Schicksal anderer Menschen von ihr abhänge und daß sie sich bei Jesus mit Erfolg für sie einsetzen könne, war vielleicht gar nicht so abwegig. Seit langem waren Visionäre als die Beschützer der Frommen und als Fürsprecher bei Gott aufgetreten. Es war beispielsweise erst ein paar Jahre her, daß die ehrwürdige Ursula (1547–1618), die als Gründerin des Ordens der Theatinerinnen angesehen wurde, ausgesagt hatte, daß Gott ihr in einer Vision erschienen sei und gesagt habe, daß er die Stadt Neapel mit furchtbaren Strafen heimsuchen werde, wenn ihre Bewohner nicht täten, was er sage.[56] Dank ihrer Fürsprache war Neapel verschont worden, und sie galt seitdem als die Beschützerin der Stadt. Die Visionäre sagten den gewöhnlichen Sterblichen, was Christus von ihnen wünschte, und halfen dabei, sie zu ihrem Heil zu führen. Wie Christus konnten sie zur Rettung anderer beitragen, da ihr eigenes Opfer einer lebenslangen Askese ihre Gebete Gott besonders wohlgefällig machte. Für Benedettas Zeitgenossen mußten also ihre Behauptungen nicht notwendigerweise ein Trick sein, mit dessen Hilfe sie zu Macht und Einfluß kommen wollte, sondern konnten sehr wohl göttliche Botschaften enthalten und dem aufrichtigen Wunsch entsprechen, sich bei Gott für die Menschen zu verwenden.[57]

Kurz, es schien in Benedettas Fall auch für die vertracktesten Fragen noch eine plausible Antwort zu geben. Folglich beendeten Cecchi und seine Mitarbeiter die Untersuchung mit dem Gefühl, daß sie allen Fragen gründlich nachgegangen waren – Benedetta schien wirklich eine echte Visionärin zu sein. Als dem Kloster im Juli des folgenden Jahres die vollständige Klausurierung gewährt wurde, wurde auch Benedetta wieder als Äbtissin eingesetzt.

FÜNFTES KAPITEL

Die zweite Untersuchung

Wenn man die Wiedereinsetzung Benedettas in ihr Amt als Äbtissin als Rückkehr zur Normalität betrachten will, so mag man in dem Fehlen jeglicher Aufzeichnungen für die darauffolgenden Jahre eine Bestätigung dafür sehen. Offensichtlich ereignete sich während dieser Zeit nichts, was Benedettas Zeitgenossen einer schriftlichen Erwähnung für wert befunden hätten. Doch gerade das ist das Erstaunliche. Denn über einen Zeitraum von mehr als zwei Jahren führte Benedetta eine doppelte Existenz: Einerseits leitete sie in praktischer wie spiritueller Hinsicht ein Kloster, andererseits lebte sie das Leben einer Mystikerin, und sie tat beides zur Zufriedenheit sowohl der örtlichen Behörden als auch der Nonnen in ihrer Obhut.

Dies war eine bemerkenswerte Leistung, denn es gehörte ein beachtliches Talent dazu, eine gute Äbtissin zu sein. Eine Äbtissin war ja sowohl für das irdische als auch für das geistliche Wohl ihres Klosters verantwortlich und mußte sich folglich auch um materielle und nicht nur spirituelle Dinge kümmern. Zu ihren Verantwortlichkeiten gehörte es, die Ämter im Kloster – also das der Pförtnerin, der Schatzmeisterin, der Novizenmeisterin usw. – zu besetzen, für die fähige Frauen gefunden werden mußten. Die Schatzmeisterin mußte lesen und schreiben und die Bücher führen können. Die Novizenmeisterin sollte eine gute Lehrerin sein. Die Köchin mußte den Einkauf der Lebensmittel planen und ihre Lagerung organisieren können, hatte Küchenpläne aufzustellen und das Küchenpersonal zu überwachen.[1]

Außerdem mußte sich die Äbtissin um die finanziellen Angelegenheiten des Klosters kümmern, sowie um seine wirtschaftlichen und politischen Beziehungen zur Außenwelt. Sie mußte also unter anderem dafür sorgen, daß der Zins für die verpachteten Klostergüter pünktlich gezahlt wurde, daß die Pächter die Besitzungen und alles, was an landwirtschaftlichem Inventar dazugehörte, in Schuß hielten und daß die Verträge eingehalten wurden. Es gehörte auch zu ihren Obliegenheiten, die manuelle Arbeit der Nonnen zu überwachen, besonders das Haspeln der Seide, das zum klösterlichen Einkommen beitrug, und neue Geldquellen zu erschließen, wie sie etwa Vermächtnisse oder die Mitgiften neu Eingetretener darstellten.

Da die Nonnen in Klausur lebten, stand Benedetta bei einigen dieser Aufgaben ein weltliches Verwaltungsgremium zur Seite, das ihr bei der Verwaltung der Klostergüter sowie der Vermarktung der im Kloster hergestellten Seide und der landwirtschaftlichen Produkte half. Es kümmerte sich um die Beschaffung von Spenden und agierte in finanziellen Dingen als Mittler zwischen Kloster und Außenwelt. Da das Wohl des Klosters entscheidend von der Zusammensetzung dieses Gremiums abhing, wurde größte Sorgfalt auf seine Wahl verwandt. Im Herbst des Jahres 1620 finden wir Benedetta an der Ernennung von Mitgliedern dieses Gremiums beteiligt, wobei sie ein äußerst wachsames Auge darauf hatte, daß der Nutzen für die Theatinerinnen gemehrt wurde. Auf Verlangen des Vikars und des Propstes von Pescia legte sie eine Namensliste mit acht möglichen Kandidaten vor, schickte aber auch einen Brief mit, in dem sie sich für ihre vier Favoriten einsetzte, nämlich für Lorenzo Pagni, Oratio Forti, Pirro Torrigiani und Francesco Berindelli – alles reife und wohlhabende Männer, die, wie sie deutlich machte, Wohltäter des Klosters gewesen waren. Man brauchte nicht groß zwischen den Zeilen zu lesen, um zu mutmaßen, daß sie hoffte, diese vier würden auch weiterhin den Theatinerinnen etwas von ihrem beträchtlichen Reichtum zukommen lassen.[2]

Was das geistliche Wohl des Klosters anbetraf, so waren Benedettas Aufgaben nicht weniger anspruchsvoll. Äbtissinnen hatten die geistlichen Führerinnen ihrer Nonnen zu sein. Sie überwachten die religiösen Observanzen und achteten darauf, daß sich die Nonnen untereinander mit Bescheidenheit, Demut und Liebe begegneten. Sie waren zu einem Gutteil für den inneren Fortschritt jeder einzelnen Nonne verantwortlich. Sie ersetzten natürlich nicht den Beichtiger des Klosters, aber sie arbeiteten eng mit ihm zusammen, und man erwartete von ihnen, daß sie ein vorbildliches Leben führten, dem die anderen Nonnen nacheifern konnten.[3]

Alle diese Aufgaben verknüpften das Leben der Äbtissin fest mit der Welt des Klosters und seinen gesellschaftlichen und spirituellen Erfordernissen. Doch trotz aller dieser Aufgaben behielt Benedetta ihre Rolle als Mittlerin zwischen der Welt und dem Göttlichen bei. Während der ersten beiden Jahre der Klausur traten ihre Visionen regelmäßig auf. In einigen wurden einfach frühere Inhalte wieder aufgenommen – zum Beispiel die Notwendigkeit, im Kloster alle Regeln und Rituale gehörig zu befolgen. Aber allmählich tauchte eine andere Sorge auf, die zweifellos etwas mit dem Tod von Benedettas Vater irgendwann zwischen November 1620 und März 1621 zu tun hatte. Giulianos Tod erinnerte sie nicht nur an ihre eigene Sterblichkeit, sondern muß sie auch mit einem tiefen Gefühl des Verlustes erfüllt haben. Nun gab es keinen Menschen mehr, in dessen Herzen sie einen so besonderen Platz eingenommen hätte wie in dem seinen. Die Folge davon war, daß ihr im Jahre 1621 einer ihrer Schutzengel, Tesauriello Fiorito, in ihren Visionen ihren bevorstehenden Tod prophezeite. Er forderte die Nonnen auf, ihre Äbtissin mit größter Zartheit zu behandeln, denn ihre Tage auf Erden seien gezählt. Erst wenn sie tot sei, würden sie ihren wahren Wert erkennen. Sie wüßten schließlich nur zu gut, daß es niemanden im Kloster gebe, der so geeignet sei wie sie, ihre Äbtissin zu sein. Wenn Benedetta dann aus ihren Trancen erwachte, sprach sie selbst auch von ihrem Tod und ließ sogar ihr Grab öffnen und bereit machen für den Tag, an dem es gebraucht würde.[4]

Sie mußte nicht lange warten. Am Tage Mariä Verkündigung 1621 wurden die Theatinerinnen Zeugen von Benedettas Tod. Die aufgeregten Schwestern riefen sofort Paolo Ricordati, ihren Beichtiger, herbei – vielleicht konnte er etwas tun. Der wohlmeinende Pater war sofort zur Stelle und befahl Benedetta mit lauter Stimme, zu den Lebenden zurückzukehren, was zur allgemeinen Überraschung die gewünschte Wirkung zeigte. Als Benedetta wieder zu sich gekommen war, erzählte sie den Versammelten, was sie auf der anderen Seite erlebt hatte. Ihre Seele war, von Tesauriello begleitet, von diesem Leben ins nächste hinübergegangen, und dort hatten Dämonen um ihren Besitz gekämpft. Aber der Engel Gabriel, mit heiligem Öl aus der Kirche Santa Maria in Pescia bewaffnet, war ihr zu Hilfe gekommen und hatte ihre Seele ins Fegefeuer geleitet. Ihr Aufenthalt dort war nur kurz gewesen – gerade so lang, um ein Ave-Maria zu sagen und um die Erlösung der anderen Seelen einschließlich der ihres kürzlich verstorbenen Vaters zu bitten. Ihr Gebet war erhört worden. So hatte sie sich im Paradies bei den himmlischen Heerscharen wiedergefunden, umgeben von den Seelen ihrer Angehörigen. Sie sei so unsäglich glücklich gewesen, erzählte sie, daß sie, als sie Pater Ricordatis Stimme durchs Paradies habe dröhnen hören, nicht gehen wollte. Nur der Befehl Gottes und seine Versicherung, daß sie zurückkehren werde, habe sie dazu bringen können, sich wieder ins Leben zu begeben. Bevor sie aufbrach, habe Gott ihr noch gesagt, daß Pater Ricordati und der Propst von Pescia eines Tages auch ins Paradies kämen, ebenso auch die Nonnen des Klosters, wenn sie sich betragen würden, wie sie sollten.[5]

Die Nonnen dürften diese warnenden Worte mit gemischten Gefühlen aufgenommen haben. Zweifellos waren sie hocherfreut, ihre Visionärin noch in ihrer Mitte zu haben. Schließlich hatten sie Pater Ricordati gerufen, um genau das zu erreichen. Benedettas mystische Kräfte konnten dem Kloster und jeder einzelnen Nonne darin nur von größtem Nutzen sein, wie der Bericht von ihrem Tod wieder einmal gezeigt hatte. Ihr beiläufiger Hinweis auf die Kraft des Öls aus der Kirche des Propstes würde Monsignore Cecchi sicherlich freuen, denn er würde unschwer erkennen, wie nützlich ihre Bemerkung für seinen Kampf um die Erhebung der Kirche zum Dom war. Vielleicht würde er das Kloster dafür mit einer zusätzlichen Einkommensquelle belohnen. Auf einer etwas spirituelleren Ebene dürfte Benedettas Geschichte die Nonnen daran erinnert haben, daß jene sich bei Gott für sie einsetzen konnte. Ihre Gebete konnten darüber entscheiden, ob sie schmerzensreiche Jahre im Fegefeuer oder eine glückselige Reise ins Paradies erwarteten.

Aber in ihre Freude mischten sich sicherlich auch Unmut und nicht wenig Angst. Wenn Benedetta ihnen helfen konnte, ins Paradies zu gelangen, dann konnte sie sie ebensogut auch in die andere Richtung schicken. Zudem ärgerten sich die Nonnen in zunehmendem Maße über Benedettas Vorhaltungen hinsichtlich ihres mangelhaften Betragens. Tesauriellos warnender Hinweis, daß niemand sonst eine so kompetente Äbtissin abgeben könne wie Benedetta, war mit Sicherheit eine Antwort auf die immer offenere Auflehnung gegen ihr Regiment. Einige Nonnen hatten vielleicht ganz unverhüllt erörtert, ob man nicht nach Ablauf der üblichen dreijährigen Amtszeit eine andere Äbtissin wählen sollte.[6] Es war nützlich, jemanden wie Benedetta im Kloster zu haben, aber es war auch wünschenswert, ihre Macht einzuschränken, soweit dies nicht das eigene Seelenheil oder das Prestige des Klosters gefährdete.

Es war schwierig, hier einen Mittelweg zu finden, und letztlich schafften es die Theatinerinnen auch nicht. Was als nächstes geschah, läßt sich aus den verstreuten Aufzeichnungen, die noch erhalten sind, schwer ablesen. Ob die Nonnen versucht hatten, jemand anderes zur Äbtissin zu wählen, und Benedetta ihre Kooperation verweigert hatte, ob der neubestellte päpstliche Nuntius in Florenz aufgrund einer Routineüberprüfung seines Zuständigkeitsbereiches von den Theatinerinnen gehört hatte, ob die Verhandlungen über einen Zusammenschluß der Kongregation von der Verkündigung Mariä und des Ordens der Barnabiten einige skeptische Köpfe an den Schauplatz der Ereignisse gebracht hatten oder ob ein anderes Kloster, um die unerwünschte Konkurrenz auszuschalten, erneut die Frage nach der Echtheit von Benedettas Visionen aufgeworfen hatte – wir werden das wahrscheinlich nie erfahren. Was wir feststellen können, ist, daß der päpstliche Nuntius, der als Repräsentant des Heiligen Stuhles die Jurisdiktion über die Propstei besaß, irgendwann zwischen August 1622 und März 1623 einige seiner Mitarbeiter nach Pescia schickte, um Benedettas angebliche Visionen überprüfen zu lassen. Die Ergebnisse dieser Untersuchung, die sie dem Nuntius Alfonso Giglioli in Form einer »Kurzen Darlegung« übersandten, müssen die schlimmsten Befürchtungen des Prälaten bestätigt haben.[7]

Vielleicht ist das nicht allzu verwunderlich. Da den Abgesandten des Nuntius im Gegensatz zu den Theatinerinnen, Pater Ricordati oder Monsignore Cecchi Benedettas Fähigkeit nichts weiter einbrachte, fiel es ihnen sicher leichter, die Sache skeptisch anzugehen. War Benedetta eine Visionärin, so war sie für sie nur eine mehr in der langen Reihe katholischer Seher und würde der Größe der Kirche nicht viel hinzufügen. War sie jedoch keine, so bedeutete es einen großen Verlust an Prestige und Glaubwürdigkeit, wenn man sie weiter gewähren ließe. Die Kirche hatte in den vergangenen fünfzig Jahren schon zu viele Hochstapler erlebt, als daß sie ein Auge hätte zudrücken wollen. Ja, sie war seit dem 16. Jahrhundert – vielleicht als Reaktion auf die exzessive Zurschaustellung religiöser Inbrunst bei gewissen Mystikern oder als Antwort auf die höhnischen Bemerkungen protestantischer Kritiker – gegen den volkstümlichen Glauben an unbeglaubigte Visionen und Wunder aktiv vorgegangen. Diese kritische Einstellung drückte sich in dem Satz aus, mit dem die Abgesandten des Nuntius ihren Bericht begannen: »[...] alles Neue ist gefährlich und alle ungewöhnlichen Ereignisse [singolarità] sind suspekt.« Der

Engel der Finsternis verwandle sich oft in den Engel des Lichts, um die Leichtgläubigen zu betrügen. Jene, die in den Wegen Gottes wohl bewandert seien, seien (anscheinend einschließlich Benedettas) zu dem Schluß gekommen, daß sie, Benedetta, obwohl eine gute Dienerin Gottes, wahrscheinlich vom Satan getäuscht worden sei. Das Bild, das die Kommission von Benedettas Charakter gewann, bestärkte ihre Zweifel an den sogenannten Wundern und Visionen. Man fand in ihr nicht »jenes wahre und echte geistliche Fundament, das die Voraussetzung für Gottes Gnade ist.« Auch sah man nicht »Nächstenliebe, Demut, Geduld, Gehorsam, Bescheidenheit [...] und andere Tugenden in jenem hervorstechenden und heroischen Ausmaße, wie sie normalerweise den wahren Geist Gottes begleiten.«[8] Das waren die Qualitäten, auf die die erneuerte katholische Kirche zur Zeit Benedettas bei ihren großen Führungspersönlichkeiten zunehmend Wert legte. Ihr lag nichts mehr daran, Wundertäter und Fürsprecher zu belohnen, die vielleicht doch bloß Zauberer waren, sondern ihre Anerkennung galt der Heiligkeit von Personen, deren exemplarischem Leben andere nacheifern konnten, und deren christliches Werk die Macht und den Einfluß der Kirche stärkte. Die Heiligsprechung von Karl Borromäus, Ignatius von Loyola und Filippo Neri zu Anfang des 17. Jahrhunderts war ein Ausdruck dieser neuen Auffassung von Heiligkeit. Der Weg, den Benedetta beschritten hatte, um heilig zu werden, nämlich der der Wundertäterin und Fürsprecherin für gewöhnliche Sterbliche, war gewissermaßen nicht mehr in Mode. Aber ihr fehlten auch jene außerordentlichen persönlichen Tugenden, die sie zum Muster für andere Christen hätten machen können. Und was noch mehr war, der Inhalt ihrer Botschaft beförderte weder die Sache Gottes noch die der Kirche.

Da es nach Meinung der Emissäre des Nuntius Gottes Absicht war, den Glauben an sich und an seine Beauftragten auf Erden zu stärken, tat er nichts, was seiner Güte fremd gewesen wäre oder was nicht die Herrlichkeit seiner Majestät widergespiegelt hätte. Doch hatten sowohl die übernatürlichen Ereignisse, von denen die Abgesandten hörten oder lasen, als auch Benedettas Verhalten vieles an sich, was nicht dazu paßte. So enthielten ihre Visionen Widersprüche, obwohl doch allen klar war, daß Gott niemals log oder sich selbst widersprach. Benedetta hatte zum Beispiel behauptet, daß die Heilige Jungfrau sie in einer ihrer Visionen aufgefordert habe, von Pater Ricordati die Genehmigung für einen Schutzengel einzuholen, aber ein solcher Engel war schon vorher, nämlich in ihren frühen Visionen aufgetreten.

In ihren mystischen Erlebnissen sei auch unkeusche Sprache vorgekommen, was Gott mißfalle. Benedettas anfängliches Widerstreben, sich in der Gegenwart Christi zu entblößen, und seine Antwort, daß es, wo er sei, keine Scham gebe, hätten »eher etwas Schlüpfriges als etwas Göttliches an sich«.

Schlimmer noch, ihre Visionen brächten sie vom Pfade der wahren Religion ab. »Sie waren nicht ein Ergebnis des Betens, sondern verhinderten es, da sie am Anfang auftraten und nicht während der Inbrunst des Betens.« Und einige von ihnen – so wie die, in der der hl. Petrus ihr die Kommunion ausgeteilt habe – seien, wenn nicht offenkundige Irrtümer, so doch wenigstens suspekt. Was die Stigmata betreffe, die im Gegensatz zu den Visionen für alle sichtbar seien, so seien diese offensichtlich nicht die Male Christi, sondern kämen vom Teufel, »denn jedermann weiß, daß dies nur während der Inbrunst des Gebets, in der Rauheit der Wüste oder während Perioden der Einsamkeit geschehen kann«, nicht aber, während man weich im Bett liege, wo der Feind Gottes wohne. In der Tat sei, kurz bevor sie die Stigmata erhalten habe, »der Teufel als ein schöner junger Mann vor ihr erschienen, um sie zu verführen, was es wahrscheinlich macht, daß er sich plötzlich in die Gestalt Christi verwandelte, um sie mit dem Anschein des Guten zu betrügen, da er es durch das Böse nicht hatte tun können.«

Der Bericht hatte auch an der mystischen Vermählung etwas auszusetzen. Sie habe vor allem Benedettas große Eitelkeit zur

Schau gestellt. Ihr langatmiges, ekstatisches Loblied auf ihre eigenen Tugenden sei ein Sakrileg. Wenn Christus der Bräutigam gewesen wäre, hätte er eine solche öffentliche Schau oder solche umständlichen Vorbereitungen nicht gewünscht. Er sei selbst der Träger aller Herrlichkeit und Pracht – und daher mache es ihm Freude, im Stillen zu wirken. Wenn er aber eine öffentliche Hochzeit angeordnet hätte, dann nur mit der Absicht, die Zeugen die Zeichen des Wunders sehen zu lassen, aber es seien keine zu sehen gewesen. Erst zwei Monate später sei ein ziemlich schäbiger Ring, der bei weitem nicht so schön und glänzend gewesen sei wie der, den Benedetta beschrieben habe, an ihrer rechten Hand erschienen. Christus würde auch nicht zugelassen haben, daß man entgegen seinen Befehlen die Pläne abänderte. Aber obwohl er die Anwesenheit von Pater Ricordati, Pater Antonio Pagni und Pirro Torrigiani angeordnet habe, habe man keinem von ihnen die Teilnahme gestattet.

Weitere Zweifel an dem göttlichen Charakter von Benedettas mystischen Erlebnissen entstanden angesichts der Art von Hilfe, die Jesus von gewöhnlichen Sterblichen zu brauchen schien. Denn schließlich sei er doch allmächtig. Als zum Beispiel Benedetta ihr neues Herz erhalten habe, habe ihr ihre Gefährtin Bartolomea helfen müssen, damit es an seinem Platz geblieben sei. Jesu Herz sei soviel stärker als ihr eigenes gewesen, daß es aus ihrer Brust herausgeragt habe, bis es von Bartolomea heruntergedrückt worden sei. Die Abgesandten konnten nur schwer glauben, daß Jesus solcher Hilfe bedurfte, um seine Wunder zum Abschluß zu bringen. Aus dem gleichen Grund fanden sie die Schilder, Stäbe und anderen Dinge, die Benedettas Engel sonst noch benutzten, überflüssig. Normale Engel waren mächtig genug, ihre Aufgaben ohne eine Extraausrüstung zu erfüllen.

Die Engel machten ihnen auch sonst noch Sorgen. Benedetta hatte neuerdings behauptet, daß nicht nur sie, sondern alle Theatinerpatres zwei Schutzengel hätten. Solche Behauptungen seien dazu angetan, der Verbreitung falscher Lehren Vorschub zu leisten, und sollten verworfen werden, meinten die Abgesandten. Überhaupt trügen Benedettas sogenannte Engel merkwürdige Namen – Splenditello, Tesauriello Fiorito, Virtudioello, Radicello, die eher wie die Namen böser Geister als himmlischer Wesen klängen.[9]

Abschließend stellte der Bericht fest, daß das Ganze bereits zu weit gegangen sei und daß Pater Ricordati zum Teil die Schuld daran trage, daß die Situation außer Kontrolle geraten sei. Der arme Pater, inzwischen fünfundsiebzig Jahre alt, sei »ein guter und schlichter Mann«. Aber »er war und ist noch immer allzu bereit, ohne Beweise oder Erfahrung zu glauben.« Seine Gutgläubigkeit habe dem Teufel freie Hand gelassen, dieses arme Geschöpf fortdauernd zu täuschen.[10]

Um ihre Behauptung, daß Benedetta keine echte Visionärin sei, zu stützen, setzten die Abgesandten hinzu, es gebe genug hochgestellte Persönlichkeiten in Pescia, die der Ansicht seien, daß Benedetta vom Teufel besessen oder verwirrt sei.[11] Und dann machte sich jenes uralte Mißtrauen der Flachlandbewohner gegenüber den Gebirgsbewohnern bemerkbar – ein Mißtrauen, das seinen Grund in der Wildheit und Kargheit des Lebens dort in den Bergen hatte – und verband sich mit der Vorstellung, daß der vertrauliche Umgang mit dem Teufel in der Familie liege. Man erinnerte sich plötzlich daran, daß Benedettas Eltern auch besessen gewesen waren, »so wie es viele Leute in ihrer Heimat und den sie umgebenden Gebieten waren und noch immer sind.« Der Teufel, das war wohlbekannt, liebte jene hochgelegene, einsame Gegend, wo der Katholizismus nur knapp Fuß gefaßt hatte und wo Magie und Aberglauben herrschten.[12] Die Leute in den Bergen wurden von denen in der Ebene immer schon für unwissend und schwer von Begriff gehalten, kaum geeignet für die menschliche Gesellschaft. In ihrer Verkommenheit und Unwissenheit wandten sie sich oft an den Teufel um Hilfe und nicht an Christus, und waren sie erst einmal in seine Fänge geraten, mußten sie erkennen, daß sie und ihre Kinder unrettbar in seine böswilligen Pläne verstrickt waren.[13] Obwohl Benedetta nun schon über zwanzig Jahre im Flachland gelebt hatte, haftete ihr also noch immer der Makel des Bergbewohners an.

Für die Untersuchungskommission lag die offenkundige Verbindung zwischen Benedettas Besessenheit und der ihrer Vorfahren in ihrer Haltung gegenüber dem Essen. Vorgeblich war sie nicht fähig, Fleisch oder Milchprodukte zu sich zu nehmen. Sie hatte sich sogar übergeben, als ihre Oberen, um ihre Bereitschaft zum Gehorsam zu prüfen, ihr befohlen hatten, Dinge zu essen, die Christus ihr verboten hatte. Aber trotz dieser scheinbaren Aversion sehnte sie sich im geheimen nach Salami und Mortadella, wie man sie in Cremona herstellte, was ans Licht kam, als man sie dabei beobachtete, wie sie sich heimlich etwas davon besorgte und an einem ungestörten Ort verzehrte. Dieses Verlangen sei »dem ihres Vaters ähnlich, als er ebenfalls von Dämonen geplagt worden war«, und ein deutlicher Hinweis, daß die Tochter die Besessenheit der Familie geerbt habe.

In Anbetracht dieser schweren Zweifel und Anschuldigungen gaben die kirchlichen Vertreter die Empfehlung, daß eine gründlichere Untersuchung eingeleitet werde, um ein für allemal festzustellen, von was für Geistern Benedetta geplagt werde. Bis zum Abschluß einer solchen Untersuchung blieben ihre Feststellungen »im Bereich des Wahrscheinlichen« eher als »im Bereich der gewissen Wahrheit«. Ihr Ersuchen sei dringend, schrieben sie, da sie um die spirituelle Sicherheit des Klosters bangten, »in dem es viele junge Mädchen äußerst guten Willens« gebe. Sie vor Schaden zu schützen sei »ein Akt großer Nächstenliebe«.

Der Nuntius gab seine Zustimmung. Nachdem er den Bericht gelesen hatte, sandte er die Beauftragten mit neuen Instruktionen nach Pescia zurück. Da sie Benedetta schon einmal verhört hatten und die Unterlagen des Propstes über seine Untersuchung kannten, sollten sie nun die Befragung auf alle anderen Nonnen im Kloster ausdehnen. Wenn nötig, sollten sie auch Benedetta noch einmal befragen.[14]

Die Abgesandten taten, was ihnen aufgetragen war, zweifellos in dem Wunsch, die Angelegenheit so schnell wie möglich zu einem überzeugenden Ende zu bringen. Zwei Reisen nach Pescia dürften ihnen gereicht haben. Schließlich hatten sie wichtigere Probleme als eine kleinstädtische Nonne, die möglicherweise vom rechten Pfade abgewichen war. Das mag der Grund gewesen sein, warum sie ihre Feststellungen so entschieden wie möglich präsentierten. Während sie in ihrem ersten Bericht ihre Aussagen in die Sprache der Wahrscheinlichkeit gekleidet hatten, gaben sie in ihrem zweiten Bericht dem Zweifel keinen Raum mehr. Sie hatten die absolute Wahrheit gefunden: »Es ist sicher«, schrieben sie, »daß Benedettas Visionen und Ekstasen teuflisches Blendwerk sind.«[15] Aber da diese Täuschungen und die Handlungen, zu denen sie führten, viel schlimmerer Natur seien, als sie oder andere sich hätten träumen lassen, wollten sie auch dafür sorgen, daß »jedermann sehen kann, worauf sich diese Wahrheit gründet«. Die Beauftragten brachten deshalb mit großer Ausführlichkeit zu Papier, »was die Nonnen über diese Angelegenheit sagten«, und notierten sorgfältig bei jedem Anklagepunkt, wie viele Nonnen ihn mit ihren Aussagen bestätigt hatten. Alle ihre Schlußfolgerungen basierten also nicht nur auf ihren eigenen Beobachtungen, sondern auch auf denen anderer.

Bis dahin waren die einzigen Hinweise auf den möglicherweise teuflischen Ursprung der Visionen die Widersprüche in Benedettas Aussagen und die Tatsache gewesen, daß sie heimlich bestimmte Nahrungsmittel zu sich genommen hatte. Der neue Bericht enthielt jetzt zusätzliche Beweise. So hatte Benedetta, in einer ihrer Ekstasen als Engel sprechend, geäußert, daß die Nonnen von ihr lernen könnten, wie man sich mit wahrer Inbrunst des Glaubens geißele. Nun sagte eine Nonne aus, daß sie in der Nähe gestanden und bemerkt habe, daß Benedetta sich auch nicht ein einziges Mal geschlagen und, damit es so aussähe, die Geißel mit Blut von den Wunden an ihren Händen beschmiert habe.

Eine andere Nonne hatte gesehen, wie sie eine Christusfigur mit ihrem eigenen Blut beträufelte. Sie hatte dann behauptet, die Figur blute zu Ehren ihrer eigenen Heiligmäßigkeit. Die Nonne erzählte der Kommission, daß sie augenblicklich Pater Ricordati informiert habe, daß aber aufgrund der Art und Weise, wie er die Angelegenheit behandelt habe, die Sache im Sande verlaufen sei. Ricordati habe ihr befohlen, ihre Beobachtungen den anderen Nonnen mitzuteilen, wenn sie im Refektorium zusammenkämen. Aber gerade als sie angefangen habe, sei Benedetta in Trance gefallen und habe ihr, als der hl. Paulus sprechend, mit einer so entsetzlichen Stimme Vorhaltungen gemacht, daß sie, starr vor Schrecken, nicht habe weitersprechen können. Benedetta habe sie dann gezwungen, sich zur Strafe in Gegenwart der anderen zu geißeln.

Eine weitere belastende Aussage kam von einer Nonne, die, so wie alle anderen im Kloster auch, einen Engel durch Benedetta hatte sagen hören, daß sie Christus so wohlgefällig sei, daß er einmal von seinem Kreuz herabgestiegen sei und sie zärtlich auf die Stirn geküßt habe, wobei er dort einen goldenen Stern hinterlassen habe, der bald für alle sichtbar sein würde. Tatsächlich war der Stern nicht lange danach auf Benedettas Stirn erschienen. Aber die Nonne sagte nun aus, daß Benedetta den Stern selbst aus Goldfolie angefertigt und mit rotem Wachs an seinem Platz befestigt habe. Die Nonne hatte das entdeckt, als sie durch ein Loch in der Tür zu Benedettas Studierzimmer spähte.

Nachdem sie dies und andere Zeugenaussagen zitiert hatten, schlossen die kirchlichen Beauftragten: »Da haben wir also die Hohlheit und Falschheit ihrer Ekstasen; man könnte unmöglich damit fertig werden, sie alle aufzuzählen, aber es mag schon genügen, um dieses Kapitel [im Bericht] abzuschließen, daß die Engel wie auch Gott, oder, um es besser auszudrücken, jene, die in den Ekstasen vorgaben, die Engel und Gott zu sein, Liebesworte und unzüchtige Worte sprachen und sich große Mühe gaben, eine Nonne insbesondere davon zu überzeugen, daß es keine Sünde sei, an den unzüchtigen Handlungen teilzunehmen.«

Ehe sie sich jedoch dieser Seite des Falles zuwandten, analysierten die Beauftragten zunächst die Stigmata. »Über das hinaus, was in dem vorhergehenden Bericht gesagt worden ist, setzen wir hinzu, daß nach dem, was wir von den Nonnen gehört haben, kein Zweifel daran bestehen kann, ja, daß es als sicher gilt, daß sie die Werke des Teufels sind.« Diese Feststellung basierte auf der Zeugenaussage zweier Nonnen, die Benedetta durch das Loch in der Studierzimmertür bespitzelt hatten. Mehr als zwanzigmal hatten sie sie die Wunden mit einer großen Nadel erneuern sehen. Andere Nonnen hatten ähnliche Geschichten parat. Drei hatten beobachtet, daß die Größe der Wunden variierte und daß Benedetta sich manchmal in ihrem Zimmer einschloß und kurz darauf mit frisch blutenden Wunden wieder auftauchte. Eine Nonne, die ihr die Haare zu waschen pflegte, sagte aus, daß sie sie gesehen habe, wie sie in ihrem verschlossenen Zimmer vor einem Spiegel gesessen und mit einer großen Nadel Blut von ihrer Wunde auf ihren Kopf aufgetragen habe. Drei Nonnen berichteten auch, daß Benedetta manchmal barfuß durch das Kloster laufe, als ob ihre Füße verheilt wären. Und eine hatte sie ausrufen hören, als sie von einem kleinen Tisch hinuntersprang: »Wer mich herabspringen sah, würde sagen, daß ich an den Füßen keine Schmerzen habe.«

Auch Benedettas mystische Vermählung stellte sich als Betrug heraus. Viele der Nonnen bezweifelten die Echtheit des Ringes, angeblich der Beweis für die Vermählung, seit sie bemerkt hatten, daß Benedettas Mittelfinger und kleiner Finger manchmal gelb gefleckt waren – im gleichen Farbton, den der Ring aufwies. Einigen war außerdem aufgefallen, daß der

Ring sein Aussehen veränderte. Manchmal leuchtete er gelb, manchmal war er verblaßt. Nun meldete sich Benedettas Gefährtin Bartolomea mit einem zwingenden Beweis, daß der Ring nicht echt war. Sie erzählte den Beauftragten, daß Benedettas eigene Mutter, die ihre Tochter gelegentlich im Kloster besuchte, von dem Gedanken, daß der Ring nicht echt sein könnte, »sehr gequält und bedrückt« gewesen sei. Als sie eines Tages ihre Befürchtungen ihr, Bartolomea, anvertraut habe, habe sie es übernommen, Benedettas Schreibpult zu durchsuchen, wo sie schließlich eine kleine Messingdose mit verdünntem Safran gefunden habe. Sie nehme an, daß Benedetta den Safran benutze, um sich den Ring aufzumalen, und ihr eigenes Blut für die roten Steine.

Was den Tausch der Herzen anbetraf – einmal ganz abgesehen von den unziemlichen Worten, die zwischen Christus und Benedetta gewechselt worden seien, »die eher etwas Schlüpfriges als etwas Göttliches an sich hatten« –, so stellten die Abgesandten mit einwandfreier Logik fest: »Wenn es einen wirklichen Tausch ihres Herzens gegen das des Allmächtigen gegeben hätte, dann hätte es folglich eine Vereinigung mit Gott und ihren Oberen gegeben, die eben diesen Gott repräsentieren, und [...] man kann sehen, daß das Gegenteil eingetreten ist.« Anders ausgedrückt, wenn Benedettas Herz wirklich göttlicher Natur war, dann müßten sie und die kirchlichen Beauftragten über die übernatürlichen Ereignisse im Kloster einer Meinung sein, denn die Beauftragten repräsentierten die Kirche und die Kirche Gott.

Stück um Stück demontierten die Kirchenvertreter die Wunder, die angeblich von Schwester Benedetta bewirkt worden waren. Sie nahmen sich jede einzelne Vision vor, führten Argumente aus der Heiligen Schrift oder anderen Quellen gegen die Echtheit und Wahrscheinlichkeit solcher Visionen ins Feld und fanden Beweise dafür, daß die Stigmata – zuerst die an den Füßen, dann die an den Händen und schließlich die um den Kopf herum – selbst beigebracht waren. Sie fanden auch Zeuginnen, die die Echtheit des Ringes ebenso widerlegen konnten wie die ihres »Todes«.

Wie kam es, daß die Kirchenvertreter auf einmal imstande waren, soviel Beweismaterial gegen Benedetta zusammenzutragen? Wie kam es, daß so viele Nonnen bereit waren, gegen sie auszusagen? Warum hatten sie dann überhaupt so lange geschwiegen? Damit es Benedetta gelingen konnte, sich als Mystikerin und Empfängerin göttlicher Gnadenerweise auszugeben, bedurfte es einer langanhaltenden Bereitschaft zum Schweigen. Es war vier Jahre her, daß sie die Stigmata und den Ring empfangen hatte, zwei Jahre, daß sie von den Toten auferstanden war. Wenn die Nonnen wiederholt gesehen hatten, wie sie sich ihre Wunden selbst beibrachte, wenn sie beobachtet hatten, wie sie sich ihren Ring anfertigte, und wenn sie ihren Puls gefühlt hatten, als sie wie tot dalag – warum hatten sie dann so lange mit ihrer Anschuldigung gewartet?

Viele im Kloster hatten Benedetta wahrscheinlich anfangs geglaubt. War nicht ihre Gefährtin, nämlich Schwester Bartolomea, selbst bei der Stigmatisation dabeigewesen? Schließlich hatte jeder das Blut und den Ring mit eigenen Augen sehen können. Anfänglich hatten die Nonnen wohl glauben wollen. Sie lebten in einem gottgeweihten Haus, einem Haus, in dem der Einfluß der katholischen Erneuerung deutlich spürbar war. Vielleicht hatte Gott sie auserwählt, damit sie den Weg zu einer neubelebten Kirche wiesen.

Falls einige von ihnen damals schon den Verdacht gehabt hatten, daß etwas nicht stimmte, dann hatten sie wahrscheinlich den Mund gehalten, weil ein Skandal ihnen mit Sicherheit bei ihren Bemühungen, die Klausurierung zu erhalten, geschadet hätte. Er hätte ihnen auch finanziell geschadet, da er die Eltern möglicher neuer Mitglieder wie auch potentielle Spender abgeschreckt hätte.

Aber es ist natürlich auch denkbar, daß sie erst später Verdacht schöpften. Vielleicht war Benedetta immer sorgloser geworden, als sie sich erst einmal in ihrer Rolle als Äbtissin eines regulären Klosters sicher fühlte. Wenn das der Fall war, dann hätten die Nonnen vor dem Sommer 1620, als sie die volle Klausurierung erhielten, kein wirkliches Beweismaterial gegen Benedetta in Händen gehabt. Das erklärt aber immer noch nicht, warum sie noch weitere drei Jahre schwiegen.

Daß sie so lange damit warteten, Benedetta öffentlich zu beschuldigen, geschah wohl nicht einfach nur aus Eigeninteresse, auch wenn das der ursprüngliche Grund gewesen sein mochte. Mit der Zeit wurde nämlich ihr Verhalten in hohem Grade von Angst bestimmt – Angst vor Benedetta, Angst vor ihrem Beichtiger, Angst vor dem Propst. Daß Benedetta gefährlich werden konnte, wenn man ihr in die Quere kam, will man gerne glauben. Ein paar Nonnen berichteten den Emissären des Nuntius, daß Benedetta, die doch für sich beanspruchte, vollkommen zu sein, in Wirklichkeit arrogant war und leicht etwas übelnahm. Und sie war schlau. So hatte sie beispielsweise behauptet, daß ihre Fehler nur Verstellung seien, um damit ihre blendende Tugend zu tarnen. Und sie griff auch, wie mehrere Vorfälle gezeigt hatten, zu Gewalt, um sich durchzusetzen. Was wäre denn geschehen, wenn die Nonnen ihre Beobachtungen Pater Ricordati mitgeteilt hätten? Eine von ihnen hatte es ja versucht, aber mit ziemlich katastrophalem Ergebnis. Indem er ihr befohlen hatte, dem ganzen Kloster – Benedetta eingeschlossen – zu erzählen, was sie ihm mitgeteilt hatte, hatte er sie allen Schutzes beraubt und es der Äbtissin ermöglicht, sie zum Schweigen zu bringen und zu bestrafen. Ihr Beispiel diente zweifellos als Abschreckung für alle, die auf ähnliche Gedanken kommen mochten. Wie der Bericht für den Nuntius durchblicken läßt, war Ricordatis Unfähigkeit in diesem wie in anderen Fällen entscheidend dafür verantwortlich zu machen, daß sich so lange nichts geändert hatte. Auch wenn der Beichtiger in den frühen Jahren versucht haben mochte, Benedettas Behauptungen vorurteilslos zu prüfen, so war er doch »allzu bereit zu glauben« gewesen und inzwischen viel zu sehr ein Teil des Geschehens geworden, das Benedetta lenkte, um bei all dem Widersprüchlichen, was er über ihre Wunder hörte, noch durchblicken zu können. Schließlich hatte er sie selber von den Toten erweckt.

Da von Pater Ricordati keine Hilfe zu erwarten war, dürften diejenigen, die Benedetta entlarven wollten, kaum gewußt haben, an wen sie sich sonst wenden sollten. Sicher nicht an den Propst, Monsignore Cecchi, der Benedettas Behauptungen ja bereits überprüft und für rechtens erklärt hatte. Es war schon besser, sich still zu verhalten und abzuwarten, bis sich eine Gelegenheit bot. Die ergab sich dann im Jahr 1623, kurz nachdem Alfonso Giglioli sein weitergehendes Interesse an Benedettas Fall bekundet hatte. Denn zu diesem Zeitpunkt begann die Kongregation von der Verkündigung Mariä ihre Verhandlungen mit den Barnabiten, einem der strengsten Orden, den die katholische Erneuerungsbewegung hervorgebracht hatte, mit denen sie einen Zusammenschluß anstrebten. Es stand zu erwarten, daß die strengen Barnabiten Benedetta mit großer Skepsis betrachten würden. Und sollten die Patres der Kongregation aufgrund ihrer Beziehungen zu den Theatinerinnen in schlechten Ruf geraten, so würden die Barnabiten dies aufs höchste mißbilligen. Die Angst, die schwierigen Verhandlungen zu gefährden, muß Pater Ricordatis Bereitschaft, Benedetta zu helfen, vermindert haben. Und als der Zusammenschluß im September 1623 perfekt war, machte seine sich rapide verschlechternde Gesundheit ein Eingreifen unmöglich. Er war sechsundsiebzig Jahre alt, und die Verhandlungen, die seiner Kongregation einen festen und dauerhaften Platz innerhalb eines größeren Ordens sicherten, hatten seine letzten Kraftreserven aufgebraucht. Er starb am 18. Oktober 1623 – einen Monat, nachdem er sein Werk vollendet hatte.

So war der eine, der Benedetta sonst beigestanden hatte, krank und anderweitig beschäftigt, und der andere kraft der Autorität des Nuntius ausgeschaltet, was Benedetta äußerst verwundbar machte. Da die Theatinerinnen eine unabhängige Ordensgemeinschaft waren, hatte Benedetta sonst keine weiteren kirchlichen Beschützer und konnte nicht mit der institutionellen Unterstützung rechnen, die ihr bei Zugehörigkeit zu einem größeren Orden wahrscheinlich zuteil geworden wäre. Und da sie außerdem noch in Pescia ein gesellschaftlicher Außenseiter war, hatte sie auch keine weltlichen Verbündeten oder Gönner unter den Leuten, die in der Stadt eine gewichtigere Rolle spielten. Hatten sich nicht schon »hochgestellte Persönlichkeiten« beklagt, daß sie vom Teufel besessen sei wie ihre Vorfahren auch? Das Fehlen jeglicher wirkungsvoller Unterstützung war zu diesem Zeitpunkt wahrscheinlich von entscheidender Bedeutung.[18] Endlich fühlten sich die Nonnen sicher genug, zu enthüllen, was sie so lange verborgen gehalten hatten.

Die vernichtendste Aussage, die die Kommission zu hören bekam, hatte jedoch nichts mit den Wundmalen Christi oder dem Ring zu tun, nichts mit dem vorgetäuschten Tod oder der angemaßten Heiligmäßigkeit. Dies wog zwar alles schwer, aber man hatte ähnliches schon anderswo erlebt und mußte einfach damit rechnen. Nein, die Enthüllungen aus dem Munde von Schwester Bartolomea Crivelli, Benedettas jahrelanger enger Gefährtin, waren viel schlimmer und trafen die Abgesandten völlig unvorbereitet. Sie war nämlich die Nonne, die von Benedetta überredet worden war, »an den unzüchtigsten Handlungen teilzunehmen«, und die nun, von einem Gefühl »sehr großer Scham« getrieben, bereit war auszusagen. Obwohl die Geistlichen am Anfang ihres Berichtes bereits diesbezügliche Andeutungen gemacht hatten, hoben sie sich Bartolomeas Eröffnungen bis zum Schluß auf, da diese besser als irgend etwas anderes die wahre Natur der Vorfälle im Kloster beleuchten konnten. »Aber kommen wir nun zu den Taten, die durch Schwester Benedetta von besagten Engeln getan wurden«, schrieben sie, »damit sie erhellen mögen, ob jene Engel des Paradieses oder Teufel aus der Hölle sind.«

»Diese Schwester Benedetta also pflegte zwei Jahre lang, mindestens dreimal die Woche abends, nachdem sie sich entkleidet hatte und zu Bett gegangen war, zu warten, bis ihre Gefährtin sich fürs Bett ausgezogen hatte, und sie dann unter dem Vorwand, daß sie sie brauche, zu rufen. Wenn dann Bartolomea kam, ergriff Benedetta sie und warf sie gewaltsam aufs Bett. Sie umarmte sie und legte sie unter sich, und sie wie ein Mann küssend, sprach sie Liebesworte zu ihr. Und dann bewegte sie sich so sehr auf ihr, daß beide sich selbst entehrten. Und so hielt sie sie gewaltsam manchmal eine, manchmal zwei und manchmal drei Stunden [. . .].«

Bartolomeas Aussage muß ihre Zuhörer völlig sprachlos gemacht haben. Einige von ihnen hatten vielleicht etwas über solche Vorkommnisse in den juristischen Kommentaren der Antonio Gomez, Gregorio Lopez und Prospero Farinacci gelesen, die während der letzten Jahrzehnte in Italien große Verbreitung gefunden hatten. Aber schließlich war es nicht dasselbe, ob man davon las oder es direkt von einer der Beteiligten hörte. Soweit man wußte, hatte es so etwas noch in keinem italienischen Kloster gegeben.[19] Den Schreiber nahm Bartolomeas Aussage so mit, daß er völlig die Fassung verlor. Seine bis dahin so saubere und ordentliche Schrift wurde unleserlich. Worte und selbst ganze Sätze mußten durchgestrichen und neu geschrieben werden. Die Hörer dieser Geschichte hatten einfach keine Möglichkeit, solches Verhalten einzuordnen, sei es intellektuell oder auch mit Hilfe der Phantasie.

Das Problem war nicht, daß sexuelle Fehltritte von Nonnen unbekannt gewesen wären (das Kloster Santa Chiara in Pescia war in jenen Jahren ein gutes Beispiel für das Gegenteil), sondern daß bis dahin immer männliche Liebhaber daran beteiligt gewesen waren. Die kirchlichen Autoritäten wußten, was sie von heterosexuellen Beziehungen bei Nonnen und Priestern zu halten und was sie zu tun hatten. Sie waren auch in der Literatur über männliche Homosexualität, besonders in Mönchsklöstern, wohl bewandert. Diese Sünden wurden in fast allen Bußbüchern ebenso wie in zahlreichen volkstümlichen Predigtsammlungen behandelt. Dutzende von kirchlichen und weltlichen Gesetzen und Hunderte, wenn nicht Tausende von Prozessen hatten einen Rahmen für die Behandlung solcher Situationen geschaffen. Daß jedoch zwei Frauen miteinander sexuelle Befriedigung suchen sollten, war praktisch unvorstellbar.

Aber die Geistlichen, die Bartolomea verhörten, waren natürlich mehr an ihren Reaktionen als an denen ihres Schreibers interessiert. Ob sie denn nicht daran gedacht habe, dürften sie gefragt haben, daß sie gegen Gottes Gebote verstoße? Bartolomea antwortete, daß Benedetta, um sie zu verführen und noch mehr zu täuschen, ihr immer wieder gesagt habe, daß sie beide keine Sünde begingen, da es der Engel Splenditello sei, der diese Dinge tue, und nicht sie selbst. Und Benedetta habe stets mit der Stimme gesprochen, mit der Splenditello durch sie gesprochen habe.

Ein weiterer Anreiz, den Mund zu halten, war Splenditellos Versprechen, daß Bartolomea eines Tages ebenfalls seiner himmlischen Gestalt ansichtig werden würde:

> Splenditello forderte sie viele Male auf, ihm feierlich zu versprechen, daß sie immer seine Geliebte sein werde, und versprach, daß er ihr Geliebter sein werde, und daß er nach Benedettas Tod immer bei ihr sein werde, und sie ihn genauso sehen werde, wie Benedetta ihn sehe. Er überredete sie viele Male, ihrer beider Tun nicht zu beichten, indem er ihr sagte, daß sie nicht sündige. Und während er ihr diese unanständigen Dinge antat, sagte er viele Male: Gib dich mir mit deinem ganzen Herzen und deiner ganzen Seele, und dann laß mich tun, was ich möchte, damit ich dir so viel Vergnügen bereite, wie du nur wünschen kannst.

Und manchmal, wenn Bartolomea offensichtlich immer noch nicht ganz überzeugt war, sprach sogar Jesus selbst durch Benedetta, ehe sie sich liebten. Einmal erklärte er Bartolomea, daß er sie zur Braut wünsche und daß sie ihm ihre Hand geben solle. Ein anderes Mal, als sie sich im Chor befand, habe Jesus ihre Hände gehalten und ihr gesagt, daß er ihr alle Sünden vergebe. Und bei einer anderen Gelegenheit, »als sie durch all das beunruhigt war, sagte er ihr, daß es überhaupt keine Sünde sei und daß Benedetta, wenn sie diese Dinge tue, nichts von ihnen wisse.«

Im Unterschied zu Bartolomea fanden die kirchlichen Vertreter nicht, daß das Verhältnis zwischen den beiden Nonnen ohne Sünde sei. Aber die Frage war, was für Sünden sie begangen hatten. Um das festzustellen, mußten sie so genau wie möglich herausfinden, was die beiden miteinander getan hatten. Aus Bartolomeas Aussage war klar ersichtlich, daß keine Werkzeuge Verwendung gefunden hatten. Aber dann entdeckten die Geistlichen, daß sie sich auf Praktiken eingelassen hatten, die nach dem Urteil einiger Juristen genauso verwerflich waren. Zusätzlich zu Akten einfacher Lust wie beispielsweise dem, daß Benedetta Bartolomeas Brüste geküßt hatte, hatten die beiden Frauen einander bis zum Orgasmus masturbiert. Bei genauerer Befragung erzählte Bartolomea, daß Benedetta »ihre Hand gewaltsam packte, unter sich tat und verlangte, daß sie ihren Finger in ihre Genitalien stecke, wo sie ihn festhielt und sich so heftig bewegte, daß sie sich entehrte. [...] und ebenfalls mit Gewalt pflegte sie ihre eigene Hand unter ihre Gefährtin zu tun und ihren Finger in ihre Genitalien zu stecken und sie so zu entehren.«

Während man diesen Akt als *mollitia* einstufen konnte, legten zusätzliche Aussagen nahe, daß die beiden Frauen auch Sodomie begangen haben könnten, denn schließlich hatten sie, als sie aufeinanderlagen, ihre Genitalien aneinander gerieben. Wie Bartolomea aussagte, hatte Benedetta sie aufs Bett niedergezwungen, sie umarmt und sie unter sich gelegt – »und sie bewegte sich so sehr auf ihr, daß beide sich selbst entehrten.« Solches Aneinanderreiben der Genitalien und das »Vergießen von Samen«, das, wie man glaubte, während des Orgasmus stattfand, konnte als die klassische Form weiblicher Sodomie interpretiert werden.

Nachdem die Untersuchungskommission den Sachverhalt so gut sie konnte und nach bestem Wissen geklärt hatte, wollte sie wissen, wie lange die Affäre gedauert hatte (»mehr als zwei

Jahre«), wie oft (»mindestens dreimal die Woche«, »acht- bis zehnmal zog sie sich aus«, »bis zu zwanzigmal küßte sie gewaltsam ihre Genitalien«) und unter welchen Umständen die beiden es miteinander getrieben hatten: »sie sündigte nicht nur während der Nacht mit ihrer Gefährtin, sondern oftmals auch am Tage, wo sie dann vorgab, krank zu sein, und im Bett blieb, während die anderen Nonnen beim Gebet oder bei der Arbeit waren.«

So fand die Kommission unter anderem auch heraus, daß sich die beiden während der Tagesstunden in Benedettas Studierzimmer getroffen hatten, was günstiger war als in der Zelle. Da Bartolomea weder lesen noch schreiben konnte, hatte sich Benedetta erboten, sie zu unterrichten, was den beiden Frauen eine zusätzliche Gelegenheit geboten hatte, miteinander allein zu sein, ohne Verdacht zu erregen. Um jede Kritik zu vermeiden, hatte sich Benedetta die Erlaubnis für den Unterricht von Pater Ricordati geholt, der – wie der Oheim von Heloise in der berühmten Liebesgeschichte – keine Ahnung hatte, daß der Unterricht etwas anders aussehen würde, als er dachte. In der Gestalt Splenditellos brachte Benedetta also ihrer Gefährtin das Schreiben bei, aber während sie sie unterrichtete, »pflegte sie ihre Brüste und ihren Hals zu berühren, sie zu küssen und ihr Liebesworte zu sagen.«

Als sich die Geistlichen die Aussagen Bartolomeas anhörten, war das, was bei ihnen »am meisten Entsetzen« hervorrief, wie sie sagten, die Tatsache, daß diese »Schamlosigkeiten« zumeist »während der allerheiligsten Offizien zum Lobe unseres Herrn und seiner Mutter und anderer Heiliger« stattfanden und daß sie, »nachdem sie diese unanständigen Dinge getan hatten, zur Kommunion gingen, ohne zu beichten.« Für die Geistlichen war der mangelnde Respekt der beiden vor der heiligen Kommunion und die nachlässige Befolgung kirchlicher Rituale einer der bestürzendsten Aspekte des Falles. Die Umstände, unter denen die Frauen ihre Beziehung gepflegt hatten, und ihre Verachtung für ihre geistlichen Pflichten waren mindestens so verdammenswert wie das, was sie getan hatten. Das grenzte an Gotteslästerung.

Entsetzt wie die kirchlichen Vertreter waren, wollten sie nun auch ganz genau wissen, wie weit Bartolomeas Kooperation in dieser Angelegenheit gegangen war. Hatte sie aus freien Stücken mit Benedetta geschlafen oder hatte sie versucht, ihr zu widerstehen? In allen ihren Antworten war Bartolomea sorgfältig darum bemüht klarzustellen, daß sie zu diesem Verhältnis gezwungen worden war: »indem sie sie mit Gewalt nahm«, »gewaltsam warf sie sie aufs Bett«, »gewaltsam tat sie ihre Hand unter sich«. Auch fügte sie hinzu, daß sie sich mehrmals, wenn Benedetta sie des Nachts gerufen habe, geweigert habe zu kommen. Das führte jedoch dazu, daß »Benedetta zu ihr ins Bett kam, auf sie hinaufstieg und mit ihr gewaltsam sündigte«. Tagsüber sei Widerstand leichter gewesen. Sie behauptete, daß es ihr manchmal, wenn sie geahnt habe, was Benedetta vorhatte, besser gelungen sei, ihr zu entkommen. Aber selbst dann sei sie ihrem Martyrium nicht immer entgangen. Wenn Benedetta sie nicht habe fangen können, dann »entehrte sie sich mit eigener Hand« in Bartolomeas Anwesenheit.

Wenn Bartolomeas Fluchtversuche ihr Problem nicht hatten lösen können, warum hatte sie sich dann nicht irgend jemandem mitgeteilt? Darauf hatte sie zweierlei zu sagen. Einerseits habe ihr Splenditello eingeredet, daß sie nicht sündige, und andererseits habe sie aus Scham geschwiegen und weil sie so wenig Vertrauen in den Beichtiger gehabt habe. Auch hier haben wir also einen Hinweis darauf, daß Paolo Ricordatis Mangel an Entschiedenheit und Skepsis gegenüber Benedetta wesentlich dazu beigetragen hatte, daß nichts geschehen war.

Ehe wir jedoch Bartolomeas Version ihrer Beziehung zu Benedetta akzeptieren (was die kirchlichen Vertreter offensichtlich taten), sollten wir vorsichtshalber noch einige Überlegungen anstellen. Bartolomeas Darstellung mag viel Wahres enthalten haben. Vielleicht hatte sie wirklich geglaubt, daß sich Benedetta jedesmal in einen Engel verwandelt hatte. Wenn diese als Splenditello gesprochen hatte, dann hatte ihre Stimme anders als sonst geklungen, und manchmal hatte sie in noch einer anderen, möglicherweise himmlischen Sprache geredet. Auch ihr Aussehen hatte sich verändert und sie hatte, wie nicht nur Bartolomea, sondern auch andere aussagten, die Gestalt eines schönen Knaben von fünfzehn oder sechzehn Jahren angenommen. Wir dürfen schließlich nicht vergessen, daß die Welt jener Zeit von tiefer Religiosität geprägt war und daß das Übernatürliche und Wunderbare im alltäglichen Leben der Menschen eine große Rolle spielte. Bartolomea war ein junges, ungebildetes Mädchen, und Splenditello mochte für sie durchaus Realität gewesen sein. Man war damals davon überzeugt, daß sich die übernatürliche Welt den gewöhnlichen Menschen durch Stimmen und Erscheinungen offenbarte. Das glaubten auch kultiviertere und gebildetere Leute als Bartolomea – wie etwa Pater Ricordati, der als ehemaliger Advokat gelernt hatte, mit Beweismaterial kritisch umzugehen, oder auch Monsignore Cecchi, der Propst. Hinzu kam noch, daß Benedetta in allen ihren Masken sehr überzeugend gewesen sein mußte. Sie war klug, hatte ansatzweise so etwas wie eine Erziehung genossen, und sie hatte Phantasie. Sie hatte Bartolomea dazu gebracht, zu glauben, daß sie die Stigmatisation tatsächlich gesehen und eine Leere in ihrer, Benedettas, Brust gefühlt hatte, nachdem Christus ihr das Herz herausgenommen hatte. Sie hatte auch dafür gesorgt, daß Bartolomea das viel größere Herz Christi gefühlt hatte, als es ihr eingesetzt worden war. Die Realität Splenditellos anzuzweifeln, hätte für Bartolomea bedeutet, ihren eigenen Sinnen und auch der Autorität jener nicht mehr trauen zu können, die älter und weiser waren als sie selbst. Und falls sie davon überzeugt gewesen war, daß es Splenditello war, der sie liebte, und nicht Benedetta, dann mochte ihr das durchaus geschmeichelt haben. Dann wäre sie schließlich auch die Empfängerin besonderer göttlicher Gnadenerweise gewesen. Wenn es Splenditello und nicht Benedetta war, dann mußte sie auch seine Warnung beherzigen, ihre sexuellen Kontakte nicht zu beichten. Und was wäre geschehen, wenn sie es trotzdem getan hätte? Würde sie nicht irgendeine furchtbare göttliche Strafe für ihren Ungehorsam ereilt haben?

Aber wenn sie wirklich an Splenditello geglaubt und aus einer Mischung aus Freude und Angst den Mund gehalten hatte, warum hatte sie dann Scham empfunden? Dieses Eingeständnis ließ darauf schließen, daß sie doch nicht völlig von der himmlischen Natur ihres Liebhabers überzeugt gewesen war.

Wenn das der Fall gewesen wäre, dann hatte sie vielleicht geschwiegen, weil sie gefürchtet hatte, Splenditello könnte ein Dämon sein. Schließlich war es allgemein bekannt, daß echte Engel Menschen nicht zu unmoralischen Handlungen verführten. Lüsterne Engel waren gefallene Engel – und vielleicht hatte sich Bartolomea geschämt, daß sie sich von den falschen Versprechungen des Teufels so leicht hatte verführen lassen.

Wenn Bartolomeas Schweigen jedoch etwas mit ihrer Angst vor Splenditello – egal, ob Engel oder Teufel – zu tun gehabt hatte, warum hatte sie dann nicht gebeichtet, nachdem sie erkannt hatte, daß Benedetta eine Betrügerin war? Zwei Jahre waren seit ihrer Entdeckung, daß Benedettas Tod nur vorgetäuscht gewesen war, verstrichen, und noch mehr Zeit, seit sie herausgefunden hatte, was es mit Benedettas Ring auf sich hatte. Vielleicht hatte sie sich vor Benedetta, der Äbtissin, mehr gefürchtet als vor Splenditello. Eine Äbtissin war mit viel Macht ausgestattet und konnte fast nach Belieben Gunstbeweise oder auch Strafen austeilen, besonders dann, wenn der Beichtiger schwach und beeinflußbar war. Bartolomeas beharrliche Beteuerung, daß sie gegen ihren Willen und nur gezwungenermaßen mitgemacht habe, mochte mehr als nur ein Körnchen Wahrheit enthalten haben. Es ist durchaus denkbar, daß sie tatsächlich das hilflose Opfer sexueller Nötigung gewesen war.

Bartolomea hatte jedoch auch gute Gründe, ihre Beziehung zu Benedetta in diesem Licht darzustellen. Schließlich machte sie ihre Aussage vor einem Tribunal, das die von ihr beschriebenen Vorgänge als äußerst schwere Vergehen auffassen würde – Vergehen, die sowohl weltliche als auch kirchliche Gerichte gelegentlich mit dem Tode bestraften. Mit Sicherheit war ihre Aussage von dem Bestreben geleitet, den größtmöglichen Schaden von sich abzuwenden. Wenn sie auch jung und leicht zu beeindrucken war, so besaß sie doch, wie eine der Nonnen sagte, »einen scharfen Verstand und Witz«[20]. Wenn wir ihre Aussagen von 1623 mit denen vergleichen, die sie vier Jahre früher vor dem Propst gemacht hatte, dann fallen große Unterschiede ins Auge. Damals war keine Rede von Gewalt und Furcht, die doch in ihrer späteren Darstellung so viel Raum einnehmen. Als man sie gefragt hatte, ob sie sich während ihrer Nachtwachen bei Benedetta gefürchtet habe, hatte sie geantwortet: »Wenn ich da [an ihrem Bett] war, hatte ich keine Angst, sondern empfand Glück.«[21] Aus ihren 1619 gemachten Aussagen ging auch klar hervor, daß sie sich Benedettas Bett oft freiwillig genähert hatte und daß sie ihr manchmal aus eigenem Antrieb die Hand auf die Brust gelegt oder sie umarmt hatte, um sie bei ihren Kämpfen mit dem Teufel zu unterstützen.

Bartolomea war tiefer in das Verhältnis verstrickt, als sie zugeben mochte. Die Ambivalenz ihrer Aussagen ist höchstwahrscheinlich ebensosehr ein Ausdruck ihrer emotionalen Zerrissenheit wie ihres Wunsches, sich selbst zu schützen. Ihr Verhältnis mit Benedetta mochte sie mit Angst und Scham erfüllt haben, aber sie mußte sich auch zutiefst angezogen gefühlt haben – zuerst von einem übernatürlichen Wesen, das unvorstellbar wundervolle Gunstbeweise versprach, gleichgültig, ob sie nun teuflischer oder göttlicher Natur waren, später dann von einer älteren Frau, deren Macht, Bildung und persönliche Anziehungskraft ein reicheres und erfüllteres Gefühlsleben möglich zu machen schienen. Denn die körperliche Intimität und Lust waren in dieser Beziehung von allen ihren anderen Komponenten nicht zu trennen. Daß sie geliebt und begehrt, geliebkost und geküßt wurde, ob nun von einem Engel oder einem Teufel, das band Bartolomea an Benedetta, denn es stillte ein tiefes Bedürfnis nach Wärme und Zugehörigkeit.

Teilte Benedetta diese Sehnsucht mit ihrer jungen Geliebten? Die Aufzeichnungen legen es nahe. In der Gestalt Splenditellos hatte sie behauptet, »aus Liebe [zu Bartolomea] dahinzuschmelzen«. Sie hatte versprochen, »ihr Geliebter zu sein«, und ihre Gefährtin wiederholt angefleht, ihr ihrerseits ewige Liebe zu schwören. Sie hatte ihr nicht nur Liebe geboten, sondern selbst auch geliebt werden wollen. Und was sie in der Beziehung gesucht hatte, war mehr gewesen als nur sexuelle Befriedigung. Sie hatte Liebe in jeder Hinsicht gewollt, und ihre Liebesworte verraten ihre Wünsche genauso deutlich wie ihre sexuelle Leidenschaft. In zartem Alter hatte sie auf die Liebe und den Schutz ihrer Eltern verzichten müssen, besonders auf die Liebe ihres Vaters, an dem sie so sehr gehangen hatte. Die Regeln des klösterlichen Lebens verboten ihr, neue Bande familiärer oder freundschaftlicher Art zu knüpfen. Also hatte sie anderswo nach Liebe gesucht und sie in den Armen Bartolomeas gefunden.

Doch im Unterschied zu ihrer Gefährtin lehnte Benedetta es ab, über ihre Gefühle in diesem Verhältnis zu sprechen – und sei es auch nur, um sie zu verbergen, wie Bartolomea es zu tun versucht hatte. Während der ganzen Befragung weigerte sich Benedetta zuzugeben, daß sie mit Bartolomea sexuellen Verkehr gehabt hatte. Was sie getan und gesagt hatte und was ihre möglichen Motive gewesen sein mochten – all das ist nur aus Bartolomeas Aussagen zu entnehmen. Hätte Benedetta sich an die Beziehung erinnert, wäre das dem Eingeständnis gleichgekommen, daß sie an den verbotenen Handlungen als sie selbst und nicht als ein Engel beteiligt gewesen war. Es war Selbstschutz, sich nicht zu erinnern. Solange Splenditello existierte, sei es als himmlischer oder als gefallener Engel, so lange war er und nicht sie für die unzüchtigen Handlungen, deren sie angeklagt war, verantwortlich.

Splenditello stellte sich in mehr als einer Hinsicht als nützlich heraus. Zuerst hatte er Bartolomea getäuscht, jetzt konnte er vielleicht Benedetta vor Strafe schützen. Aber heißt das, daß Benedetta sich absichtlich nicht daran erinnerte, was geschehen war? Wollte sie sich nicht erinnern oder konnte sie es nicht? Entsprang ihre Weigerung, ihre sexuelle Beziehung zuzugeben, dem zynischen Wunsch, andere Menschen zu manipulieren, oder aber einer Selbsttäuschung? Vielleicht war sie ja einfach eine gute Schauspielerin und hatte sich von den geistlichen Spielen in toskanischen Nonnenklöstern anregen lassen, in denen Nonnen männliche Rollen übernahmen, sich wie Männer kleideten und die Stimmen von Männern nachahmten.[22] Ihre darstellerischen Leistungen waren so gut, daß sie mehrere Jahre hindurch ein ganzes Kloster und viele Laien davon hatte überzeugen können, daß manchmal ein wunderschöner männlicher Engel ihren Körper bewohnte. Aber es ist auch denkbar, daß sie nicht nur die anderen, sondern auch sich selbst davon hatte überzeugen wollen, daß sie Splenditello war. Die bloße Anstrengung, ihr Rollenspiel – mit Unterbrechungen – viele Jahre lang durchzuhalten, und der Grad der Vollkommenheit, mit dem es ihr gelungen war, Stimme und Gesichtsausdruck eines männlichen Engels anzunehmen, deuten auf die Möglichkeit hin, daß sie selbst Teil des intendierten Publikums war. Möglicherweise war Benedetta in ihrem selbstgeschaffenen Drama Betrügerin und Betrogene zugleich.[23]

Was sie mit Hilfe ihrer Personifizierung eines männlichen Engels verbarg, war nicht einfach nur der Bruch ihres Keuschheitsgelübdes, sondern zudem ihr Verstoß gegen die Rolle, die die Gesellschaft ihrem Geschlecht zugewiesen hatte. Ebenso wie den Kirchenvertretern, die ihren Fall untersuchten, fehlten auch ihr die kulturellen und intellektuellen Voraussetzungen, um ihr Verhalten mit ihrem Verständnis der Wirklichkeit in Einklang bringen zu können. Daß sie es vorzog, sexuelle Beziehungen zu einer Frau aufzunehmen, obwohl sie sich doch leicht männliche Partner hätte beschaffen können, wie das andere

Nonnen in Pescia ja auch taten, darf nicht als bewußte Wahl aufgefaßt werden. Man kann wohl annehmen, daß für sie sexuelle Liebe nur zwischen Männern und Frauen denkbar war. Nur ihre männliche Identität erlaubte es ihr, sich einer Frau emotional und sexuell zu nähern. Nun war aber Benedetta keine gewöhnliche Frau, sondern eine Nonne – und folglich konnte Splenditello auch kein gewöhnlicher Mann, sondern mußte schon ein Engel sein, wenn sie ihr Keuschheitsgelübde nicht brechen wollte. In der Gestalt eines männlichen Engels beging sie zum einen keine Sünde und verhielt sich zum anderen in sexueller Hinsicht rollenkonform. Splenditello war für ihr Selbstverständnis so wichtig, weil er ihr zu einer Persönlichkeit verhalf, die die Wertvorstellungen der patriarchalischen Gesellschaft, in der sie lebte, praktisch unterlief, ohne sie dabei jedoch in Frage zu stellen. Durch ihn vermochte sie sich innerhalb der engen Grenzen, die die soziale Ordnung ihr setzte, einen größeren persönlichen Freiraum zu schaffen.

Jedoch hatte nicht nur Benedetta Schwierigkeiten, ihr Verhältnis mit einer anderen Frau zu verstehen. Auch die kirchlichen Vertreter schienen das, was sie da gehört hatten, gar nicht richtig begreifen zu können, und anstatt ihren Bericht mit Benedettas homosexuellen Missetaten enden zu lassen, fügten sie noch eine Art Postskript hinzu, das auf ihre heterosexuellen Verfehlungen einging, als ob diese gleichsam die Krönung ihrer sexuellen Fehltritte gewesen wären: »Fügen wir noch hinzu, was fast alle Nonnen bestätigen, daß nämlich, während [...] Schwester Benedetta Äbtissin war, sie ein ganzes Jahr lang am Gitter war und den ganzen Tag lang mit einem Priester, der ein entfernter Verwandter ist, redete und lachte, was bei den Laien und den Nonnen großen Anstoß und großes Staunen erregte. [...] Und um ihn besser sehen und hören zu können, benutzte sie ein Stück Eisen, um damit vier große Löcher in das Gitter zu machen, alle dicht nebeneinander.« Benedetta und der Priester hatten sich nicht besonders angestrengt, ihre Beziehung zu verbergen. Zeugen sagten aus, daß man sie »zu allen Tages- und

Nachtzeiten« gesehen habe, wie sie sich gegenseitig die Hände gehalten und sie geküßt hätten. Für gewöhnlich hatten sie sich an dem kleinen, vergitterten Fenster getroffen, durch das die Nonnen die Kommunion gespendet bekamen, oder an der Klosterpforte. Gelegentlich hatte man Benedetta auch noch mit einem anderen Priester beobachtet.

Sehr viel gaben diese Treffen natürlich nicht her. Verglichen mit dem skandalösen Treiben von Nonnen und Priestern in einigen der anderen Klöster der Stadt waren ein paar verstohlene Küsse nichts Ernstes. Aber die Anschuldigungen waren insofern wichtig, als sie weiteres Beweismaterial für Benedettas Mangel an Tugendhaftigkeit lieferten. Da die Kirchenvertreter nicht glauben konnten, daß sich eine Frau sexuell einzig und allein zu einer anderen Frau hingezogen fühlen könnte, machten Benedettas Beziehungen zu den Priestern die anderen Vorgänge glaubhafter.

Damit endet der Bericht. Die kirchlichen Untersuchungsbeamten hatten das Ihre getan und ihre Feststellungen so klar und deutlich mitgeteilt, wie sie es vermochten. Nun konnten sie nach Florenz zurückkehren und den Bericht dem Nuntius vorlegen. Von nun an würde der Fall seine Sache sein, und sie hofften nur, daß sie selbst nichts mehr damit zu tun haben würden.

Aber leider sollte sich dieser ihr Herzenswunsch nicht erfüllen. Die Mühlen der kirchlichen Bürokratie mahlten langsam. Der Nuntius wollte sich seiner Sache ganz sicher sein, ehe er eine Entscheidung traf. Soweit man feststellen kann, hatte er an dem Bericht nichts auszusetzen, aber um doppelt sicher zu gehen, forderte er einen allerletzten, kurzen Besuch. Die Geistlichen kehrten also noch einmal nach Pescia zurück, und am 5. November 1623 legten sie ihren »Abschließenden Bericht«, wie sie ihn zuversichtlich nannten, vor.

Ihre erste Feststellung war, daß seit ihrem letzten Besuch die Wundmale an Benedettas Körper ebenso wie der Ring spurlos verschwunden waren. Und als sie Benedetta nach »ihren

Engeln, Visionen, Erscheinungen, Offenbarungen und Ekstasen« fragten, antwortete diese, daß sie keine mehr sehe.

Des weiteren war Benedetta nun offensichtlich auch der Meinung, daß sie vom Teufel getäuscht worden war. Die Abgesandten kamen zu dem Schluß, daß »alle die Dinge, die in ihr oder durch sie getan wurden, und nicht nur die, die für sündig gehalten werden, sondern auch die anderen Taten, die als übernatürlich und wunderbar galten, ohne ihre Zustimmung oder ihren Willen geschehen waren, da sie zum Zeitpunkt ihres Geschehens nicht ihrer Sinne mächtig gewesen war, was das Werk des Teufels war.«

Und letztlich lebte Benedetta jetzt das Leben einer gehorsamen Nonne unter der Aufsicht einer neuen Äbtissin. Sie verbrachte ihre Zeit, so hieß es, mit Werken der Demut, führte ein ruhiges Leben, war bei den Gottesdiensten anwesend und gab den anderen Nonnen ein gutes Beispiel.

Diese erstaunliche Veränderung hatte, wie es scheint, gerade noch rechtzeitig stattgefunden. Es dürfte Benedetta klar geworden sein, daß ihre Tage als Visionärin gezählt waren. Sie hatte keine Gewalt mehr über die Nonnen ihres Klosters und auch keine einflußreichen Freunde. Ihre einzige Hoffnung lag in einer Änderung ihres Verhaltens. Sie mußte den Nimbus der Heiligkeit aufgeben und einfach eine gute Nonne werden, die in der Anonymität des Klosters nicht weiter auffiel.

Wie konnte sie sich jedoch von ihrer Rolle als Visionärin distanzieren, ohne sich dem Vorwurf des Betruges auszusetzen? Der mögliche Ausweg aus diesem Dilemma war in der unterschiedlichen Auslegbarkeit ihrer eigenen Aussagen und in den Vorbehalten der kirchlichen Abgesandten bereits vorgezeichnet. Von Anfang an hatten diese die Möglichkeit erwogen, daß Benedetta ein Opfer teuflischer Machenschaften geworden war. Ihre angebliche Fähigkeit, während ihrer Visionen in den unterschiedlichsten Sprachen und Dialekten zu sprechen, die ihr sonst ganz unbekannt waren, ihr Talent, anderer Leute Gedanken zu lesen, ihre schweren Krankheiten und die in ihrer Familie liegenden Verbindungen mit dem Teufel – all das ließ eher auf Besessenheit als auf schlichten Betrug schließen. Auch sie selbst hatte den kirchlichen Autoritäten gegenüber diese Möglichkeit niemals ganz ausgeschlossen. Sie hatte ja nur gesagt, der Glaube, daß die Visionen und die Male an ihrem Körper von Gott stammten, sei stärker gewesen als ihre Zweifel. Angesichts der offiziellen Ablehnung war dieser Glaube nun aber geschwunden und hatte der Einsicht Platz gemacht, daß ihre mystischen Erlebnisse auf den Teufel zurückzuführen waren. Als Folge davon hatte sie sich verstärkt bemühen können, ihre Visionen zu unterdrücken – und schließlich war ihr das auch gelungen.[24]

Wenn sie diesen Ausweg wählte, dann brauchte sie ihr Selbstverständnis und ihre gesellschaftliche Identität weit weniger stark zu revidieren, als es bei anderen Alternativen erforderlich geworden wäre. Da sie vom Teufel getäuscht worden war, war sie für ihre Handlungen nicht verantwortlich. Im Gegensatz zur Hexerei galt das Besessensein vom Teufel als unfreiwillig. Benedetta hatte ja nicht bewußt einen Pakt mit dem Teufel geschlossen, sondern war eines seiner Opfer geworden. Bei einem so mächtigen und schlauen Widersacher mochte auch der Widerstrebendste schließlich der Versuchung erliegen und den Versprechungen und falschen Wundern glauben. Sie konnte also getrost zugeben, daß die übernatürlichen Ereignisse und ihr eigenes sündhaftes Handeln das Werk des Teufels waren, da sie »ohne ihre Zustimmung und ihren Willen getan wurden«, wie die Berichterstatter schrieben.

Aber selbst zu Anfang des 17. Jahrhunderts, als der Teufel in den Augen der Menschen allenthalben und mit immer größerem Einfallsreichtum am Werke war, hatte seine Macht Grenzen. Sie endete zum Beispiel dort, wo der freie Wille des einzelnen begann, dessen Vorhandensein die katholische Kirche erst kürzlich auf dem Konzil von Trient bestätigt hatte.[25] Und obwohl man in allem Unheil, das die Menschheit traf, in zunehmendem Maße den Teufel am Werk zu sehen glaubte, hielten ihn die Theologen doch nicht für allmächtig, denn dann wäre er ja Gott gleichgestellt gewesen. Der Teufel konnte nur mit Gottes Erlaubnis agieren – entweder zur Bestrafung von Sündern oder weil Gott die Willensstärke von Menschen prüfen wollte. Ein tugendhafter Mensch war also besser für den Kampf mit dem Teufel gerüstet als einer, der kein besonders ehrsames Leben führte. Die Haltung der Kirche zur Frage des teuflischen Wirkens war also durchaus nicht eindeutig. Einerseits war ein vom Teufel besessener Mensch für die durch ihn begangenen teuflischen Taten nicht voll verantwortlich, andererseits war er aber auch nicht gänzlich frei von Schuld.

Die kirchlichen Abgesandten, die den abschließenden Bericht über Benedetta zu schreiben hatten, neigten offensichtlich dazu, Milde walten zu lassen, und betonten, daß Benedetta nicht absichtlich und aus freien Stücken gehandelt hatte. Das endgültige Urteil mußte sie jedoch deshalb nicht notwendig freisprechen. Es lag jetzt beim Nuntius, wie dieses Urteil und demzufolge die Strafe ausfallen würden.

Epilog

Die nächsten vierzig Jahre im Leben Benedetta Carlinis liegen im dunkeln. Das Urteil des Nuntius ist nicht dokumentiert, aber dank eines zufällig erhalten gebliebenen Tagebuchfragments wissen wir, wie es ausgefallen ist. Am 7. August 1661 schrieb eine Nonne, deren Name uns nicht überliefert ist, in ihr Tagebuch: »Benedetta Carlini starb im Alter von einundsiebzig Jahren nach achtzehntägiger Krankheit an Fieber und Kolik. Sie starb reuig, nachdem sie fünfunddreißig Jahre im Gefängnis zugebracht hatte.«[1]

Was zu Benedettas Haft innerhalb des Klosters geführt hatte, kann man nur vermuten. Die Tagebucheintragung läßt darauf schließen, daß Benedetta erst 1626 gefangengesetzt wurde, also drei Jahre nach Abfassung des sogenannten abschließenden Berichtes. Die zeitliche Differenz beruht wahrscheinlich nicht auf einem Flüchtigkeitsfehler der tagebuchschreibenden Nonne. Denn diese war sonst sehr genau, was Daten und Zahlen anbetraf: Sie verzeichnete Benedettas Sterbedatum und ihr genaues Alter, ohne es, wie allgemein üblich, abzurunden. Sie notierte auch genau, wie viele Tage Benedetta vor ihrem Tode krank gewesen war, und fügte hinzu, daß sie die vierzehnte Nonne sei, die im Kloster gestorben sei. Bei einem solchen Interesse für Zahlen ist es unwahrscheinlich, daß sie sich hinsichtlich der Gefangenschaft Benedettas geirrt haben sollte.

Warum es jedoch so lange gedauert hatte, bis man Benedetta einsperrte, ist eine andere Sache. Vielleicht lag es einfach an der langsamen Bürokratie. Vielleicht war es Benedetta auf Dauer nicht gelungen, die gehorsame Nonne zu sein, und

Splenditello war nach einiger Zeit wieder aufgetaucht, wodurch die Kirche zu einer Entscheidung gedrängt wurde, die sie ursprünglich so nicht hatte treffen wollen. Es ist aber auch denkbar, daß Benedetta durchaus das Leben einer normalen Nonne hatte führen wollen, daß ihr aber ihre Anhänger in der Bevölkerung das Zurücksinken in die Anonymität verwehrten. Die Tagebuchschreiberin hatte angemerkt, daß Benedetta bei den Laien immer beliebt gewesen sei. Solange sie folglich zu der Ordensgemeinschaft dazugehörte, stellte sie vielleicht in den Augen der Kirche eine Bedrohung der etablierten Ordnung dar. Nur wenn man sie aussonderte, indem man sie gefangensetzte, konnte man hoffen, der Situation beizukommen.

Aber wenn auch die Gründe für die Verzögerung nicht mit Bestimmtheit auszumachen sind, so besteht doch kein Zweifel daran, daß die Kirche den Fall Benedetta Carlini für eine Sache hielt, die auch den Staat etwas anging. Nachdem die Abgesandten des Nuntius ihren zweiten, ziemlich langen Bericht abgeliefert hatten, sandte der Nuntius eine Abschrift an den jungen Großherzog Ferdinand II. und seine Mutter, die Großherzogin Christina.[2] Im 17. Jahrhundert waren Politik und Religion eng miteinander verflochten.

Da das offizielle Urteil nicht mehr existiert, kann man auch nicht sagen, welche Aspekte des Falles für die Festsetzung des Strafmaßes den Ausschlag gaben. Die Strafe mag einem sehr hart erscheinen, trotzdem spricht vieles dafür, daß Benedetta noch Glück hatte. Hätten die kirchlichen Richter auf Sodomie erkannt, dann hätte ihre Strafempfehlung auch »Tod auf dem Scheiterhaufen« lauten können – und zwar für Benedetta und Bartolomea. Im Laufe des 16. Jahrhunderts waren in Europa eine Reihe von Frauen wegen solcher Vergehen hingerichtet worden. Der Rechtsgelehrte Prospero Farinacci hatte, wie er sich erinnerte, als junger Mensch in Rom gesehen, wie Frauen auf dem Campo di Fiori wegen heterosexueller Sodomie verbrannt worden waren. Der spanische Rechtsgelehrte Antonio

Gomez erwähnt zwei Nonnen, die um die Mitte des Jahrhunderts in Spanien verbrannt worden waren. Auch in Frankreich hatten einige Hinrichtungen wegen Sodomie stattgefunden – eine Frau war 1535 lebendig verbrannt worden, und eine andere war 1580 am Galgen gestorben. Eine weitere Frau war Mitte des Jahrhunderts in Genf hingerichtet worden – für »ein Verbrechen, so schrecklich, daß es nicht benannt werden kann«.[3]

Doch trotz dieser Beispiele wurden die Urteile nicht immer ganz genau nach dem Buchstaben des Gesetzes gefällt. In den meisten der Fälle, die mit einem Todesurteil endeten, waren in den Augen der Richter erschwerende Umstände dazugekommen. In einigen, wie in dem spanischen Fall und einem der französischen, hatten die Frauen »mit Hilfe unerlaubter Vorrichtungen der Unvollkommenheit ihres Geschlechts abgeholfen«. Der Gebrauch von Gegenständen war für viele Richter das Schlimmste, was bei der Sodomie überhaupt passieren konnte. In anderen Fällen hatte sich eine der beiden Partnerinnen wie ein Mann gekleidet und versucht, wie ein Mann zu leben. Das war ein gefährlicheres Verbrechen als einfache Sodomie, denn es stellte die auf der Rolle der Geschlechter basierenden Machtverhältnisse in Frage.[4] Indem sie sich wie Männer kleideten, versuchten diese Frauen, ihre Fesseln zu sprengen und den ihnen in der gesellschaftlichen Hierarchie zugewiesenen Platz zu verlassen. Ja, sie versuchten sogar, männliche Funktionen an sich zu reißen. Folglich zogen diese »Männer« den größeren Zorn der Richter auf sich als ihre Partnerinnen. Ihre Hinrichtung war unerläßlich, um die existierende soziale Ordnung zu schützen.[5]

Gewöhnliche lesbische Beziehungen jedoch wurden normalerweise nicht so schwer geahndet. In Granada zum Beispiel hatte man einige Frauen für Verbrechen, wie sie Benedetta und Bartolomea begangen hatten, ausgepeitscht und auf die Galeere geschickt. Anderswo wurden sie einfach verbannt. Verglichen mit diesen Fällen, in denen die sexuellen Vergehen nicht viel anders waren als die Benedettas, erscheint deren Bestrafung als sehr viel härter.

Es ist deshalb wahrscheinlich, daß bei ihr nicht das sexuelle Fehlverhalten im Vordergrund stand, sondern daß ihre Rolle im Kloster, ihr angebliches Visionärstum und ihre Berühmtheit ausschlaggebend waren. Andere Nonnen jener Zeit, die sich keiner sexuellen Verfehlungen schuldig gemacht hatten, die jedoch ebenfalls als Mystikerinnen zu großer Berühmtheit und großem Einfluß gelangt waren, erhielten, nachdem sie als Betrügerinnen oder als Opfer teuflischer Machenschaften entlarvt worden waren, ähnlich hohe Strafen. In gewissem Sinne war es ihr Erfolg, der nach ihrem Fall das Ausmaß der Strafe bestimmte. Sie hatten als Heilige gegolten und infolgedessen im Volk eine große Anhängerschaft besessen. In einigen wenigen Fällen hatten sie sogar Päpste und Könige beeinflußt.[6] Je größer ihre Fähigkeit zu täuschen, desto größer war auch die Gefahr, die sie für die staatliche und gesellschaftliche Ordnung darstellten. Solche Frauen mußten von der übrigen Gesellschaft abgesondert werden, damit sie niemanden mit ihrem Irrglauben anstecken konnten. Außerdem mußte man sie mit Strenge behandeln – zur Warnung für andere Frauen, die versucht waren, auf ähnliche Weise Macht über andere zu gewinnen.

Daß diese Erwägungen bei Benedettas Verurteilung eine Rolle gespielt haben mögen, gewinnt an Wahrscheinlichkeit, wenn man sich vergegenwärtigt, wie Bartolomeas sexuelle Verfehlungen behandelt worden waren. Was wir darüber wissen, stammt wieder aus dem Tagebuch der anonymen Nonne. Unter dem 18. September 1660 finden wir die Eintragung: »Schwester Bartolomea [hier ist eine Lücke im Text] starb [heute?]; als Schwester Benedetta Carlini jene Betrügereien beging, die in diesem Buch auf Seite [Lücke im Text] aufgezeichnet sind, war sie ihre Gefährtin und war immer mit ihr zusammen. Und deswegen erlebte sie viele Schwierigkeiten. [...] In irdischen Dingen arbeitete sie so schwer sie konnte, und in geistlichen Dingen war sie sehr eifrig und völlig dem heiligen Gebet hingegeben.« Von Gefängnis ist da nicht die Rede, und der Beschreibung nach zu urteilen, ging Bartolomeas Leben seinen normalen klösterlichen Gang. Die anderen Nonnen mögen eine Zeitlang mit dem Finger auf sie gezeigt und sie an ihre Missetaten erinnert haben, aber sie scheint doch ganz normal als Nonne weitergelebt zu haben. Man hatte ihr wahrscheinlich ihre Version der Vorgänge geglaubt, d. h. in ihr das leichtgläubige Opfer eines groß angelegten Täuschungsmanövers gesehen und sie dementsprechend behandelt. Und selbst wenn die richterlichen Instanzen Vorbehalte gehabt haben sollten, so bedeutete es doch keine Gefährdung der Nonnen oder der außerklösterlichen Gesellschaft, wenn man ihr erlaubte, weiter als Nonne im Kloster zu leben.

Bei Benedetta dagegen war das etwas anderes. In ihrem Fall folgte man den Anweisungen der hl. Theresia, die um die Mitte des 16. Jahrhunderts geschrieben hatte: »Es ist der allerschlimmste Fehler, wenn eine Nonne in die Sünde der Sinnlichkeit verfällt und dieser überführt oder ernstlich verdächtigt wird. [...] Solche Schwestern sollen ins Gefängnis geworfen werden. [...] Eine Schwester, die Sünden des Fleisches begeht, soll lebenslang eingesperrt werden, [und] sie soll auf keinen Fall, selbst wenn sie bereut und um Gnade und Verzeihung fleht, wieder in die Gemeinschaft aufgenommen werden, es sei denn, es ergäbe sich plötzlich ein einsehbarer Grund und es geschähe auf Empfehlung und den Rat des Visitators.«[7] Bei Benedetta hatte offensichtlich niemand eine solche Empfehlung ausgesprochen.

Wie das Leben einer Gefangenen aussah, können wir uns mit Hilfe der verschiedensten Quellen ausmalen. »Keine Nonne darf mit einer im Gefängnis befindlichen Schwester sprechen, mit Ausnahme ihrer Aufseherinnen«, hatte die hl. Theresia befohlen. »Auch dürfen sie ihr unter Androhung der gleichen Strafe nichts schicken.«[8] Einer Nonne im Gefängnis sollte man den Schleier und das Skapulier fortnehmen. Sie sollte nur herausgelassen werden, um die Messe zu hören und um den anderen Nonnen dorthin zu folgen, wo diese sich geißelten. An solchen Tagen konnte man ihr erlauben, auf dem Fußboden des Refektoriums in der Nähe der Tür zu essen, so daß die anderen beim Verlassen des Raumes über sie hinwegsteigen mußten. Mehrmals die Woche sollte sie nur von Wasser und Brot leben.[9]

Der Tod muß für Benedetta die Erlösung von einem Leben der Qual gewesen sein. Aber er bedeutete auch die Rückkehr in die Gemeinschaft der Lebenden. »Sobald sie tot war«, schrieb die Nonne in ihr Tagebuch, »brachte man sie in die Kirche, wie man es mit den anderen Nonnen auch tut, und bekleidete sie mit dem Habit und dem schwarzen Schleier, wie die anderen sie trugen.«

Die Nachricht von ihrem Tod drang schnell nach außen, und die gemeinsame Erinnerung der Bewohner einer kleinen Stadt begann sich zu regen. Vierzig Jahre nach den Ereignissen, die sie berühmt gemacht hatten, war ihre Persönlichkeit noch immer imstande, die Menschen zu ergreifen. »Da sie bei den Laien immer beliebt gewesen war«, notierte die Nonne in ihrem Tagebuch, »liefen sie bei der Nachricht von ihrem Tode zusammen, während die Leiche noch nicht bestattet war, und es war notwendig, die Kirchentür zu verriegeln, um bis zur Beerdigung jeden Lärm und Tumult zu vermeiden.«

Was ließ die Menschen fünfunddreißig Jahre nach Benedettas Verurteilung an der Klosterpforte zusammenströmen? Vielleicht war der Grund, daß sich ihre drohende Prophezeiung, die sie gegen alle, die nicht an sie glauben wollten, geschleudert hatte, doch endlich erfüllt hatte und Pescia im Jahre 1631 tatsächlich von der Pest heimgesucht worden war. Oder daß die Leute trotz aller Versuche der Behörden, Benedettas Wunder in Mißkredit zu bringen, niemals aufgehört hatten, daran zu glauben. Was immer auch die Gründe gewesen sein mochten – die einfachen Leute wollten ihren Leichnam sehen und berühren und vielleicht sogar etwas von ihm mit nach Hause nehmen, wie die Reliquie einer Heiligen. Am Ende triumphierte Benedetta. Sie hatte in der Welt Spuren hinterlassen, und weder Gefängnis noch Tod hatten sie zum Schweigen bringen können.

ANHANG

Ein Wort zu den Dokumenten und eine Auswahl in Übersetzung

Die Rekonstruktion der Geschichte Benedetta Carlinis basiert zu einem großen Teil auf einer Sammlung von Dokumenten, die sich im Staatsarchiv in Florenz befindet; das Konvolut trägt die Bezeichnung: *Miscellanea Medicea*, busta 376, inserto 28. Die Materialien dieser Sammlung bestehen vorwiegend aus verkürzten Mitschriften, Briefen und Zusammenfassungen von nicht mehr existierenden Dokumenten. Von einigen der Schriftstücke sind mehrere Abschriften erhalten. Einige sind undatiert, und man kann nur aus dem Text auf ihre zeitliche und räumliche Zugehörigkeit schließen. Das ist bei vormodernen Quellen nichts Ungewöhnliches, aber es macht natürlich die Verwendung und Interpretation solcher Dokumente schwierig, ja manchmal fast unmöglich.

Selbst bei größter Sorgfalt ist es nicht immer möglich, ein bestimmtes Dokument genau zu datieren oder festzustellen, für wen es bestimmt war. Auch ist es nicht leicht, bei Mitschriften, die nicht wortwörtlich erfolgten, sondern bei denen der Schreiber bemüht war, das Wesentliche von Zeugenaussagen herauszufiltern, den jeweiligen Sprecher zu ermitteln. Manchmal ist deutlich zu erkennen, daß der Schreiber die Worte einer Zeugin genau oder fast genau wiedergegeben hat, auch wenn er die dritte Person benutzte. In der Eile konnte es vorkommen, daß er in die erste Person fiel, was den Eindruck der Authentizität verstärkt. Dies und die Tatsache, daß die Zeugen aufgefordert worden waren, die Mitschrift auf ihre Richtigkeit hin zu überprüfen, lassen einen hoffen, daß man dem, was wirklich gesagt worden ist, einigermaßen nahe kommt. Nichtsdestoweniger darf man nie vergessen, daß alle Aufzeichnungen die Worte der Beteiligten im besten Falle aus zweiter Hand vermitteln.

Eine weitere Schwierigkeit liegt darin, daß die Unterscheidung zwischen Fiktion und Realität nach üblichen Maßstäben nicht immer möglich ist. Zum Beispiel basieren einige der Benedettas Leben betreffenden »Tatsachen« – die schwere Geburt, das spezielle Verhältnis, das sie in ihrer Kindheit zu wundersamen Tieren hatte – auf Aussagen von Zeuginnen, die sie von Benedetta selbst gehört hatten, als diese einmal in Trance ihre Lebensgeschichte erzählt hatte. Einige dieser Ereignisse konnten von Zeugen, die Benedetta in dieser Zeit gekannt hatten, bestätigt werden, obwohl aus den Aufzeichnungen nicht klar hervorgeht, ob man für alle erwähnten Ereignisse eine solche Bestätigung einzuholen versucht hatte. Andere Vorkommnisse hingegen, für die es keine Zeugen gab, waren auch nicht zu verifizieren. Ob nun aber bestätigt oder nicht, so ist doch ihre große Ähnlichkeit mit Episoden aus Volksmärchen und Heiligenleben auffällig und legt nahe, daß Benedetta und die sich erinnernden Zeugen das Vorbild jener Gattungen im Auge hatten. Realität ging in Fiktion über, so wie das Leben die Kunst nachahmte. In vieler Hinsicht jedoch, wenn auch nicht in jeder, sind diese Unterscheidungen bedeutungslos. Ja, man könnte durchaus sagen, daß es zu einer historischen Fiktion führen würde, wollte man die Kategorien des 20. Jahrhunderts auf das Denken des 17. Jahrhunderts übertragen. Ob die Ereignisse nun stattgefunden hatten oder nicht – die Menschen damals glaubten, daß sie stattgefunden hatten, und allein darauf kommt es an.

Angesichts aller dieser Schwierigkeiten werden im folgenden die relevanten Dokumente in *Misc. Med.* 376 (28) beschrieben sowie einige entscheidende Passagen daraus in Übersetzung wiedergegeben, damit der Leser den Weg von der Textquelle zur erzählenden Darstellung des Historikers leichter nachvollziehen kann.

Verzeichnis der Dokumente

- *Le virtù che debbe havere un vero, perfetto religioso* (»Die Tugenden, die ein wahrhafter und vollkommener Diener Gottes besitzen muß«) – ein undatierter geistlicher Leitfaden für Nonnen.
- Dokument ohne Titel mit den Ergebnissen von fünfzehn kirchlichen Vernehmungen, die zwischen dem 27. Mai 1619 und dem 26. Juli 1620 durchgeführt worden waren. (Hieraus werden im folgenden Auszüge wiedergegeben.)
- *Breve discorso delle chose che si dicono della Madre suor Benedetta Carlini da Vellano delle Teatine di Pescia* (»Kurze Darlegung dessen, was man über die Äbtissin Schwester Benedetta Carlini aus Vellano von den Theatinerinnen in Pescia sagt«) – undatierter kritischer Bericht, wahrscheinlich zwischen August 1622 und März 1623 entstanden. Auf das erstere Datum läßt die Tatsache schließen, daß in dem Bericht auf einen vorhergehenden Prozeß (*processo*) verwiesen wird und daß es in einem späteren Dokument, in dem die »Kurze Darlegung« mit diesem Titel erwähnt wird, heißt, daß dieser im Auftrage Alfonso Gigliolis verfaßt worden sei – und dieser war im August 1622 zum Nuntius bestellt worden. Das letztere Datum ergibt sich daraus, daß von Pater Ricordati im Präsens gesprochen wird, d. h. es muß vor Oktober 1623 liegen. Außerdem ist weder von Benedettas sexuellen Beziehungen die Rede, noch enthält der Bericht Beweise dafür, daß Benedettas Stigmata falsch waren. Die Schlußfolgerungen werden eher vorsichtig vorgetragen, so daß anzunehmen ist, daß dieser Bericht vor jenen liegt, die diese Aspekte des Falles behandeln. Und da diese auf eine

Zeit nach März 1623 datiert werden müssen, dürfte die »Kurze Darlegung« vorher verfaßt worden sein.
- *Abstratto del Processo di Benedetta* (»Zusammenfassung des Prozesses der Benedetta«) – undatierter Bericht, nach März 1623 verfaßt, da in ihm gesagt wird, daß Benedetta zwei Jahre zuvor, am Tage der Verkündigung Mariä, der Seele ihres toten Vaters begegnet sei. Im November 1620 lebte Giuliano noch. Das Grenzdatum ist das des »Abschließenden Berichts«.
- *Relatione della visita fatta alle Monache Theatine, alias di Sta. Maria di Pescia* (»Bericht über einen Besuch bei den Theatinerinnen, auch als Heilige Maria von Pescia bekannt«) – undatierter Bericht, der wahrscheinlich die Untersuchungsergebnisse schon einmal festhielt, die dann in die »Zusammenfassung des Prozesses« eingehen sollten. Wie aus den im folgenden wiedergegebenen Passagen zu ersehen ist, liegt die Betonung auf dem offenkundigen Betrug und dem unmoralischen Verhalten.
- *Ultima informatione* (»Abschließender Bericht«) – datiert vom 5. November 1623.
- Brief des Nuntius an zwei Kapuzinermönche, in denen er ihnen bei ihrer Aufgabe alles Gute wünscht. Datiert vom 13. Dezember 1623 und mit dem Siegel des Nuntius versehen.
- Brief des Nuntius an die obengenannten Mönche über die Schwierigkeiten, einen Beichtiger für die Theatinerinnen zu finden. Datiert vom 17. Dezember 1623.
- Bericht an »Ihre Hoheiten« – undatierte Zusammenfassung der wichtigsten Ergebnisse der »Zusammenfassung des Prozesses der Benedetta«. Wahrscheinlich einige Zeit nach jenem Dokument verfaßt.

Auszüge aus den Niederschriften während der ersten Untersuchung

Am 27. Tag des Mai, 1619

Bei seinem ersten Besuch sah der Propst an den Händen, Füßen und der Seite Benedettas Male von getrocknetem Blut so groß wie eine *crazia* [kleine toskanische Münze]; und als man sie mit warmem Wasser abwusch, konnte man einen kleinen Schnitt sehen, aus dem Blut herausfloß; an mehreren Stellen am Kopf konnte man viele Male getrockneten Blutes sehen wie das Blut an den Händen; und als man sie mit warmem Wasser abwusch, konnte man an den gewaschenen Stellen Einstiche sehen, aus denen Blut floß, das auf dem Tuch blieb, mit dem man sie abtrocknete.

Benedetta gesteht, daß ihr am zweiten Freitag in der Passionszeit des Jahres 1619, zwischen der zweiten und der dritten Stunde der Nacht [19 bis 20 Uhr] im Bett der Gedanke kam, alle die Dinge zu erleiden, die Jesus Christus erlitten hatte; und da erschien vor ihr ein gekreuzigter Mann, so groß wie ein ziemlich großer Mann, und er war lebendig und er fragte sie, ob sie bereit sei, aus Liebe zu ihm zu leiden, da er Jesus Christus sei; und sie beteuerte, daß sie, wenn dies ein Gaukelspiel des Teufels sei, nicht einwilligen wolle und es ihrem geistlichen Vater [ihrem Beichtiger] erzählen würde, und sie schlug das Zeichen des Kreuzes. Er versicherte ihr, daß er Gott sei und wolle, daß sie ihr ganzes Leben lang leide, daß sie mit ihrem Körper ein Kreuz bilden solle, weil er seine heiligen Wunden in ihren Körper einprägen wolle. Als sie dies tat, brach ein Blitz aus ihnen allen hervor, und sie dachte, sie prägten sich in ihre Hände ein. Und auf ihrem Kopf sah sie viele kleine Strahlen, die ihren ganzen Kopf zu umgeben schienen, und sie fühlte große Schmerzen in ihm und in ihren Händen. Aber danach erfüllte eine große Zufriedenheit ihr Herz. Die großen Strahlen, die sie sah, waren fünf an der Zahl, aber jene auf ihrem Kopf waren sehr viel mehr, aber kleine; daß sie ihre Füße nicht übereinandergelegt habe, sondern daß sie verwundet und in dieser Stellung gewesen seien, ohne daß sie es gemerkt habe, und sie hatte dort Schmerzen. Sonntags scheinen sie ohne Gefühl zu sein; montags und dienstags hat sie wenig oder gar keine Schmerzen; an allen anderen Tagen große Schmerzen; freitags mehr als an allen anderen Tagen, und an dem Tag erscheint mehr Blut, außer heute morgen, wie Ihr gesehen habt.

Am 14. Tag des Juni, 1619

Beim dritten Besuch konnte man das getrocknete Blut an der linken Hand und am linken Fuß sehen. Und als man sie gewaschen hatte, konnte man den Schnitt sehen, aus dem ein wenig frisches Blut sickerte, welches, wenn man es trocknete, in das Handtuch floß; und auf ihrem Kopf waren die Male und Löcher, die vor acht Tagen verheilt zu sein schienen, voll kleiner Mengen getrockneten Blutes; und als man ihr das Haar mit einer Schere abgeschnitten hatte, konnte man viele Male aus frischem Blut sehen, die ganz um ihren Kopf herumgingen; und da man ihr befohlen hatte, sich das Blut vom Kopf abzuwaschen, zog sie sich in einen Raum zurück, um ihr Habit zu schließen. Plötzlich drehte sie sich um und ging zu ihnen hin, die Hände am Kopf und mit geneigtem Gesicht, und sagte: »Jesus, was ist das?« Und man konnte sehen, wie aus einem Einstich an ihrem Kopf sich das Blut augenblicklich über ihr Gesicht ergoß und auf den Boden; und sie zeigte Zeichen von Schmerzen, und als das Blut mit einem Handtuch getrocknet wurde, hörte es auf.

Am 8. Tag des Juli, 1619

Beim sechsten Besuch konnte man an der rechten Hand in dem Schnitt Blut sehen——Füße ohne Blut; am Kopf ein bißchen; die Seite wurde nicht angesehen, aber sie sagt, daß es so ist wie vorher. Sie fügt hinzu, daß sie sich eines Morgens, als sie betete, in einen schönen und angenehmen Garten mit vielen Blumen und Früchten versetzt fühlte, in dem sich ein Brunnen mit wunderbar duftendem Wasser befand, das aus einem goldenen Rohr strömte; dort war ein Engel in einem grünen Gewand, das mit lauter kleinen, goldenen Kreuzen bedeckt war. Er hatte weiße und goldene Flügel und hielt ein Spruchband, dessen große goldene Buchstaben verkündeten: »Wer immer Wasser aus diesem Brunnen schöpfen will, möge sein Gefäß reinigen oder nicht näher kommen.« Und da sie nicht verstand, sagte ihr der Engel von sich aus: »Wenn du Gott kennenlernen willst, dann befreie dein Herz von allen irdischen Wünschen.« Und ohne zu antworten, fühlte sie in ihrem Herzen den großen Wunsch, sich von der Welt gänzlich abzukehren; und sie kam zu sich und sah weiter nichts mehr. Als sie von ihren Sinnen getrennt wurde, fühlte sie sich heftig gezogen. Niemand führte sie zu dem Garten, sondern sie war plötzlich da. Und es war vor vier oder fünf Jahren, da mit dem Klosterbau noch nicht angefangen worden war. Und es scheint, daß diese Vision vor der Vision von den feurigen Strahlen stattfand. Sie kann sich nicht erinnern, was sie gerade tat, als sie diese Vision hatte. Vorher hatte sie überhaupt nicht an einen solchen Garten gedacht oder darüber in einem Buch gelesen. Sie pflückte keine Blumen oder Früchte in dem Garten und trank auch kein Wasser. Als sie sich allein sah, empfand sie zuerst Angst, dann Zufriedenheit. Sie ist erstaunt, daß sie sich daran erinnert, da sie seitdem nicht mehr daran gedacht hatte; und sie fühlt sich, als ob sie dort anwesend ist. Sie erinnert sich nicht, wie lange die Vision dauerte. Als sie zu sich kam, fühlte sie sich offenbar völlig glücklich, mit dem Wunsch, besser zu sein als vorher.

Am siebenten Tag des gegenwärtigen Monats Juli 1619 kniete ich nieder, um zu beten, daß ich nicht vom Teufel getäuscht werden, sondern eher vorher sterben möge. Und plötzlich, ehe sie es merkte, brachte der Engel, der vor ihr zu erscheinen pflegte, sie zu einer Kirche, wo sie glaubte, die

Messe zu hören, und der Priester, der am Altar stand, wandte sich zu ihr und beruhigte sie, indem er ihr im Auftrage Jesu Christi sagte, daß sie nicht vom Teufel getäuscht werde, und er lud sie ein, das heilige Sakrament zu empfangen, das er ihr mit eigener Hand austeilen wollte. Sie zwang sich, nicht zu ihm zu gehen, aber der Engel nahm sie bei der Hand und brachte sie dorthin; und sie kniete nieder und er reichte ihr die Kommunion; und danach brachte der Engel sie wieder zu ihrem Platz. Dort ließ er sie sich hinsetzen, und der Priester sagte zu ihr, daß sie in allem Unglück und aller Versuchung stark bleiben solle, daß sie am Ende, dank der Gnade Gottes, Visionen haben werde und daß sie nur auf Hilfe von Jesus Christus warten solle und daß er der heilige Petrus sei, der alles dies auf das Geheiß Jesu getan habe. Dies erfüllte sie mit großer Zufriedenheit und innerem Frieden, wie sie sie niemals im Leben gefühlt hatte. [...]

Um ihrem geistlichen Vater zu gehorchen, bat sie Gott, möge ihr Qualen anstelle von Ekstasen und Offenbarungen senden, denn es schien ihr, daß das der sicherere Weg sei, nicht vom Teufel betrogen zu werden. Und ihr Gebet wurde erhört, denn vor vier Jahren begannen ihre körperlichen Schmerzen. Aber fast die ganzen beiden letzten Jahre lang sind sie größer gewesen als in den ersten beiden, da sie ihren gesamten Körper erfassen; sie fangen abends an und dauern ungefähr sechs bis acht Stunden, in denen oft junge Männer mit rohen bloßen Schwertern in der Hand erscheinen, um sie zu töten. Andere Male schlugen sie sie und fügten ihr große Schmerzen am ganzen Körper zu. Ein anderes Mal kam einer der jungen Männer mit einem Ring, um ihr zu sagen, daß er sie zur Braut haben wolle, und sie antwortete ihm, daß sie die Braut Jesu sein wolle. Er wollte ihr den Ring mit Gewalt auf den Finger stecken, indem er ihre Gefährtin aufforderte, ihre Hand festzuhalten. Andere Male sagten sie ihr, sie solle nicht an diesem Ort bleiben, daß sie krank werden würde und am Ende nicht sicher wissen würde, ob sie das Seelenheil erlangen werde. Und sie sagten andere Sachen, an die sie sich nicht erinnern kann. Und dieser Kampf, der viele Versuchungen dieser jungen Männer mit sich brachte, erstreckte sich über viele Male. [Sie sagten ihr,] daß sie nicht hier aushalten sollte, sondern daß sie fortgehen sollte, daß dies besser für mich wäre. Es schien ihr, daß sie sie ganz sicher sah, so wie sie Euer Ehrwürden sieht. Sie schien einige wiederzuerkennen, aber sie sah sie nicht an, außer wenn sie nicht anders konnte. Und daß sie aus Pescia waren, und sie kannte einen aus der Zeit, als er noch klein war. Sie kannte den einen, der sie heiraten wollte. Sie kamen ihr gutaussehend vor, aber sie wollte sie nicht ansehen. Sie versteckte sich vor ihnen und fühlte den Schmerz der Schläge, die sie bekam. Es schien ihr, daß sie sie mit eisernen Ketten verfolgten, mit Stöcken und anderen Gegenständen und Schwertern in den Händen. Sie fühlte sich ganz grün und blau geschlagen, aber sie sah nicht nach, ob sie blaue Flecken am Körper hatte. Sie hatte niemals gewollt, daß der junge Mann ihre Hand berührte, um ihr den Ring anzustecken. Sie war im Bett, als sie sie sah; und die Schmerzen, die sie durch sie bekam, waren die schlimmsten, die sie hatte, und sie hatte sie gewöhnlich abends; und zuerst hatte sie sie nicht, aber später wurden sie schlimmer. Zwei ganze Winternächte hindurch schlugen sie sie, und sie fuhren damit zu anderen Zeiten fort, oft im Sommer. [. . .] Sie kann sich nicht erinnern, daß sie irgend etwas zu ihr sagten, ausgenommen der eine mit dem Ring, aber sie sprachen miteinander. Bevor das mit dem Ring geschah, schlugen sie sie, und der eine mit dem Ring ist immer der erste, der sie schlägt, und ist dreister als die anderen und schlägt sie stärker. An dem Abend, als er kam, um ihr den Ring anzustecken, schlug er sie zunächst nicht, sondern kam mit viel Verstellung, und er sprach mit den anderen; und es schien so, als wollte er tun, was sie wollte, daß er ihren Willen nicht ändern wollte; und da sie nicht einwilligen wollte, wandte er sich ihr wütend zu, um sie zusammen mit den anderen zu schlagen, und er war der erste. Sie erinnert sich nicht, daß sie beim ersten Mal etwas sagten, aber es schien ihr, daß sie voller Hinterlist kamen und sich ihr mit einer gewissen tückischen Miene nähern wollten. Und da sie darin eine List des Teufels erkannte, wandte sie sich ab, um sie nicht zu sehen, und als sie sich ihr näherten, kamen sie an ihre Seite und waren noch wütender. Sie erkannte, daß sie mit einem liebenswürdigen Gesicht an ihre Seite kamen, und sie drehte sich um, damit sie sie nicht sah, und sie schien eine Stimme zu hören, die sagte, sie solle nicht auf sie achten, sondern sie fortjagen. Und sie sah sie als wirklich gegenwärtig, nicht in ihrer Einbildung. Es schien ihr, daß sie zu lange bei ihr blieben. Die Schmerzen hörten allmählich auf, wenn sie fortgingen. Wenn sie sie erscheinen sah, machte sie das Kreuzeszeichen über ihrem Herzen, und es schien ihr, daß sie danach näher kamen. [...] Sie schienen mit gelb-roten Gewändern bekleidet zu sein, und der mit dem Ring war gefälliger und schöner gekleidet als die anderen. Und es schien so, als ob er die anderen dazu ansportnte, sie zu schlagen; ohne ihn schienen sie nichts zu tun. Es schien ihr, daß es vier oder fünf waren, die sie schlugen, aber alle hatten Gefährten; die ersteren waren die hauptsächlichen, aber alle schlugen sie. Und einmal kamen mehr von ihnen als je zuvor, und sie schlug viele Male das Kreuz, und sie konnten nicht näher kommen, und sie wurden noch zorniger und schlugen sie fester als je zuvor. Da sie zwei oder drei Meter entfernt waren, wußte sie nicht, was sie in den Händen hielten, aber während sie zu Anfang schön waren, wurden sie häßlich. Und sie schlugen sie bis zum Morgenläuten, an die drei oder vier Stunden lang. Sie blieb ruhig und ließ nur selten eine andere Schwester kommen, um niemanden zu stören. Ein anderes Mal gingen die jungen Männer zornig fort, aber nicht so häßlich wie die Male davor; das war im Winter. Es schien ihr, als hörten sie vor der letzten Passionszeit auf zu kommen, aber sie kann sich nicht gut daran erinnern. Es scheint, daß sie sie das letzte Mal schlugen und nichts sagten. Als sie aufhörten zu kommen, hatte sie wenig Schmerzen, und sie hörten mit Anfang der Passionszeit auf. Sie erinnert sich nicht mehr an den Tag. Und die Schmerzen hörten auf, als die Male erschienen, nachdem sie zu dem Zeitpunkt nur wenige gehabt hatte. Und den schlimmsten Schmerz fühlte sie an dem Abend, als sie jene Male erhielt, als sie außer sich zu sein [altratta] schien. Sie erinnert sich nicht, während der Schmerzen Ekstasen oder Offenbarungen gehabt zu haben.

Am 23. Tag des Juli, 1619

Beim zehnten Besuch konnte man Blut aus der Oberseite beider Hände kommen sehen, und als man sie trocknete, konnte man die Blutflecken in dem Halstuch sehen, das zu diesem Zweck benutzt wurde. An den Füßen war das Blut nicht sichtbar, denn sie sagte, sie habe sie am Morgen getrocknet. An ihrer Seite konnte man frisches Blut sehen, und als man es mit einem Tuch abtrocknete, blieb eine ansehnliche Menge darin zurück. Am Kopf war ein wenig getrocknetes Blut zu sehen. Und als man sie ihre Haube absetzen ließ, war nur ein blutender Einstich zu sehen, und als Eure Heiligkeit ihn mit einem Tuch berührte, blieb ein wenig Blut darauf zurück. Andere Einstiche waren nicht zu sehen, da sie von Haaren bedeckt waren, und es schien zu dem Zeitpunkt nicht richtig, das Haar entfernen zu lassen. [...]

Nach den langen Aussagen von Benedetta Carlini und der Äbtissin Felice di Giovanni Guerrini folgt die Aussage von Mea [Bartolomea] di Domenico Crivelli:

Mea di Domenico Crivelli, unter Eid: Am Tage der Heiligen Dreifaltigkeit befand ich mich zusammen mit den anderen, die bei der Hochzeit anwesend waren, im Chor. Ich war nicht dabei gewesen, als Benedetta in Ekstase war, und sagte, daß sie an diesem Tag heiraten würde, weil ich krank im Bett lag; und ich stand auf, da mir die anderen Mädchen von dieser Hochzeit erzählt hatten. An jenem Tage hörte und sah ich folgendes: Wir gingen alle geordnet in den Chor, und sie nahm einen Korb mit Blumen auf und verstreute sie durch den ganzen Chor; und danach zündete sie alle Kerzen an und gab jeder von uns eine. Sie nahm das Kruzifix und intonierte »Gesu corona virginum«. Wir gingen auf einen feierlichen Umzug, und als wir in den Chor zurückkehrten, begann sie mit den Marienlitaneien, und als diese beendet waren, erhob sich Benedetta und verstreute Weihrauch, zum größten Teil über den kleinen Altar, dann über den Rest des Raumes. Anschließend kniete sie nieder und verbeugte sich dreimal, zuerst zum Altar, dann zur Südseite des Chors, dann zur Nordseite. Dann intonierte sie für sich mit leiser Stimme das »Veni creator spiritus«, obwohl es von allen als Musik gehört wurde, so leise war ihre Stimme; und zwei weitere Hymnen danach, aber es war nicht möglich zu hören, was für Hymnen es waren, denn sie waren noch leiser als die vorhergehenden. Aber diejenigen, die lesen können, haben den Eindruck, daß sie etwas in Latein waren, dann begab sie sich neben das unten erwähnte Kruzifix. Dort blieb sie eine Zeitlang, mit erhobenem Kopf und ziemlich ruhig. Dann sprach sie gewisse Worte, an die ich mich nicht gut erinnern kann: »Jesus, ich bin nicht würdig.« Und ich sah, daß sie ihren Arm und ihre rechte Hand und ihren vierten Finger hob, und kurz danach sah ich, daß sie diesen Finger küßte, und ich hörte, daß sie Gott mit vielen Worten für die ihr erwiesene Gnade dankte. Dann hörte ich sie sagen: »Ich will, daß sie auf dem mittleren Stuhl da Platz nimmt und will ihr ganzes Leben erklären.« Und sie erhob sich schnell und setzte sich auf den mittleren Stuhl. Und sie sagte, daß die Kerzen, die sie angezündet hatte, die dreiunddreißig Jahre symbolisierten, die unser Herr auf Erden lebte, und die drei größten seien die letzten drei Jahre vor seinem Tod; die dickste Kerze, die golden war und zwei Schleifen trug, bedeutete seine große Sorge für das Wohl der Menschheit; die andere große die Barmherzigkeit der Madonna; also sagte er, er wünsche, daß sie, solange sie lebe, für alle bete. Jene Kerzen, die sie uns gegeben habe, symbolisierten die Tugenden, die wir von ihr übernehmen sollten, daß es wie ein Ansporn zum göttlichen Dienst sein sollte. Die zwölf

Kissen bedeuteten die zwölf Apostel; die Farbe Grün die große Hoffnung, die sie immer in mich gesetzt hat; Rot die Liebe, die sie immer zu mir hegen will; Blau die Bemühung, die Gedanken immer auf den Himmel zu richten; der Erdboden, daß genauso wie wir für die Dinge dieser Welt tot sein sollten, so wollte ich, daß der Boden bedeckt wird, so daß die Erde nicht zu sehen ist; die roten Seidenblumen die heiligmäßigen Tugenden, die wir von ihr lernen sollten. Sie kann sich an keine weiteren Hochzeitsvorbereitungen erinnern. Als sie über ihr Leben sprach, sprach sie davon, wie ihr das Herz fortgenommen wurde, als er ihr die Male an den Händen, Füßen, an der Seite und am Kopf gab; daß er wollte, daß sie sein wahres Ebenbild würde. Auch wollte er nicht, daß sie sie versteckte, sondern daß sie bekannt würden. Und daß man ihr beim ersten oder zweiten oder dritten Mal nicht glauben würde. Und ich will ihr das zum Verdienst anrechnen, und ich will, daß sie sich bereitmacht, denn ich will mich ihrer bedienen, wann immer es mir gefällt. Sie sprach weiterhin über den Kometen, den wir in diesem Jahr über dem Kloster sahen, aber ich kann mich an die Einzelheiten nicht erinnern; und daß er wollte, daß unser Kloster wie das Meer sein sollte, das die Leiber der Toten nur drei Tage lang behält, und er wollte denen unter uns, die nicht den Weg zur Vollkommenheit gehen wollten, Versuchungen schicken, so daß sie verzweifeln und von selbst fortgehen würden, [...] und daß es einige geben würde, die ihr nicht glauben würden, und die er dafür bestrafen wollte, und er wollte, daß sie jene im Kloster warne, die untereinander redeten aufgrund von Eitelkeit, und als er von Eitelkeiten sprach, erhob sie die Stimme und wandte sich dem Fenster zu, das nach draußen ging. Sie sagte so viele Sachen, daß ich ganz durcheinander komme, und ich weiß nicht, was ich sagen soll. Sie kann sich nicht erinnern, daß Benedetta etwas sagte, als sie ihre Hand hob; und als sie ihren Finger küßte, sagte sie nichts. Als sie diese Dinge sagte, war sie nicht sie selbst, denn jene Stimme klang nicht wie ihre. Sie hatte die Augen offen, aber gesenkt.

Während sie sprach, stand sie kein einziges Mal von dem Stuhl auf. Dann, nachdem sie geendet hatte, erhob sie sich und kniete nieder und blieb so vielleicht eine halbe Stunde lang; dann stand sie auf. Wir löschten alle Kerzen. Sie war im Chor, wieder sie selbst und still. Wir verließen den Chor, und sie war vollkommen glücklich. An jenem Tag war die Frau des vorigen Vikars da; sie befand sich außerhalb des Chores; und als Benedetta dorthin ging, richtete sie das Wort an sie. Benedetta sprach ungefähr drei Stunden lang, und als sie zum Schluß kam, hatte es 23 Uhr geschlagen. Sie sagte niemals etwas über diese Hochzeit.

Am 1. Tag des August, 1619

Der Besuch beginnt mit der Aussage von Äbtissin Felice und Schwester Angelina; darauf folgt die Aussage von Mea Crivelli, aus der im folgenden Auszüge wiedergegeben werden:

Die oben erwähnte Mea, unter Eid: Sie schläft neben der Oberin Felice; und im vergangenen Jahr neben Benedetta; und ich fing an, neben Felice zu schlafen, als wir im vergangenen November hierher kamen, wenn ich mich nicht irre. Als wir hier heraufkamen, richtete ich mich beim großen Fenster ein, und Benedetta war hier nahe der Tür, aber weil sie Schmerzen hatte bei Nacht, zog ich zu ihr hinüber, damit ich aufstehen und ihr helfen konnte. Und oft ging ich nachts nicht vor der achten oder neunten Stunde [ein oder zwei Uhr] schlafen, so daß ich ihr helfen konnte, da sie diese Schmerzen hatte. Sie hatte diese Schmerzen in ihrem Herzen und oft im ganzen Körper, aber die ersteren waren die stärksten. Und ich weiß das, weil sie mich meine Hand auf ihr Herz legen ließ, weil sie auf diese Weise weniger Schmerzen zu fühlen schien. Und während ich meine Hand dort hatte, fühlte es sich an, als wenn ein Dolch in sie führe, so stark war es. Und mit meiner Hand dort schien sie weniger um sich zu schlagen, aber wenn ich meine Hand nicht dort hatte, blieb sie nicht im Bett liegen wegen der großen

Schmerzen, die sie erfuhr. Und ich arbeitete so schwer, daß ich schwitzte. Die Schmerzen dauerten zwei Jahre, und während einer Zeit von vier Monaten hielten sie ununterbrochen an. Und es schien ihr, als gingen sie im November weg. Und sie begannen zumeist gegen Mitternacht und dauerten bis zur neunten oder zehnten Stunde. Aber während des Tages hatte sie sie nicht. Sie wußte nicht, was sie verursachte. Wenn sie sie hatte, stöhnte sie leise und hielt ihren Mund geschlossen, um die anderen nicht zu beunruhigen. Seit den Quatembertagen des Frühjahrs hat sie die Schmerzen nicht mehr. Manchmal rief sie mich zweimal in der Nacht, weil sie immer noch der toten Äbtissin gedachte. Sie sagte zu ihr: »Halte mich, hilf mir«, und sobald ich sie hörte, tat ich meine Hand auf ihr Herz und beruhigte sie. Und sie erzählte mir das, weil sie nicht stillhalten konnte wegen ihrer großen Schmerzen. Sie sagte mir nie, was sie verursachte, aber wenn ich sagte, daß Jesus sie prüfen wolle, dann bestätigte sie das. Und wenn sie diese Schmerzen hatte, dann konnte man einen schrecklichen Schwefelgestank riechen, der aus ihrem Munde kam. Bei Nacht sah ich niemals jemanden vor ihr erscheinen. Aber ich hörte sie sprechen; ich hörte sie sagen, daß sie diesen Ort nicht verlassen wolle, sondern daß sie lieber krank sein wolle um Jesu willen, und sie gab diese Antwort viele Male. Und sie wollte in diesem Kloster ausharren. Und wenn sie ihr Herz berührte, hörte sie sie nichts weiteres mehr sagen, außer als Jesus ihr das Herz herausnahm. Ich ging zu ihr und legte meine Hand auf die Seite ihres Herzens. Es war mir, als fühlte ich ein Loch. Benedettas Herz war herausgenommen, und ich dachte bei mir selbst, daß es Jesus war, der es tat. In der Nacht des zweiten Ostertages wurde ihr ihr Herz zu eben der Stunde entfernt, in der ihre Male erschienen waren. Da ich anwesend war und sie hörte, fing sie an zu reden und sagte, daß sie Jesus sich nähern sehe, »aber ich weiß nicht, ob es das Werk des Teufels ist, bete zu Gott für mich.« (Benedetta beichtete dies, aber diese Worte sind erhalten.) »Wenn es das Werk des Teufels ist, werde ich das Zeichen des

Kreuzes auf meinem Herzen machen, und er wird verschwinden.« Kurz darauf fing sie an zu lachen und wurde sehr glücklich. Und ich hörte sie sagen, »Was tust du, mein Jesus! Du bist gekommen, mein Herz zu holen, aber ich möchte es nicht tun ohne die Erlaubnis meines geistlichen Vaters.« Und dann hörte ich sie sagen, »Du wirst sehen, daß er keine Einwände haben wird. Tu es.« Und ich sah, daß sie sich auf den Rücken legte und sagte: »Wo willst du mein Herz herausnehmen?« Und ich hörte sie sagen: »Aus der Seite«. Und ich sah, daß sie große Schmerzen litt, und hörte sie sagen: »O mein Jesus, zeig es mir. Das ist es. Kein Wunder, daß ich solche Schmerzen empfand.« Und ich hörte sie sagen: »Ich möchte es gern als Zeichen deiner Liebe und in Befolgung deines Willens, aber wie kann ich ohne Herz leben, jetzt, da du mich ohne eines gelassen hast? Wie werde ich dich lieben können?« Und ich sah alle diese Dinge, weil ich dort war beim Bett, heimlich. Aber sie sah mich nicht, weil ich mich, als ich merkte, daß sie wieder zu sich kam, hinter den Vorhang zurückzog, damit sie mich nicht bemerken könnte. Es wurde mir klar, daß sie nicht sie selbst war, denn sie schien wie jemand, der träumt, und das war ganz offensichtlich. Und sie hätte mich weggeschickt und hätte nicht auf diese Weise geredet. Und ich berührte sie in der Nähe des Herzens und man konnte einen leeren Raum spüren, und sie blieb dort liegen, offensichtlich ihrer Sinne beraubt. Sie sagte nichts, weil ich vorgab, sie zuzudecken und ihre Bettücher zu ordnen. Ich machte das Zeichen des Kreuzes, und ich tat das immer, obwohl ich keine Angst hatte. Ich sagte nichts darüber, da ich es nicht sah, aber ich wußte, daß es für Gott nicht unmöglich ist, ohne ein Herz zu leben. Sie war drei Tage lang ohne es. Ich war zugegen, als er es zurücktat, und ich glaube, es war die zweite Stunde der Nacht, als sie zu Bett gegangen war. Und ich ging, um zu sehen, ob sie irgend etwas brauche, und sie sagte, ich solle zu Bett gehen, da sie nichts benötige. Ich wollte nicht weggehen und konnte es in der Tat auch gar nicht, denn es war mir, als würde ich festgehalten. Ich wollte gehorchen, da ich aber fühlte, daß ich nicht weggehen konnte, zog ich den Vorhang vor ihrem Bett zu und stellte mich hinter ihn. Und kurz danach hörte ich sie anheben zu sagen: »O welch eine wunderschöne Gesellschaft; oh, wie sie der Reihe nach herbeikommen«; und daß sie es sich um das Bett herum bequem machen sollten. Ich sah sie mit gesenktem Blick, als fürchte sie sich, sie anzusehen, und ich hörte sie sagen: »Schöne junge Frau, sagt mir doch bitte, wie Ihr heißt.« Und sie fragte dies zweimal. Und die Frau antwortete: »Katharina«. Dann fragte sie, was so viele Leute hier wollten: »Wollt Ihr mir das nicht sagen? Ich möchte es wissen, damit ich mich vorbereiten kann.« Und sie sagte: »O mein Bräutigam, bist du gekommen, um mir mein Herz wiederzugeben?« Und sie blieb so, ein Weilchen still. Dann öffnete sie freudig ihre Arme wie Menschen, die sich umarmen möchten, und sagte, »Mein Jesus, zeig es mir nicht, denn ich werde mein Augenlicht verlieren.« Und sie wandte ihren Kopf in die andere Richtung und sagte, daß es so schön sei, daß sie es nicht sehen könne. Und sie fragte ihn, was jene Strahlen zu bedeuten hätten. »Es ist deine Liebesfähigkeit. Und dieser Ring aus Gold ist dein Wille zum Gehorsam. Und es ist genau so, wie ich es wollte.« Und ich hörte sie sagen: »Tu es an den gleichen Ort zurück, von dem du es genommen hast, aber ich möchte mich nicht entblößen, hier im Beisein so vieler Leute.« Und sie zog sich zurück und ließ die Tücher los, ihre Seite entblößend, und ich sah, daß das Mal an ihrer Seite größer und röter war als zu anderen Zeiten. Und ich sah, daß sie sehr glücklich war. Und als er es [das Herz] in sie hineintat, begann ich zu sehen, daß sich das Fleisch erhob, und sie bewegte sich langsam, langsam mit jenen Strahlen davor; und alle Rippen, die ich sehen konnte, wurden emporgehoben. Und als es an dem Platz ankam, wo das Herz hingehört, blieb es stehen. Und sie wandte sich langsam um mit gesenkter Stirn, und das Herz ging an seinen Platz zurück. Aber es war so groß, daß man sehen konnte, es würde nie passen, und es hob ihr Fleisch. Dann bedeckte sie sich wieder, aber bevor sie das tat, berührte ich es, und es fühlte sich so groß und so heiß an, daß meine Hand es nicht aushalten konnte. Und ich hörte, daß sie begann, Gott mit vielen Worten zu danken, an die ich mich nicht mehr erinnern kann, aber von ihnen erinnere ich die folgenden: »O mein Jesus, welches größere Geschenk hättest du mir machen können, als mir dein eigenes Herz zu geben.« Und [sie sagte] viele andere Dinge, jenen Heiligen dankend, aber es wurde mir langsam klar, daß sie wieder zu sich zurückkehren wollte, und ich trat hinter den Vorhang, auf daß sie mich nicht sähe; und als ihre Sinne zurückkehrten, sah sie mich und sagte: »Da bist du; ich dachte nicht, daß du hier wärest.« Und sie war völlig glücklich. Ich fragte sie, ob sie irgend etwas brauche, und dann ging ich schlafen. Als ich dort war, empfand ich keinerlei Furcht, sondern eher Zufriedenheit. Auch fürchtete ich mich nicht, wenn sie angegriffen wurde und solche Schmerzen hatte wie einmal, als ich sie sagen hörte: »Halte mich, denn er möchte mir den Ring anstecken, aber ich möchte das unter gar keinen Umständen.« Und so ging ich, sie zu halten, und ich nahm ihre Hand, und sie schlug um sich, und es sah aus, als würde sie ihre Hände verstümmeln, wenn ich sie nicht festhielte. Und ich hörte sie sagen: »Ich möchte die Braut Christi sein, nicht deine.« Ich sah nie jemanden, nicht einmal die Person, die ihr das Herz zurückgab. Ich sah auch ihr Herz nicht, als es von ihr genommen oder als es zurückgetan wurde. Ich war zugegen, als sie jene Male empfing, denn immer in der Passionszeit um die zweite Stunde, wenn sie zu Bett ging, schien es mir, als ob sie ohnmächtig würde, aber sie blieb eine Weile so und kam dann wieder zu sich. Und ich hörte sie anheben zu sprechen, und sie sagte: »O Herr, ich würde gern leiden bis zum Tode, auf daß du mir deine Gnade gewähren mögest, denn von mir aus vermag ich nichts.« Und sie sagte viele andere Worte, an die ich mich nicht erinnern kann. »Aber mein Jesus, du willst mir diese Male geben, aber ich möchte das nicht tun ohne die Erlaubnis meines geistlichen Vaters.« Und ich sah, wie sie mit ihrem Körper ein Kreuz bildete und so rot wurde wie glühende Kohle, und sie sagte: »Herr, es gibt andere, die besser sind als ich; ich verdiene dies nicht, denn ich bin eine Sünderin.« Und ich konnte sehen, daß sie solche Schmerzen in ihren Händen, Füßen und in ihrer Seite litt, und nachdem sie eine kleine Weile so geblieben war, bat sie, daß ich sie bei den Armen aufhöbe, da sie das selber nicht konnte. Und ich hob sie auf und sah, daß sie einige rote Male wie kleine Rosetten an den Händen, Füßen und an der Seite hatte. Und sie hatte ein tiefes, rotes Band um den Kopf, aber es war blutlos. Und dann verließ ich sie, aber auf jeden Fall war ich da und gab vor, sie nicht weiter zu beachten. Ich sah abends niemanden zu ihr treten. Den Abend davor hatte sie zum letzten Mal Schmerzen, und sie sagte, daß es die schlimmsten waren, die sie je gehabt hatte. Und in derselben Nacht, da sie die Male empfing, mußte ich ihr helfen, weil sie das Gefühl hatte, als sei ein Speer in ihrer Seite, der sie ganz und gar durchbohrte. Und das dauerte eine Viertelstunde, und danach hieß sie mich gehen, damit ich weniger Last hätte. Die Male kamen etwa eine Viertelstunde später, und es wurde ihr aufgetragen, niemanden etwas von dem zu sagen, was sie gesehen oder gehört hatte.

Benedetta sagt in Beantwortung [von Fragen]: Jesus erschien vor mir mit einem gezogenen Schwert, und ich sagte das niemandem, ich kann mich jedoch nicht genau an den Tag erinnern, aber es scheint mir, daß es im letzten Juni war, als ich meine Morgengebete sprach. Und es schien mir, daß ich Jesus in all seiner Majestät sah, aber erzürnt, und er sagte zu mir, daß er niemanden in dieser Stadt finde, die es so nötig habe, der ihn um Barmherzigkeit bitten wolle. Und ich sagte zu ihm, daß, wenn er niemanden fände, ich diejenige sein wolle, und wenn es notwendig sein sollte, würde ich im Fegefeuer bleiben bis zum Jüngsten Gericht, unter der Voraussetzung, daß ich gut gewesen sei. Und ich dachte, er sagte, daß ich ihn weiter lieben solle. Und deshalb wollte ich seinen Zorn beschwichtigen. Und während er sprach, merkte ich, was er über eine Strafe sagen wollte. Und ich dachte, er spräche von einer Bestrafung mit der Pest, wenn er nicht durch Gebete versöhnt würde. Und er wollte, daß Prozessionen abgehalten würden, mit seinem Bild an der Spitze. Und so glaubte ich, daß er zu mir sagte, ich solle immer für ihn beten, daß das notwendig sei. Ich organisierte die Prozession mit Hilfe des Beichtigers. Als ich ihn zum ersten Mal sah, fürchtete ich mich, das ging aber plötzlich vorbei. Ich war sicher, daß es Jesus war, sah ich ihn doch in all seiner Herrlichkeit. Er hatte ein Schwert in der Hand, und es schien mir, daß es blutig war. Es schien so, als ob er begleitet war von ich weiß nicht wie vielen Engeln, aber ich erinnere mich daran nicht sehr gut. Ich versuchte in meinem Inneren nicht zu glauben, daß es zur Bestrafung war, aber ich konnte nicht umhin, es zu glauben. Ich fühlte nichtsdestoweniger einen wachsenden Wunsch in mir zu beten, aber was den Rest anbetrifft [hier folgt eine unleserliche Stelle]. Es schien mir, als zeigte er eine große Zufriedenheit, als ich anfing, für die Menschen dieser Stadt zu ihm zu beten, und [er meinte] daß ich fortfahren solle. Ich war da nicht bei Sinnen, weil ich die anderen nicht beim Beten sehen konnte. Zuerst dachte ich an nichts anderes als die übliche Meditation über Jesus, als er an die Säule gebunden war. Ich erinnere mich, daß eines Morgens, als ich allein beim Gebet vor der Madonna war, weil ich später aufgestanden war als die anderen, ich aufschaute und sah, daß sie auf den kleinen Altar gefallen war. Und sie hatte ihr Gesicht außerhalb des Altars, und ich begann zu schreien. Ich rief die Oberin und sie lief hin und richtete sie wieder auf. Zuerst, soweit ich mich erinnern kann, sah ich sie nicht an, und einen Augenblick später sah ich, daß sie umgefallen war. Am Abend war die Lesung darüber gewesen, wie die Madonna im Tempel war und die Tugenden lernte. Und weil es daheim niemanden gab, der mich hätte lesen lehren können, und ich den großen Wunsch hatte, es zu lernen, betete ich zur Madonna, daß sie mich unterweisen solle. Als ich von zu Hause fortging, um nach Pescia zu gehen, sagte meine Mutter zu mir: »Verlasse mich, die ich deine Mutter bin;

ich will, daß du dir die Mutter Gottes zur Mutter erwählst, denn ich habe gehört, daß jene Mädchen eine Madonna haben. Ich möchte, daß du dich in allem, was dir fehlt, an sie wendest, wie du dich an mich wenden würdest.« Und als ich zu dem Haus kam, sagte ich zu jener Madonna, daß ich sie zur Mutter haben wolle, und das tat ich und [sie sagte mir?] viele andere Dinge, die ich tun sollte, die ich aber nicht tat. Und die Male wurden wie üblich geprüft und der Ring, in eben der Art wie oben.

Auszüge aus dem »Bericht über einen Besuch bei den Theatinerinnen, auch als Heilige Maria von Pescia bekannt«

Schwester Benedetta Carlini sagte in einer ihrer Ekstasen, daß Jesus, als er ihr das Herz genommen habe, seinen Ärmel bis zur Mitte des Armes hochgeschoben habe, und als er das Herz zurückgetan habe, habe er es durch ihre Seite getan und es zwischen ihrer Haut und dem Fleisch auf ihrer Brust hindurchgehen lassen, bis es an seinen Platz gelangt sei, und es habe ihre Brust gewölbt wie ein kleines Brot, als es dahin gegangen sei. Das wird von zwei Nonnen bestätigt, von denen eine sagt, daß sie anwesend gewesen sei und das Herz gesehen habe, als es wieder an seinem Platz gewesen sei ungefähr zwei Zentimeter tief darin, und die wie ein kleines Brot aussehende Wölbung auf ihrer Brust. Und beide bestätigen, daß er, als er kam, um das Herz zurückzubringen, gesagt habe, sie solle sich entblößen, und weil sie geantwortet habe, daß sie sich schäme, hinzugesetzt habe: »Wo ich bin, da gibt es keine Scham.« Das habe sie in Ekstase gesagt.

Einer ihrer Engel sagte in einer ihrer Ekstasen, daß der ewige Gott, da er sie zu seiner Braut erkoren habe, als sie hier herauf [zum neuen Kloster] zu kommen im Begriff war, allen Engeln der Pesciatiner befohlen habe, Blumen auf die Straßen zu streuen, die sie entlanggehen werde, und daß sie sie begrüßen sollten, und daß sie in der Ekstase nicht nur die auf die Straße gestreuten Blumen gesehen habe, sondern auch alle die Engel, die sich vor ihr verneigten. Zwei Nonnen bestätigen, was sie in Ekstase sagte, aber sie gestehen, daß sie keine Blumen auf irgendeiner der Straßen gesehen hätten.

Sie sagte in Ekstase, daß Gott ihr die Macht geschenkt habe, sofort zu verstehen, was Leute sagen wollten, sobald sie nur das erste Wort geäußert hätten. Er habe ihr auch die Macht geschenkt, in das Herz der Menschen zu sehen. Dies wurde von nur einer Nonne bestätigt.

Während sie in Ekstase war, offenbarte sie, daß die Seelen einiger Menschen ins Paradies gegangen waren, und sie nannte einige mit Namen. Zwei [Nonnen] sagen dies aus. Und die erste Nonne fügt hinzu, daß eine dieser Seelen das Recht erhalten habe, immer bei ihr [Benedetta] zu sein, und durch Benedetta sprechend, beklagt habe, daß sie Benedetta nicht gekannt oder gesehen habe, als sie noch am Leben gewesen sei.

Des weiteren offenbarte sie in Ekstase, daß einige Seelen ins Fegefeuer gegangen waren, und sie gab genau die Zeit an, die sie dort verbracht hatten, bevor sie ins Paradies eingingen. Dies sagte eine Nonne aus.

Sie sagte auch in Ekstase, daß sie von Gott die Gnade empfangen habe, den Seelen beizustehen, die dem Tode nahe seien, und daß sie viele aus dem Fegefeuer geholt habe. Und eines Morgens, ebenfalls in Ekstase, habe sie gezeigt, wie sie viele von dort hole, indem sie ihre Hände bewegte, als wenn sie sie nähme und den Engeln befähle, daß sie sie ins Paradies tragen sollten. Sie bekräftigte, daß sie dieses Vorrecht von Gott wegen ihres neuen Herzens erhalten habe, und fügte hinzu, daß sie ihren Segen jenen Seelen spende, die ihre Buße noch nicht vollendet hätten, und diese darob große Zufriedenheit und Trost empfänden, weil sie an ihren Händen die Wunden Jesu Christi habe.

Am Morgen Johannes' des Täufers gab sie, während sie in Trance war, jeder Nonne einen Engel bei, zusätzlich zu ihren

Schutzengeln, und sagte ihnen die Namen und zu welcher Ordnung die Engel gehörten, was alles auf einem Stück Papier geschrieben steht. Und das bestätigen alle Nonnen. Sowohl sie als auch ihre Gefährtin hätten jede drei Engel, wie sie selbst aussagen.

Benedettas Engel predigten zwei Passionszeiten lang über das Evangelium für die Messe des Tages, während sich die anderen Nonnen geißelten. Sie ermahnten die Nonnen zur Tugend und vor allem anderen zu Gehorsam, Armut und Keuschheit. Alle sagen dies, und sie bestätigen, daß ihre Engel sich untereinander »Signore« nannten und daß sie an den verschiedenen Dialekten erkennbar seien, die sie sprächen – einer in ihrer Muttersprache, einer im Dialekt von Florenz und einer im Dialekt von Lucca.

Sie wurde von zwei Nonnen gesehen, wie sie zu verschiedenen Zeiten ihre Wunden mit einer großen Nadel erneuerte, wie diese selbst aussagen. Und drei andere Nonnen sagen aus, daß sie beobachtet hätten, daß ihre Wunden manchmal sehr klein erschienen und fast trocken und später, wenn sie sich eine Zeitlang in ihrem Studierzimmer eingeschlossen habe, frisch aussähen, als wenn sie erst kürzlich gemacht worden seien.

Zwei Nonnen sagen aus, daß wenn ihr Haar gewaschen würde, keine Male zu sehen seien, und daß ihr Kopf sauber bleibe. Eine dieser Nonnen wäscht ihr immer die Haare und bestätigt, daß sie sie eingeschlossen in ihrem Studierzimmer vor einem Spiegel gesehen habe, wo sie mit einer großen Nadel Blut von ihrer Wunde genommen und auf ihren Kopf getan habe. Und zwei Nonnen sagen aus, daß sie bemerkt hätten, daß da keine sichtbaren Male auf ihrem Kopf gewesen seien und keine verletzte Haut, außer am Anfang.

Drei Nonnen berichten, daß sie nicht nur durch das Haus gehe, sondern auch laufe, als wenn ihren Füßen nichts fehle. Eine dieser Nonnen sah sie einmal von einem kleinen Tisch hinunterspringen und hörte sie sagen: »Wer mich herabspringen sah, würde sagen, daß ich keine Schmerzen an den Füßen habe.« Eine andere Nonne, die an der Reihe war, die Wunden an ihren Füßen zu waschen, sah diese nie und fand da auch kein Blut.

Viele Male bemerkten drei Nonnen, daß die beiden Finger neben dem Ringfinger dieselbe Farbe hatten wie der Ring, wo sich die Finger berührten. Viele Male war die Farbe des Ringes verblaßt, so daß er fast unsichtbar war, und nachdem sie sich eine Weile in ihrem Studierzimmer eingeschlossen hatte, war die Farbe leuchtend. Und eine von diesen Nonnen, die den Verdacht hatte, daß sie den Ring mit Safran machte, schaute sich bei ihr um und fand schließlich in ihrem Pult eine kleine Messingdose, in der etwas verdünnter Safran war. Eine andere Nonne beobachtete, daß jene kleinen Steine, die auf dem Ring sind in Form eines Kreuzes, manchmal zerbrochen und manchmal ganz gewesen seien, so daß sie argwöhnisch ist, wie es die andere Nonne war.

Fast alle Nonnen sagen, daß sie zweimal Gold auf den Wunden an ihren Händen gesehen hätten, und besonders am Morgen der Auferstehung, aber zwei sagen, daß vor [diesen Ereignissen] sie sich eine Zeitlang in ihrem Studierzimmer eingeschlossen habe. Eine dieser Nonnen fügte hinzu, daß, während die anderen sich im Chor vorbereitet hätten, Benedetta einige Zeit gebraucht habe, um herunterzukommen, und stets ihre Hände unter dem Gewand gehalten und sie erst hervorgezogen habe, nachdem sie die Sakramente erhalten habe. Dieses Gold war Rauschgold. Eine andere Nonne sah in ihrem Studierzimmer dünne goldene Bogen, die übriggeblieben waren, als einige Dinge im Chor vergoldet worden waren.

Fünf Nonnen sagen, daß sie einen anderen Ring gesehen hätten, einen gelben mit einem roten Stein, auf dem Zeigefinger ihrer rechten Hand. Aber eine Nonne sagt, daß auch der Ring rot gewesen sei, und drei andere sagen, daß sie einen weiteren Ring, der ganz gelb gewesen sei und ohne Stein, auf ihrem Mittelfinger gesehen hätten. Und zwei von diesen argwöhnten, daß sie selbst den Ring mit Safran gemacht habe und den Stein mit Blut von ihrer Wunde. [...]

Fast alle Nonnen sagen, daß sie ein ganzes Jahr lang, während sie Äbtissin war, ihre Tage am Gitter zugebracht und mit einem Priester geredet und gelacht habe, was großes Aufsehen und Erstaunen bei den Laien und den Nonnen hervorgerufen habe. Und zu diesem Zweck habe sie auch oft die Vespergottesdienste verlassen. Eine Nonne fügt hinzu, daß sie sie im Verlauf des Winters mit jenem Priester an dem kleinen Kommunionsfenster gesehen habe, bis drei Uhr nachts und mindestens zwei- oder dreimal die Woche, und sie hätten einander die Hände gehalten und geküßt. Und sie habe dies viele Male an der Pforte des Klosters getan, während sie aufrecht gestanden und er gekniet habe. Eine andere Nonne bestätigt, sie drei- oder viermal an dem kleinen Fenster gesehen zu haben. Und sie war von einer Nonne viele Male mit einem anderen Priester an eben jenem Fenster gesehen worden. Einmal, als diese Nonne gezwungen war, dort zu bleiben, während Benedetta etwas erledigen gegangen war, habe dieser Priester sie gebeten, ihre Hand hinauszustrecken, und als sie sich geweigert habe, habe er seine hereinstrecken wollen, aber sie habe das Fenster noch gerade rechtzeitig geschlossen. Eine andere Nonne bekräftigt, daß bei einer anderen Gelegenheit der erste Priester auf den Altar emporgestiegen sei und durch das offene Gitter, das dazu dient, das heilige Sakrament zu sehen, in den Chor gespäht habe, um zu sehen, wer dort wäre. Diese Nonne schlug das Gitter vor seiner Nase zu. [...]

Zwei aufeinanderfolgende Jahre lang, zwei- oder dreimal die Woche abends, nachdem sie sich entkleidet hatte und zu Bett gegangen war, wartete sie darauf, bis ihre Gefährtin, die ihr diente, sich ebenfalls ausgezogen hatte, und dann zwang sie sie ins Bett und küßte sie, als wenn sie ein Mann wäre, und bewegte sich auf ihr so heftig, daß sie sich beide selber entehrten, weil sie sie gewaltsam festhielt, manchmal eine, manchmal zwei, manchmal drei Stunden lang. Und [sie tat diese Dinge] während der feierlichsten Stundengebete vor allem am Morgen, bei Tagesanbruch. Vorgebend, daß sie etwas brauche, rief sie sie, und indem sie sie gewaltsam nahm, sündigte sie mit ihr, wie oben gesagt wurde. Benedetta tat, um größeres Vergnügen zu haben, ihr Gesicht zwischen die Brüste der anderen und küßte sie und wollte immer so auf ihr sein. Und sechs- oder achtmal, wenn die andere Nonne nicht mit ihr schlafen wollte, um die Sünde zu vermeiden, ging Benedetta zu ihrem Bett und bestieg sie und sündigte gewaltsam mit ihr. Ebenfalls zu dieser Zeit, während des Tages, gab sie vor, krank zu sein, und ergriff, während sie zeigte, daß sie etwas brauche, gewaltsam die Hand ihrer Gefährtin und tat sie unter sich und befahl ihr, ihren Finger in ihre Genitalien zu stecken, und hielt ihn dort fest und bewegte sich so heftig, daß sie sich selbst entehrte. Und sie küßte sie und tat gewaltsam ihre Hand unter ihre Gefährtin und ihren Finger in ihre Genitalien und entehrte sie. Und wenn die letztere entfloh, tat sie das an sich mit ihren eigenen Händen. Viele Male schloß sie ihre Gefährtin in ihrem Studierzimmer ein und, indem sie sie vor sich niedersitzen ließ, tat sie gewaltsam ihre Hände unter sie und entehrte sie; sie wollte, daß ihre Gefährtin gleiches an ihr tue, und während jene das tat, küßte sie sie. Sie schien immer in Trance zu sein, wenn sie dies tat. Ihr Engel Splenditello tat diese Dinge, als Junge von acht oder neun Jahren erscheinend. Dieser Engel Splenditello lehrte durch den Mund und die Hände Benedettas ihre Gefährtin lesen und schreiben, indem sie sie nahe bei sich knien ließ und sie küßte und ihre Hände auf ihre Brüste legte. Und beim ersten Mal ließ sie sie alle Buchstaben auswendig lernen; beim zweiten Mal ließ sie sie eine ganze Seite lesen; am zweiten Tag ließ sie sie das kleine Büchlein der Madonna nehmen und daraus lesen; die beiden anderen Engel Benedettas hörten der Lektion zu und sahen das Geschriebene.

Dieser Splenditello nannte sie seine Geliebte; er bat sie zu schwören, daß sie immer seine Geliebte sein werde, und versprach, daß er nach Benedettas Tod immer bei ihr sein und sich ihr sichtbar machen wolle. Er sagte: »Ich möchte, daß du mir versprichst, diese Dinge nicht zu beichten, die wir zusammen tun, ich versichere dir, daß darin keine Sünde ist«; und während wir diese Dinge taten, sagte er viele Male: »Gib dich mir mit deinem ganzen Herzen und deiner ganzen Seele, und dann laß mich tun, was ich möchte.« Bei anderen Malen sagte er, wenn ich doch ein Mann wäre, und machte immer neue Versprechungen.

Dieser gleiche Engel machte, daß sich weder Benedetta noch ihre Gefährtin an den üblichen [geistlichen] Exerzitien beteiligten, die die Nonnen vor der Generalbeichte auf sich nahmen. Er machte das Zeichen des Kreuzes über dem ganzen Körper seiner Gefährtin, nachdem er viele unsittliche Handlungen mit ihr begangen hatte; [er sagte auch] viele Worte, die sie nicht verstehen konnte, und als sie ihn fragte, warum er das tue, sagte er, daß das alles ihr zuliebe geschehe. Jesus sprach zu ihrer Gefährtin [durch Benedetta] dreimal; zweimal, bevor sie diese unanständigen Dinge taten. Das erste Mal sagte er, daß er sie zur Braut haben wolle und er es zufrieden sei, wenn sie ihm ihre Hand gebe, und sie tat dies, weil sie dachte, es wäre Jesus. Das zweite Mal geschah es im Chor beim Vierzigstundengebet, da hielt er ihre Hände zusammen und sagte ihr, daß er ihr alle Sünden vergebe. Das dritte Mal geschah es, nachdem sie von den Vorgängen verwirrt war, und er sagte ihr, daß überhaupt keine Sünde in allem sei und daß Benedetta, während sie diese Dinge tue, sich ihrer nicht bewußt sei. Alle diese Missetaten gestand ihre Gefährtin mit sehr großer Scham.

Benedetta ist die sauberste aller Nonnen, so daß nicht nur die Nonnen, sondern auch Laien erstaunt sind, da doch der heilige Franziskus, die heilige Katharina von Siena und andere Heilige die Sauberkeit geringschätzten. Und während sie in Ekstase war, entschuldigte sie ihr Engel deswegen und sagte, daß diese anderen Heiligen auch nicht die Hüter gehabt hätten, die sie hatte.

Anmerkungen

Einleitung

1 Archivio di Stato, Florenz (im folgenden abgekürzt: ASF), *Miscellania Medicea*, busta 376, inserto 28; im folgenden abgekürzt: Misc. Med. 376 (28).

2 Vgl. das Gedicht von Andrew Marvell »Upon Appleton House« (um die Mitte des 17. Jh.s) und Denis Diderots *La religieuse* (dt. *Die Nonne*; um 1760).

3 Die Ursprünge zeitgenössischer Einstellungen finden sich zusammenfassend dargestellt bei Ian Maclean, *The Renaissance Notion of Woman: A Study in the Fortunes of Scholasticism and Medieval Science in European Intellectual Life*, Cambridge 1980.

4 Jakob Sprenger / Heinrich Institoris, *Malleus Maleficarum (Der Hexenhammer)* II,2,2. Erstmals 1486 veröffentlicht, wurde das Werk schnell zur maßgebenden Abhandlung über die Hexerei. Siehe dazu auch H. C. Erik Midelfort, *Witch-hunting in Southwestern Germany, 1562–1684*, Stanford 1972, S. 105 f.

5 Die Tatsache, daß in jüngerer Vergangenheit ausgedehnte Untersuchungen von Archivmaterial durch Forscher wie Carlo Ginzburg, Patricia Labalme, E. William Monter und Guido Ruggiero fast keine Fälle lesbischer Sexualität zutage gefördert haben, stützt die Annahme, daß dieser Vorwurf weitgehend ignoriert wurde.

Zur Geschichte der Behandlung von Fällen lesbischer Sexualität vgl. insbesondere Louis Crompton, »The Myth of Lesbian Impunity: Capital Laws from 1270 to 1791«, in: *Journal of Homosexuality* 6 (1980/81) S. 17; E. William Monter, »La sodomie a l'epoque moderne en Suisse romande«, in: *Annales E. S. C.* 29 (1974) S. 1029 f.; Mary Elizabeth Perry, *Crime and Society in Early Modern Seville*, Hanover 1982; L. S. A. M. von Romer, »Der Uranismus in den Niederlanden bis zum 19. Jahrhundert, mit besonderer Berücksichtigung der großen Uranierverfolgung im Jahre 1730«, in: *Jahrbuch für sexuelle Zwischenstufen* 8 (1906) S. 365–512.

6 Ambrosius, *Commentarii in omnes Pauli epistolas*, zur Stelle. Zu der auf den folgenden Seiten zusammengefaßten Diskussion der Einstel-

lung zu sexuellen Beziehungen zwischen Frauen vgl. besonders: Derrick S. Bailey, *Homosexuality and the Western Christian Tradition*, London 1955, Nachdr. Hamden (Conn.) 1975; Michael Goodich, »Sodomy in Medieval Secular Law«, in: *Journal of Homosexuality* 1 (1976) H. 3, S. 295–302; John Boswell, *Christianity, Social Tolerance, and Homosexuality: Gay People in Western Europe from the Beginning of the Christian Era to the Fourteenth Century*, Chicago 1980; und Crompton (s. Anm. 5).

7 Johannes Chrysostomos, *Homiliae in epistolam S. Pauli ad Romanos*, zur Stelle.

8 Anselm von Canterbury, *Ennarationes in S. Pauli epistolas*, zur Stelle.

9 Peter Abälard, *Commentaria in epistolam S. Pauli ad Romanos*, zur Stelle.

10 Bußbuch des Theodor von Tarsus, in: *Medieval Handbooks of Penance*, hrsg. von John McNeill und Helena M. Gammer, New York 1938, S. 185; Beda Venerabilis, *De Remediis peccatorum*, in: *Patrologiae cursus completus. Series latina*, hrsg. von Jacques-Paul Migne, Bd. 94, Paris 1862, S. 569 f.; Bußbuch Papst Gregors III., in: *Sacrorum conciliorum nova et amplissima collectio*, hrsg. von Giovanni Domenico Mansi, Bd. 12, Graz 1960, S. 293, 295.

11 Thomas von Aquin, *Summa theologiae* II–II,154,11 f.

12 Siehe das Stichwort »luxuria« in: Sylvestro Prierias Mazzolini, *Summa summarum, quae Sylvestrina dicitur*, Bologna 1515; Jean Gerson, *De septem vitiis capitalibus*, in: J. G., *Opera omnia*, hrsg. von Louis-Ellies Dupin, Bd. 1, Antwerpen 1706, S. 345 f.

13 Antoninus, *Confessionale »Omnis mortalium cura«*, Florenz 1490, S. 80; Karl Borromäus, *Poenitentiale Mediolanense*, in: F. W. H. Wasserschleben, *Die Bußordnungen der abendländischen Kirche*, Halle 1851, Nachdr. Graz 1958, S. 722 f.

14 Vgl. Augustinus, Brief 211.

15 Das Gedicht findet sich vollständig abgedruckt bei Boswell (s. Anm. 6), S. 220 f.

16 Cino da Pistoia, *In Codicem commentarii*, Bd. 2, Frankfurt a. M. 1578, Neudr. Turin 1964, S. 546 A; vgl. auch Crompton (s. Anm. 5), S. 15 f.

17 Ebd., S. 18.

18 Vgl. Boswell (s. Anm. 6), S. 158.

19 Vgl. hierzu vor allem Boswell (s. Anm. 6); die meisten der von ihm in seiner wahrhaft enzyklopädischen Untersuchung zitierten Quellen erwähnen keine Frauen.

20 Peter Damianus, *Liber Gommorrhianus*, in: *Patrologiae cursus completus* (s. Anm. 10), Bd. 145, Paris 1867, S. 159–190.

21 Auch Bernhardin von Siena (1380–1444) könnte gegen sodomitische Praktiken von Frauen gepredigt haben, allerdings drückt er sich nicht

sehr klar aus. Vgl. dazu die Sammlungen seiner Volkspredigten: *Le prediche volgari*, hrsg. von Piero Bargellini, Mailand 1936, und hrsg. von Ciro Cannarozzi, Florenz 1958.

22 Dante Alighieri, *Die Göttliche Komödie*, »Hölle« XV,106–108 (Übers.: Wilhelm G. Hertz).

23 »In Luft und Erd' und Meer ward nie gefunden / So grimmes Weh, wie das durch dich mich fand, / Damit an meinem Unglück werd' empfunden / Die höchste Macht von deiner starken Hand« (Ludovico Ariosto, *Der rasende Roland* XXV,36; Übers.: Alfons Kissner).

24 Agnolo Firenzuola, *I Ragionamenti amorosi*, in: A. F., *Opere*, hrsg. von Delmo Maestri, Turin 1977, S. 97.

25 Pierre de Bourdeille, Seigneur de Brantôme, *Das Leben der galanten Damen*, übers. von Georg Harsdoerffer, Bd. 1, Frankfurt a. M. 1981, S. 162, 167.

26 Ebd., S. 163.

27 Ebd., S. 167.

28 Ebd., S. 161.

29 Augustinus, *Contra mendacium* 7,10.

30 Vgl. hierzu die nützliche Zusammenfassung bei Maclean (s. Anm. 3), S. 35–38. Vgl. auch Steven Greenblatt, »Fiction and Friction«, in: Thomas M. Heller / M. Sosna / David E. Wellberry (Hrsg.), *Reconstructing Individualism*, Stanford 1985.

31 Bußbuch des Theodor von Tarsus (s. Anm. 10), S. 185.

32 Bußbuch Papst Gregors III. (s. Anm. 10), S. 293, 295.

33 Karl Borromäus belegt Männer für die »Selbstentehrung« nur mit einer Buße von zehn bis dreißig Tagen: *Poenitentiale Mediolanense* (s. Anm. 13), S. 722 f.

34 Was genau darunter zu verstehen ist, ist nicht eindeutig geklärt. Vgl. dazu Bailey (s. Anm. 6), S. 142; Boswell (s. Anm. 6), S. 290; Crompton (s. Anm. 5), S. 13.

35 Vgl. dazu Crompton (s. Anm. 5), S. 13.

36 Die Verbindung zwischen Häresie und Homosexualität mag auf die negative Einstellung zur Fortpflanzung zurückgehen, die viele häretische Gruppierungen wie etwa die Albigenser hatten. Vgl. zu diesem Fragenkomplex: Arlo Karlen, »The Homosexual Heresy«, in: *Chaucer Review* 6 (1971) H. 1, S. 44–63; Vern L. Bullough, »Heresy, Witchcraft, and Sexuality«, in: V. L. B. / James Brundage (Hrsg.), *Sexual Practices and the Medieval Church*, Buffalo (N. Y.) 1982, S. 206–217.

37 Vgl. hierzu auch E. William Monter, *Ritual, Myth and Magic in Early Modern Europe*, Athens (O.) 1983, S. 116 f.; Perry (s. Anm. 5), S. 72.

38 Vgl. Crompton (s. Anm. 5), S. 18.

39 Vgl. ebd.

40 *Las siete partidas del sabio rey Don Alonso el Nono, nuevamente glosadas por el licenciado Gregorio Lopez*, Bd. 3, Madrid 1830, S. 178.
41 Antonio Gomez, *Ad leges Tauri commentarius* 80,34; vgl. Crompton (s. Anm. 5), S. 19.
42 Prospero Farinacci, *De delictis carnis* 148,16.
43 Vgl. Augustinus, *De bono coniugali*, Abschn. 11. Im 15. Jh. berief man sich bezüglich der heterosexuellen Sodomie bei verheirateten Paaren gern auf den hl. Augustinus; so auch der Erzbischof von Florenz, der hl. Antoninus (s. Anm. 13), S. 80.
44 Augustinus, Brief 211.
45 Bußbuch des Theodor von Tarsus (s. Anm. 10), S. 185.
46 Bußbuch Papst Gregors III. (s. Anm. 10), S. 293, 295. Eine andere Interpretation der Kategorien Gregors findet sich bei Boswell (s. Anm. 6), S. 180.
47 Albertus Magnus, *Summa theologiae* II,18,122.
48 Thomas von Aquin, *Summa theologiae* II–II,93.94.
49 Antoninus (s. Anm. 13), S. 80.
50 Karl Borromäus, *Poenitentiale Mediolanense* (s. Anm. 13), S. 722f.
51 Vincenzo Filliucci, *Moralium quaestorum*, zit. nach: Lodovico Maria Sinistrari, *De sodomia*, Abschn. 8. Ursprünglich 1700 in Rom als Teil eines umfangreicheren Werkes, *De delictis et poenis*, veröffentlicht, erschien Sinistraris Schrift in der Folgezeit in vielen Ausgaben und wurde in etliche Sprachen übersetzt.
52 Vgl. Lodovico Maria Sinistrari, *De sodomia*, Abschn. 39.
53 Ebd., Abschn. 1.
54 In dem vorliegenden Buch benutze ich aus Gründen der Zweckmäßigkeit die Begriffe »lesbische Sexualität« und »lesbische Nonne« zur Beschreibung von Handlungen und Personen, die man heute als »lesbisch« bezeichnen würde. Man muß sich jedoch der Begrenztheit dieser Begriffe ebenso bewußt sein wie der Tatsache, daß sie aus vielerlei Gründen nicht vor dem 19. Jh. benutzt wurden und werden konnten, weil erst da ein neues Denken über die Frau und die Sexualität der Frau zu entstehen begann. Zur historischen »Relativität« des Begriffes »lesbisch« vgl. insbesondere George Chauncey, »From Sexual Inversion to Homosexuality: Medicine and the Changing Conceptualization of Female Deviance«, In: *Salmagundi* 58/59 (1982/83) S. 115–146; Adrienne Rich, »Zwangsheterosexualität und lesbische Identität«, in: Audre Lorde / A. R.: *Macht und Sinnlichkeit. Ausgewählte Texte*, übers. von Renate Stendhal, hrsg. von Dagmar Schultz, Berlin 1983, S. 138–169; Anne Ferguson, »Patriarchy, Sexual Identity, and the Sexual Revolution«, in: *Signs. Journal of Women in Culture and Society* 7 (1981) H. 1, S. 158–166. Zu der entsprechenden Diskussion im Zusammenhang mit der männlichen Homosexualität vgl. Jeffrey

Weeks, *Coming Out: Homosexual Politics in Britain from the Nineteenth Century to the Present*, London 1977; Michel Foucault, *Sexualität und Wahrheit*, Bd. 1: *Der Wille zum Wissen*, übers. von Ulrich Rauf und Walter Seitter, Frankfurt a. M. 1977; John Boswell, »Towards the Long View: Revolutions, Universals and Sexual Categories«, in: *Salmagundi* 58/59 (1982/83) S. 89–113; Guido Ruggiero, *The Boundaries of Eros: Sex Crime and Sexuality in Renaissance Venice*, Oxford 1985. Eine nützliche Zusammenfassung der kontroversen Standpunkte findet sich bei Stephen Murray / Kent Gerard, »Renaissance of Sodomite Subcultures?«, in: *Among Men, Among Women: Sociological and Historical Recognition of Homosocial Arrangements*, hrsg. von Mattias Duyves [u. a.], Amsterdam 1983.

55 Die Wiederentdeckung der Sappho und ihrer Dichtung um die Mitte des 16. Jh.s führte nicht unmittelbar zur Anwendung des Begriffes »lesbisch« auf Frauen. Viel eher war es so, daß die Zeitgenossen Schwierigkeiten hatten, die sexuellen Vorlieben einer Dichterin von so offensichtlicher Bedeutung zu akzeptieren, und so wurden sporadisch Versuche unternommen, sie heterosexuell zu interpretieren. Vgl. dazu François Rigolot, »Louise Labé et la redécouverte de Sappho«, in: *Nouvelle revue du seizième siècle* 1 (1983) S. 19–31; Marie-Jo Bonnet, *Un choix sans équivoque: Recherches historiques sur les relations amoureuses entre les femmes, XVI–XXe siècle*, Paris 1981, S. 21–67.

56 Lodovico Maria Sinistrari, *De sodomia*, Abschn. 7.

57 Ebd., Abschn. 13, 15–17, 21 f. Als Beweis für den physiologischen Unterschied zwischen Frauen aus dem Westen und solchen aus nichtwestlichen Regionen verwies Sinistrari auf die Beschneidung der Klitoris bei jungen Frauen, die im Nahen Osten allgemein üblich sei.

58 Ebd., Abschn. 29, 50.

59 Ebd., Abschn. 23.

60 *La siete partidas* (s. Anm. 40); Jean Gerson, *Confessional ou Directoire des confesseurs* (ohne Jahr, spätes 15. Jh.); Palémon Glorieux bezweifelt, daß dies Werk von Gerson ist, aber für unsere Zwecke entscheidend ist, daß die Leser der Renaissance es Gerson zuschrieben. Siehe J. Gerson, *Œuvres complètes*, hrsg. von P. Glorieux, Bd. 1, Paris 1960, S. 85.

61 Zit. nach: Monter (s. Anm. 5), S. 1029.

62 Noch im 19. Jh. weigerten sich – allerdings aus anderen Gründen – die Autoritäten im Bereich der Rechtsprechung, an die Möglichkeit sexueller Beziehungen zwischen Frauen zu glauben. (Vgl. hierzu z. B. Lillian Faderman, *Scotch Verdict*, New York 1983.) Aber selbst in unserem Jahrhundert hat, wie auch Louis Crompton (s. Anm. 5) beklagt (S. 11), die lesbische Sexualität keineswegs die Aufmerksamkeit gefunden, die sie verdient.

Kap. 1: Die Familie

1 Vgl. dazu *Canones et decreta concilii Tridentini*, 25. Sitzung, Kap. 18. Das Konzil legte zudem das Mindestalter für die Beichte auf sechzehn fest – ein Mädchen galt dann wohl als alt genug, eine überlegte und freie Entscheidung treffen zu können.
2 Archivio di Stato, Pisa (Staatsarchiv, Pisa; im folgenden abgekürzt: ASP), *Corporazioni Religiose*, 924, S. Domenico di Pescia, inserto 1; im folgenden abgekürzt: *Corp. Rel.* 924 (1). Leider ist der erste Teil des Tagebuchs verlorengegangen, weshalb uns der Name der Nonne nicht bekannt ist, die es schrieb.
3 Arcangela Tarabottis *L'inferno monacale* blieb unveröffentlicht. Ihr *Tirannia paterna* erschien in ihrem Todesjahr unter dem Titel *La semplicità ingannata*. Vgl. hierzu Ginerva Conti Odorisio (Hrsg.), *Donna e società nel Seicento*, Rom 1979, S. 199–214.
4 ASF, *Decima Graduale*, 7135, S. 1–6. Für 1602 geben die Steuerunterlagen Giulianos dreißig Stück Land im Wert von 839 Scudi an. Der größte Grundbesitzer war sein Schwiegervater Antonio di Piero di Martino Pieri, der 45 Parzellen Land im Wert von 1520 Scudi besaß.
5 Seinen Schwager Domenico Antonio Pieri erwähnt Giuliano in seinem Testament, das am 7. November 1620 niedergelegt wurde. ASP, *Corp. Rel.* 924 (1).
6 Ebd.
7 Zit. nach: James Bruce Ross, »Das Bürgerkind in den italienischen Stadtkulturen zwischen dem vierzehnten und dem frühen sechzehnten Jahrhundert«, übers. von Reinhard Kaiser, in: Lloyd de Mause (Hrsg.), *Hört ihr die Kinder weinen? Eine psychogenetische Geschichte der Kindheit*, übers. von Ute Auhagen [u. a.], Frankfurt a. M. 1977, S. 266. Da sich die Eltern der Gefahren bewußt waren, denen ein Säugling ausgesetzt war, wenn er zu einer Amme fortgegeben wurde, könnte sich dies – vor allem im Falle kleiner Mädchen – als zu einer verdeckten Form des Kindesmords geeignet erwiesen haben. Vgl. dazu u. a. Richard C. Trexler, »Infanticide in Florence: New Sources and First Results«, in: *History of Childhood Quarterly* 1 (1973) S. 96–116; Christiane Klapisch-Zuber, »Genitori naturali e genitori di latte«, in: *Quaderni Storici* 44 (1980) S. 543–563.
8 Zitiert nach Ross (s. Anm. 7), S. 266 f.
9 Vgl. zur Erziehung junger Frauen: William H. Woodward, *Vittorino da Feltre and Other Humanist Educators*, New York 1963, S. 247–250; Margaret L. King, »Book-Lined Cells: Women and Humanism in the Early Italian Renaissance«, in: Patricia H. Labalme (Hrsg.), *Beyond Their Sex: Learned Women of the European Past*, New York 1980, S. 66–90; Paul Oskar Kristeller, »Learned Women of Early Modern

Italy: Humanists and University Scholars«, in: ebd., S. 91–116; Patricia H. Labalme, »Women's Roles in Early Modern Venice: An Exceptional Case«, in: ebd., S. 129–152.
10 ASP, *Corp. Rel.* 924 (1).
11 Vgl. S. 166.
12 Zur Rolle der Wunder im Märchen, wo sie ohne Erstaunen als selbstverständlich hingenommen werden, vgl. Max Lüthi, *Es war einmal. Vom Wesen des Volksmärchens*, Göttingen 1962, S. 29.
13 Eine der berühmtesten und vergnüglichsten Geschichten, die den Symbolcharakter der Nachtigall zum Gegenstand hat, findet sich in Giovanni Boccaccios *Decamerone* (V,4): Messer Lizio di Valbona erwischt seine Tochter, die unter dem Vorwand, sie wolle von der Nachtigall in den Schlaf gesungen werden, auf einem Balkon schläft, dort mit dem jungen Ricciardo Manardi. Vgl. auch das bekannte mittelenglische Gedicht *The Owl and the Nightingale*, das Nicholas de Guildford zugeschrieben wird.
14 Zeugenaussage vom 1. August 1619.
15 ASF, *Misc. Med.* 376 (28), *Relatione di Benedetta da Vellano, havuta dall' A.A. Vescovo d'Anglona.*

Kap. 2: Das Kloster

1 Fernand Braudel, *La méditerranée et le monde méditerranéen à l'époque de Philippe II*, Paris 1949, S. 12.
2 Eine detaillierte Darstellung dieser Entwicklung findet sich bei Judith C. Brown, *In the Shadow of Florence: Provincial Society in Renaissance Pescia*, New York 1982.
3 Ebd., S. 42 f.; vgl. auch Gigi Salvagnini, *Pescia, una città*, Florenz 1975, S. 93; ASF, *Regio Diritto*, 4898 (im folgenden abgekürzt: *Reg. Dir.* 4898), fol. 313. Wir können den in den Klöstern lebenden Anteil der weiblichen Bevölkerung Pescias nur grob schätzen, da die Klöster der Stadt auch Mädchen aus der Umgebung – wie Benedetta – aufnahmen.
4 Carlo Stiavelli, *La storia di Pescia nella vita privata dal secolo XIV al XVIII*, Florenz 1903, S. 164.
5 Vgl. Brown (s. Anm. 2), S. 182.
6 ASF, *Reg. Dir.* 4898, fol. 313.
7 Eine ausführliche Erörterung des Problems der ansteigenden Mitgiftforderungen findet sich bei David Herlihy / Christiane Klapisch-Zuber, *Les Toscans et leurs familles*, Paris 1978.
8 Zu jener Zeit gab es noch keine echten Theatinerinnen. Der Orden, der später diesen Namen führte und mit dem die Gruppe in Pescia in keiner Weise verbunden war, war schon 1583 von der ehrwürdigen Ursula

Benincasa in Neapel gegründet worden, trug da aber zunächst den Namen »Schwestern der Unbefleckten Empfängnis der Jungfrau Maria«. Erst 1633 unterstellte Papst Urban VIII. die Kongregation dem Theatiner-Orden, dessen Konstitution die Nonnen bereits übernommen hatten. Zur Geschichte der Theatinerinnen von Neapel vgl. Gaetano Moroni, *Dizionario di erudizione storico-ecclesiastica*, Bd. 73, Venedig 1855, S. 31-109.

9 ASP, *Corp. Rel.* 924 (1).
10 Ebd.
11 Zur Moral in den italienischen Klöstern des 16. Jh.s vgl. Pio Paschini, »I monasteri femmininili in Italia nel Cinquecento«, in: *Problemi di vita religiosa in Italia nel Cinquecento: Atti del convegno di storia della Chiesa in Italia*, Padua 1960, S. 31-60.
12 Das von Cosimo de' Medici herausgegebene Edikt von 1545, das der Sorge um das geistliche Wohl der Klosterbewohner seines Staates galt, findet sich in ASF, *Magistrato Supremo*, 10, fol. 19^v-20^v; abgedr. in: Arnaldo D'Addario, *Aspetti della Controriforma a Firenze*, Rom 1972, S. 480-482. D'Addario beschäftigt sich mit dieser wie auch anderen gesetzgeberischen Maßnahmen auf S. 124-143.
13 ASF, *Mediceo del Principato*, 326, fol. 32^v-34^v; abgedr. bei D'Addario (s. Anm. 12), S. 484 f.
14 ASF, *Reg. Dir.* 4898, fol. 222-244, 265.
15 Ebd., fol. 1021-36.
16 Cajetan war bestrebt, die Kirche von innen heraus zu reformieren, und gründete deshalb den ersten Orden, der aus Klerikern bestand, die sich Regeln gaben und nach ihnen lebten. Gerade das Leben des Klerus bedurfte dringend einer solchen Reform, da er ja im Dienste der säkularen Welt stand und im Angesichte der Laien lebte, denen er Vorbild sein sollte. Zur Geschichte einiger der um Reformen bemühten Gruppen vgl. Pio Paschini, *S. Gaetano Thiene, Gian Pietro Carafa e le origini dei Chierici Regolari Teatini*, Rom 1926; Paul A. Kunkel, *The Theatines in the History of the Catholic Reform Before the Establishment of Lutheranism*, Diss. Washington (D. C.) 1941; »Barnabites«, in: *The New Catholic Encyclopedia*, Bd. 2, New York 1947, S. 103. Zur »Kongregation von der Verkündigung Mariä« s. *Dizionario degli Istituti di Perfezione*, hrsg. von Guerrino Pelliccia und Giancarlo Rocca, Bd. 6, Rom 1980, S. 1081 f.; Luigi Manzini, *L'apostolato di Pescia: Antonio M. Pagni, fondatore della Congregazione della Santissima Annunziata, barnabita (1556-1623)*, Rom 1941.
17 Die sogenannte »Regel« Augustins war eigentlich ein Brief an eine von seiner Schwester geleitete Gruppe von Nonnen, die Schwierigkeiten bei der Führung ihres Klosters hatten (vgl. S. 21).
18 Der Propst von Pescia schreckte offensichtlich davor zurück, dem

Wunsch der Nonnen zu entsprechen, ihre Konstitution veröffentlichen zu dürfen. 1652 teilten sie ihm mit, daß sie gerade die veröffentlichte Konstitution der Nonnen von der Verkündigung Mariä in Genua erhalten hätten – und daß diese seit der Veröffentlichung 1643 bereits 43 neue Klöster gegründet hätten. Das sei Beweis genug dafür, daß veröffentlichte Ordensregeln Mädchen keineswegs von einem Beitritt abhielten. Mit dieser unschlagbaren Logik konfrontiert, kapitulierte der Propst und gab seine Einwilligung. Vgl. ASP, *Corp. Rel.* 924(1).

19 Ebd.
20 Ebd.
21 Es ist unmöglich, ein genaues Bild von der finanziellen Situation der Kongregation zu erhalten, da es keine Rechnungsbücher mehr gibt und als Quelle nur die nach Rom geschickten zusammenfassenden Berichte dienen können. Es sieht so aus, als habe sich das jährliche Einkommen auf 300 Scudi belaufen, wovon etwa die Hälfte aus der Seidenverarbeitung stammte. Der 1610 bei Fucecchio gekaufte Bauernhof kostete 1750 Scudi. Vgl. ASP, *Corp. Rel.* 924(1).
22 Ebd.
23 Vgl. *Canones et decreta concilii Tridentini*, 25. Sitzung, Kap. 5.
24 ASP, *Corp. Rel.* 924(1); Pescia, Biblioteca Capitolare, *Visita Falconcini*, fol. 555ʳ–555ᵛ.
25 Nach den Verordnungen des Konzils von Trient durften Äbtissinnen nur dann jünger als vierzig Jahre sein, wenn keine Nonnen im Kloster lebten, die älter waren und die bereits mindestens acht Jahre lang ein löbliches klösterliches Leben geführt hatten. Da es in der »Kongregation der Mutter Gottes« mehrere solcher Nonnen gab, ist die Wahl Benedettas um so ungewöhnlicher. Sie verdankte sie möglicherweise der Tatsache, daß sie lesen konnte und administrative Fähigkeiten hatte. Vgl. hierzu *Canones et decreta concilii Tridentini*, 25. Sitzung, Kap. 7; ASP, *Corp. Rel.* 924(1).

Kap. 3: Die Nonne

1 Auf den didaktischen Zweck von Heiligenlegenden und auf ihre Beziehung zur offiziellen literarischen Kultur geht Max Lüthi (s. Kap. 1, Anm. 12) ein (S. 20 f.). Vgl. dazu auch Hippolyte Delehaye, *Les légendes hagiographiques*, Brüssel ²1906, Kap. 1–3; Peter Brown, *The Cult of the Saints: Its Rise and Function in Late Antiquity*, Chicago 1981; André Vauchez, *La sainteté en Occident aux derniers siècles du Moyen Age*, Rom 1981.
2 Zeugenaussage der Margherita Ricordati vom 23. Juli 1619; Zeugenaussage der Benedetta Carlini vom 1. August 1619.

3 Zeugenaussage vom 8. Juli 1619.
4 Zeugenaussage vom 4. Juli 1619.
5 Ebd.
6 Zit. nach: Michael Baxandall, *Die Wirklichkeit der Bilder. Malerei und Erfahrung im Italien des 15. Jahrhunderts*, übers. von Hans-Günter Holl, Frankfurt a. M. 1977, S. 61 f. Vgl. auch Luis de Granada, *Manuale di orationi et spirituali esercitii*, Venedig 1568; Karl Borromäus, *Ammaestramenti di San Carlo Borromeo alle persone religiose*, Mailand ²1902.
7 Zeugenaussage vom 4. Juli 1619.
8 Baxandall (s. Anm. 6), S. 60. Zahlreiche Abhandlungen des 15. und 16. Jh.s über die richtige Darstellung religiöser Motive auf Bildern zeigen, welche didaktische Bedeutung man auch diesen beimaß. Ein Beispiel aus Benedettas Zeit ist Federico Borromeos *De pictura sacra*, 1624 in Mailand veröffentlicht (und 1932 von Carlo Castiglioni neu herausgegeben).
9 Zeugenaussage vom 4. Juli 1619.
10 Da die Grenzen zwischen weltlicher und religiöser Kunst fließend waren, kann es auch gut sein, daß der Garten in Benedettas Vision dem Garten der Liebe entstammte, wie er sich auf weltlichen Gemälden vor allem des 15. Jh.s abgebildet fand. Vgl. dazu detaillierter Paul Watson, *The Garden of Love in Tuscan Art of Early Renaissance*, Philadelphia 1979.
11 Athanasius (um 296 – 373) war der erste Autor, der eingehender die Frage behandelte, wie die Dämonen menschliche Wesen – vor allem Mönche – angreifen. Da der Teufel eine tiefe Abneigung gegen Tugend und Frömmigkeit hatte, hatte er es vor allem auf Mönche und Nonnen abgesehen. Angst davor hatte man auch noch im späten Mittelalter und in der frühen Neuzeit, wie sich etwa an den Schriften der Theresia von Avila zeigt, die großen Einfluß auf die weiblichen Glaubensgemeinschaften des 16. Jh.s hatte.
12 Zeugenaussage vom 4. und 8. Juli 1619.
13 Ebd.
14 Athanasius, *Das Leben des heiligen Antonius*, Kap. 35 f.
15 Zeugenaussage vom 4. Juli 1619.
16 Die Bibel selbst hatte die Legitimität persönlicher Offenbarungen und anderer Gottesgaben wie etwa Visionen anerkannt. Vgl. 1. Kor. 12,8–10.
17 Vgl. dazu William A. Christian, Jr., *Apparitions in Late Medieval and Renaissance Spain*, Princeton 1981, S. 150–187.
18 Jean Gerson, *De examinatione doctrinarum*, in: J. G., *Œuvres complètes* (s. Einl., Anm. 60), Bd. 9, Paris 1973, S. 468.
19 Das von Petrus verwendete Bild des »schwächeren Werkzeugs«

(1. Petr. 3,7) ist nicht nur bei männlichen Autoren beliebt, sondern auch bei weiblichen – so bei der hl. Theresia.
20 Maclean (s. Einl., Anm. 3), S. 21.
21 Zeugenaussage vom 8. Juli 1619.
22 Vgl. dazu Donald Weinstein / Rudolph M. Bell, *Saints and Society*, Chicago 1982, S. 220–238.
23 *Relatione di Benedetta da Vellano*.
24 Zeugenaussage vom 10. Juli 1619.
25 Da Benedetta auf lange Sicht ihren Konflikt nicht verdrängen konnte und schließlich auch andere Formen psychischer Störungen zeigte, erlebte sie wahrscheinlich keine vollständige Konversionsreaktion. Dennoch stimmen ihre konversionsartigen Symptome mit den Konversionsreaktionen überein, wie sie Josef Breuer und Sigmund Freud in den neunziger Jahren des 19. Jh.s erstmals beschrieben haben. Zu den Phänomenen, mit denen sie sich befaßten, gehörte auch die Konversion eines ungelösten psychischen Konflikts in verschiedenste somatische Symptome, denen allen das Bedürfnis des Menschen zugrunde liegt, die bewußte Wahrnehmung interner Konflikte auszulöschen. Dieses Auslöschen wirkt zumindest auf einigen Ebenen als erfolgreicher Verteidigungsmechanismus gegen Ängste, da er es dem betroffenen Menschen erlaubt, die Ursache des Konflikts zu verdrängen und sie auf symbolische Weise auszudrücken, die entweder den Konflikt selbst oder eine Teillösung desselben darstellt. Hinzu kommt, daß es das Einsetzen der Erkrankung dem Menschen ermöglicht, entweder die Handlung zu unterlassen, die die Quelle seines Konflikts gewesen sein könnte, oder die Aufmerksamkeit anderer auf sich zu ziehen und so die Hilfe, Liebe und Zuwendung zu bekommen, die er andernfalls entbehrt hätte. Aus diesem Grunde erscheinen, wie der Völkerkundler Ioan M. Lewis beobachtet hat, auf Besessenheit (dämonischer oder anderer Art) basierende Leiden so häufig bei den unterdrückten Gruppen einer Gesellschaft, insbesondere bei den Frauen. Die Krankheit schützt sie vor den Erwartungen der ihnen sozial überlegenen Männer, erlaubt es ihnen zugleich aber auch, diese zu manipulieren. Vgl. dazu Ioan M. Lewis, *Ecstatic Religion: An Anthropological Study of Spirit Possession and Shamanism*, Harmondsworth 1971, S. 66–99; ferner »Frl. Anna O.« und »Die hysterische Konversion« in: Josef Breuer / Sigmund Freud, *Studien über Hysterie*, Frankfurt a. M. 1970, S. 20–40, 163–173; Sigmund Freud, »Bruchstück einer Hysterieanalyse«, in: S. F., *Gesammelte Werke*, hrsg. von Anna Freud [u. a.], Bd. 5, Frankfurt a. M. ³1961, S. 161–286; L. Rangell, »The Nature of Conversion«, in: *Journal of the American Psychoanalytic Association* 7 (1959) S. 632–662; und in jüngerer Zeit: *Anna O.: Fourteen Contemporary Reinterpretations*, hrsg. von Max Rosenbaum und Melvin Muroff, New York 1983.

Anmerkungen zu Kap. 3: Die Nonne

26 Zeugenaussagen vom 1. August und 8. Juli 1619.
27 Vgl. z. B. Zeugenaussage vom 15. Juli 1619; Aussage der Felice di Giovanni Domenico Guerrini vom 23. Juli 1619.
28 *Abstratto del processo di Benedetta*, »Delle visioni e estasi«. Eine genauere Beschreibung der Prozession zu Ehren der hl. Dorothea findet sich in einem Brief von Bastiano Galeotti an Kapitän Domenico Galeotti vom 9. Februar 1550, abgedr. bei Stiavelli (s. Kap. 2, Anm. 4), S. 197.
29 Wichtigkeit und Bedeutung von Prozessionen in der Renaissance erörtern Edwin Muir, *Civic Ritual in Renaissance Venice*, Princeton 1981, und Richard Trexler, *Public Life in Renaissance Florence*, New York 1980. Für Pescia vgl. auch die Beschreibung der kunstvoll ausgearbeiteten Prozession anläßlich der Überführung des Wunderbildes der Gottesmutter zur Kirche St. Peter und Paul bei Paul E. Nucci, *La Madonna di Piè di Piazza*, Pescia 1936, S. 14.
30 Das verursachte allerdings ernsthafte Verkehrsprobleme, weshalb der Marienschrein 1601 von der Brücke geholt und in einer offenen Kapelle an der Piazza Ducci aufgestellt wurde. Vgl. dazu Gigi Salvagnini, *La Madonna di Pescia dal ponte a piè di piazza*, Florenz 1977; auch Brown (s. Kap. 2, Anm. 2), S. 120 f.
31 Christian (s. Anm. 17), S. 187, 194.
32 *Relatione della visita fatta alle Monache Theatine, alias di Sta. Maria di Pescia.*
33 Zeugenaussage der Bartolomea Crivelli vom 1. August 1619. Die Bedeutung, die man sichtbaren Zeichen beimaß, zeigt auch der Fall der Mystikerin Angela Mellini; vgl. dazu Luisa Ciammitti, »Una santa di meno: Storia di Angela Mellini, Cucitrice Bolognese (1667–17. .)«, in: *Quaderni Storici* 41 (1979) S. 612.
34 1. Kor. 14,33–35. Es ist viel über die einschlägigen Äußerungen von Paulus geschrieben worden, die oftmals alles andere als klar sind. Neuere Untersuchungen vermuten, daß er nicht wirklich an eine theologische Grundlage für eine Einschränkung der Rolle der Frau in der Kirche glaubte. Vgl. zu diesem Fragenkomplex: Wayne A. Meeks, *The First Urban Christians: The Social World of the Apostle Paul*, New Haven 1983, S. 70 f., 81; Elisabeth Schüssler Fiorenza, *In Memory of Her: A Feminist Theological Reconstruction of Christian Origins*, New York 1983.
35 Für Aristoteles waren Frauen unvollständige und unvollkommene Männer (vgl. *De generatione animalium* II,3; 737a, 738b), d. h. auch schwächer und kälter als diese (ebd., IV,6; 775a). Im 13. Jh. modifizierte Thomas von Aquin diese Auffassung, aber die Vorstellung von der Inferiorität der Frau blieb doch erhalten (vgl. seine *Summa theologiae* I–I,92,1).

36 Tertullian, *De cultu feminarum* I,1.
37 Francesco Barbaro (1390–1454), *Prudentissimi et gravi documenti circa la elettion della moglie*, Ferrara 1548, S. 47ᵛ. Zu dem für Frauen geltenden Verbot, zu predigen und zu lehren, vgl. Vern L. Bullough, »Medieval Medical and Scientific Views of Women«, in: *Viator* 4 (1973) S. 487–493; Eleanor McLaughlin, »Equality of Souls, Inequality of Sexes: Women in Medieval Theology«, in: Rosemary R. Ruether (Hrsg.), *Religion and Sexism*, New York 1974, S. 213–266.
38 Petrus Martyr Vermilius, *Loci communes* 4,1 (Heidelberg 1622, S. 588 f.). Zu den den Frauen auferlegten Beschränkungen und den Verfahren, mit denen es manchen gelang, diese zu umgehen, vgl. Christian (s. Anm. 17); William A. Christian, Jr., *Local Religion in Sixteenth-Century Spain*, Princeton 1981; Natalie Zemon Davis, »Die aufsässige Frau«, in: N. Z. D., *Humanismus, Narrenherrschaft und die Riten der Gewalt. Gesellschaft und Kultur im frühneuzeitlichen Frankreich*, übers. von Nele Löw Beer, Frankfurt a. M. 1987.
39 Ungefähr zu der Zeit, da Benedetta in Pescia predigte, erhielt die Visionärin Schwester Maria Angiola Gini (gest. 1664) die Erlaubnis, im Kloster S. Matteo ad Arcetri vor den Toren von Florenz zu predigen. Vgl. Enrica Viviani della Robbia, *Nei Monasteri Fiorentini*, Florenz 1946, S. 89–91.
40 *Abstratto del processo di Benedetta Carlini*.
41 Vgl. Zeugenaussage vom 10. Juli 1619; Zeugenaussage der Bartolomea Crivelli vom 1. August 1619.
42 Vgl. Zeugenaussage der Bartolomea Crivelli vom 1. August 1619.
43 Vgl. Zeugenaussage vom 10. Juli 1619; Zeugenaussage der Bartolomea Crivelli vom 1. August 1619.
44 Romanzen, in denen der Tausch der Herzen vorkam, wie etwa König Rainers *Le Livre du cueur d'amours espris*, hatten bei den aristokratischen Kreisen Norditaliens weite Verbreitung gefunden, und das Motiv taucht in den verschiedensten literarischen Zusammenhängen auf.
45 Vgl. dazu Raymond von Capua, *Das Leben der heiligen Katharina von Siena*, hrsg. und übers. von Adrian Schenker, Düsseldorf 1965; Johannes Jorgensen, *St. Catherine of Siena*, New York 1938; fra Serafino Razzi, *Vita della venerabile madre suor santa Suor Caterina de' Ricci*, Lucca 1594, neu hrsg. von Guglielmo di Agresti, Florenz 1965. Zu den grundlegenden Charakteristika weiblicher Spiritualität und weiblicher Gottesbilder im hohen Mittelalter vgl. Caroline Walker Bynum, *Jesus as Mother: Studies in the Spirituality of the High Middle Ages*, Berkeley 1982; Michael Goodich, »The Contours of Female Piety in Later Medieval Hagiography«, in: *Church History* 50 (1981) S. 20–32; M. Goodich, »Women Mystics and Eucharistic Devotion in the Thirteenth Century«, in: *Women's Studies* 11 (1984) H. 1/2, S. 179–214; Augustin Hamon, *Histoire de la devotion au Sacré Cœur*, 5 Bde., Paris 1923–39.

46 Benedettas Frömmigkeit richtete sich – wie die anderer Frauen seit dem Mittelalter – auf Christus als Mann, d. h. nicht als Kleinkind oder Kind. Und die Jungfrau Maria, die eine so große Rolle in der Verehrung männlicher Geistlicher spielte, tauchte nur noch gelegentlich in den Visionen ihrer erwachsenen Jahre auf. Zu der Anziehungskraft, die weibliche Gottesbilder auf Männer und männliche Gottesbilder auf Frauen ausübten, vgl. Simone Roisin, *L'Hagiographie Cistercienne dans le diocèse de Liège au XIIIe siècle*, Löwen 1947.

47 Zeugenaussage vom 4. Juli 1619.

48 Weinstein/Bell (s. Anm. 22), S. 233–235.

49 Auch wenn es sehr verführerisch sein mag, Benedettas Fasten einfach als Magersucht (Anorexie) zu bezeichnen, so ist doch Vorsicht bei der Verwendung eines solchen Etiketts für einen vormodernen Kontext geboten. Einerseits ähnelte Benedetta in mancherlei Hinsicht den Magersüchtigen (Verweigerung der Nahrungsaufnahme, zwanghaftes Verhalten wie etwa das häufige Waschen von Händen und Körper), andererseits wird sie nirgends als abgemagert beschrieben und dürfte die Reduzierung der Nahrungsaufnahme wahrscheinlich nie so weit getrieben haben, daß sie dadurch ihre Gesundheit gefährdet hätte. Aus der Fülle der Literatur sei hier verwiesen auf: *Anorexia Nervosa: Recent Developments in Research*, hrsg. von Padraig Darby [u. a.], New York 1981, und: Patricia Neumann / Patricia Halvorson, *Anorexia and Bulimia. A Handbook for Counsellors*, New York 1983. Ferner sind bei Verwendung der modernen Begriffe wichtige soziale und kulturelle Unterschiede im Auge zu behalten, worauf vor allem Caroline Walker Bynum hingewiesen hat: »Holy Feast and Holy Fast: Food and Voluntary Starvation in the Piety of Medieval Women«, in: *Representations* 11 (1985) S. 1–25; einen abweichenden Standpunkt vertritt Rudolph Bell, der das Fasten der Mystikerinnen im Mittelalter als »heilige Anorexie« bezeichnet und damit sowohl auf den psychischen als auch auf den religiösen Aspekt dieses Phänomens aufmerksam macht; vgl. sein Buch *Holy Anorexia*, Chicago 1985.

50 Theologen wie Albertus Magnus und Autoren medizinischer Abhandlungen wie Hildegard von Bingen verweisen auf die Verbindung zwischen Fasten und Amenorrhöe (Ausbleiben der Menstruation). Vgl. auch Bell (s. Anm. 49).

51 Ein bedeutendes Beispiel dieses Typs aus dem Italien der Zeit Benedettas ist Guido Renis Rosenkranz-Madonna. Vgl. auch Erwin Panofskys Erörterung der Rosenkranz-Madonna in: E. P., *Das Leben und die Kunst Albrecht Dürers*, übers. von Lise Lotte Möller, Bd. 1, München 1977.

52 Zeugenaussage vom 4. Juli 1619.

53 Zeugenaussage vom 12. Juli 1619.
54 Ebd.
55 Zeugenaussage der Bartolomea Crivelli vom 23. Juli 1619.
56 Zeugenaussage der Felice Guerrini vom 23. Juli 1619.
57 Die folgende Darstellung der Ereignisse des Tages basiert auf Benedettas Zeugenaussage vom 12. Juli 1619 und den Aussagen Felice Guerrinis, Bartolomea Crivellis und Margherita Ricordatis vom 23. Juli 1619.
58 E. Allison Peers, *Studies of the Spanish Mystics*, 2 Bde., London 1927–30; Christian (s. Anm. 17), S. 197.

Kap. 4: Die erste Untersuchung

1 Eine kurze Geschichte der Familie Cecchi findet sich in: Michele Cecchi / Enrico Coturri, *Pescia ed il suo territorio nella storia, nell'arte e nelle famiglie*, Pistoia 1961, S. 222–231, 238.
2 *Relatione di Benedetta da Vellano, havuta dall' A. A. Vescovo d' Anglona*; auch Zeugenaussage vom 27. Mai 1619.
3 Zeugenaussage vom 7. Juni 1619.
4 Zeugenaussage vom 15. Juli 1619.
5 »Ich werde dir sagen, was du aussagen sollst, und ich werde der sein, der spricht, nicht du«; undatierter Bericht in *Misc. Med.* 376 (28).
6 Zeugenaussage vom 15. Juli 1619.
7 »Ich wollte prüfen, was ihre Oberen über sie sagen, und wollte selbst nichts sagen« (ebd.). Benedetta war nicht die einzige Mystikerin, die in Trance Briefe schrieb – so schrieb die florentinische Heilige Maria Maddalena de' Pazzi (1566–1607) gelegentlich Briefe an den Papst und andere Würdenträger der Kirche, um Reformmaßnahmen vorzuschlagen. Vgl. D'Addario (s. Kap. 2, Anm. 12), S. 425 f.
8 Zeugenaussage vom 14. Juni 1619.
9 Zeugenaussage vom 1. August 1619.
10 Zu den Folgen der Pest in der Toskana und den Maßnahmen, die man im 17. Jh. gegen sie ergriff, vgl. Carlo M. Cipolla, *Cristofano and the Plague: A Study in the History of Public Health in the Renaissance*, New York 1976.
11 Vgl. hierzu den Anhang zu diesem Buch, in dem Auszüge aus den Zeugenaussagen wiedergegeben sind, damit der Leser die Berichte und meine »Rekonstruktion« der Untersuchung vergleichen kann.
12 Das wahrscheinlich am weitesten verbreitete Handbuch war Jean Gersons *De distinctione verarum revelationum a falsis*, in: J. G., *Œuvres complètes* (s. Einl., Anm. 60), Bd. 3, Paris 1962, S. 35–56.
13 Die Fragen zu den Stigmata gehören zu den wenigen, die in den erhaltenen Dokumenten überliefert sind.

14 *Das Leben der hl. Theresia von Jesu*, Kap. 12.
15 Zeugenaussage vom 4. Juli 1619.
16 Ebd.
17 Gerson (s. Anm. 12), S. 37.
18 Theresia von Jesu, *Geistlicher Bericht an Pater Rodrigo Alvarez* (1576).
19 Thomas von Aquin, *Summa theologiae*, II–II,174,1; 175,3.
20 Theresia von Jesu, *Die Seelenburg*, Kap. 3, und ihr *Leben*, Kap. 20.
21 *Das Leben der hl. Theresia von Jesu*, Kap. 20.
22 Ebd.
23 Zeugenaussage vom 8. Juli 1619.
24 Ebd.
25 Ebd.
26 Diese Rangfolge mag auf den ersten Blick verkehrt erscheinen, aber Thomas von Aquin hatte, wie immer, gute Gründe für seine Anordnung. Vgl. seine *Summa theologiae*, II–II,174,2.
27 Gerson (s. Anm. 12), S. 46 f.
28 Zeugenaussage vom 9. August 1619.
29 Zeugenaussage vom 8. Juli 1619.
30 Zeugenaussage vom 12. Juli 1619.
31 Zeugenaussage vom 15. Juli 1619.
32 Vgl. dazu Gerson (s. Anm. 12), S. 39 f.; ebenso: *Das Leben der hl. Theresia von Jesu*, Kap. 19.
33 Zeugenaussage vom 8. Juli 1619.
34 Zeugenaussage vom 12. Juli 1619.
35 Zeugenaussage vom 4. Juli 1619.
36 Undatierte, titellose Blätter.
37 Zeugenaussage vom 15. Juli 1619.
38 ASF, *Reg. Dir.* 4892, fol. 81^r.
39 Die Probleme, die sich durch institutionelle Zwänge und durch Unterschiede in sozialer Herkunft, Alter und Persönlichkeit ergaben, zeigen sich nirgends deutlicher als an dem Fall der Nonne von Monza, dem Alessandro Manzoni (1785–1873) im 19. Jh. mit seinem Roman *I Promessi Sposi* (1825–26; dt.: *Die Verlobten*) zu Unsterblichkeit verholfen hat. Die originalen Gerichtsakten finden sich in: Tullio Dandolo (Hrsg.), *La Signora di Monza e le streghe del Tirolo: Processi famosi del secolo decimosettimo*, Mailand 1855.
40 Die Einmischung weltlicher und kirchlicher Behören in die Angelegenheiten toskanischer Klöster wird kurz angesprochen in D'Addario (s. Kap. 2, Anm. 12), S. 113 f. Im benachbarten Staat Lucca führten das Fehlverhalten und die Streitereien der Nonnen von San Giovannetto im frühen 16. Jh. dazu, daß junge Leute aus vornehmen Familien das Gesetz selbst in die Hand nahmen. Die örtlichen Behörden erkannten

schnell, welche Gefahr das für die öffentliche Ordnung bedeuten konnte, und setzten viele von ihnen für kurze Zeit gefangen. Vgl. dazu Marino Berengo, *Nobili e mercanti nella Lucca del Cinquecento*, Turin 1965, S. 364 ff.

41 Zeugenaussage der Bartolomea Crivelli vom 23. Juli 1619.
42 Zeugenaussage der Felice Guerrini vom 23. Juli 1619.
43 Zu einer weniger lauten Werbung um öffentliche Anerkennung kam es nach Bartolomea Crivelli während der mystischen Hochzeit, als Jesus durch Benedetta äußerte, daß er nicht wolle, daß sie ihre Wunden verberge, sondern daß sie bekannt würden, wobei er hinzufügte, daß man ihr weder beim ersten, noch beim zweiten oder dritten Mal glauben werde. Vgl. die Zeugenaussage der Bartolomea Crivelli vom 23. Juli 1619.
44 Zeugenaussage vom 12. Juli 1619.
45 Zeugenaussage vom 23. Juli 1619.
46 Zeugenaussage der Margherita Ricordati vom 23. Juli 1619.
47 Ebd.
48 Ebd.
49 Zeugenaussage vom 1. August 1619.
50 Benedetta beschrieb das, was sie in Trance gesehen hatte, in ihrer Zeugenaussage vom 10. Juli 1619. Der Bericht der anderen Zeugen findet sich unter dem 1. August 1619.
51 Diese und weitere Aussagen Bartolomea Crivellis zum Tausch der Herzen und zu den Stigmata sind Teil ihrer Zeugenaussage vom 1. August 1619.
52 Zeugenaussage vom 9. und 12. August 1619.
53 Undatierte, titellose Blätter.
54 *Das Leben der hl. Theresia von Jesu*, Kap. 13.
55 Zeugenaussage vom 23. Juli 1619.
56 Die ehrwürdige Ursula war jedoch nicht die Gründerin der Theatinerinnen von Pescia (vgl. Kap. 2, Anm. 8).
57 Zu diesen Funktionen der Visionäre vgl. Christian (s. Kap. 3, Anm. 17), S. 184–187; Bynum (s. Kap. 3, Anm. 45), S. 181, 196; Weinstein/Bell (s. Kap. 3, Anm. 22), S. 153 f.

Kap. 5: Die zweite Untersuchung

1 Vgl. ASP, *Conventi Soppressi*, 924, inserto 1.
2 Nach dem Bericht an den Propst waren die von ihr genannten Herren jeder über 10000 Scudi wert. ASF, *Reg. Dir.* 4898, fol. 1005, 1009.
3 Die Verantwortlichkeiten von Äbtissinnen waren in zahlreichen Ratgebern für Nonnen und in den Ordensregeln beschrieben. Ein Beispiel

für das 16. Jh. sind etwa die Satzungen der hl. Theresia für den Orden der Unbeschuhten Karmeliterinnen.

4 Darstellungen dieser Ereignisse finden sich in zwei Berichten, nämlich in der *Relatione della visita fatta alle Monache Theatine* und im *Abstratto del processo di Benedetta*.

5 *Abstratto del processo*, ebd.

6 Das Konzil von Trient hatte das nicht formell zur Regel gemacht, aber es wurde im Zuge der Reformen des 16. und frühen 17. Jh.s allgemein üblich. Daß sich auch die Theatinerinnen von Pescia daran hielten, geht aus dem Tagebuch des Pesciatiners Pio Ceci hervor, dessen Tochter später im 17. Jh. mehrmals zur Äbtissin gewählt wurde. Vgl. Biblioteca Comunale, Pescia, I. B. 52, fol. 74^v.

7 Der undatierte Bericht an den Nuntius trägt den Titel *Breve discorso delle cose che si dicono della Madre suor Benedetta Carlini da Vellano delle Teatine di Pescia*. Zur Frage der Datierung vgl. die Beschreibung der Dokumente, S. 157. Obwohl aus dem *Breve discorso* nicht hervorgeht, für wen er verfaßt wurde, kann man auf den Empfänger aus dem *Abstratto* schließen, der auf den *Breve discorso* Bezug nimmt und selbst an einen »Erhabenen und Hochehrwürdigen Herrn zu Siena« gerichtet ist, bei dem es sich aller Wahrscheinlichkeit nach um Alfonso Giglioli, Bischof von Anglona und päpstlicher Nuntius zu Florenz, handelt, dessen Initialen und Titel in einem der Berichte über Benedetta Carlini auftauchen, und dessen Siegel auf einem an Angehörige der Untersuchungskommission gerichteten Brief vom 13. Dezember 1623 zu finden ist.

8 Diese und die folgenden Schlußfolgerungen basieren auf dem *Breve discorso*. Zu den sich wandelnden Vorstellungen von Heiligkeit vgl. Weinstein/Bell (s. Kap. 3, Anm. 22), S. 141–163. Zu den Bestrebungen der Kirche, den Einfluß der volkstümlichen Verehrung einzudämmen und die Einflußnahme des Heiligen Stuhls auf die Heiligsprechungen auszuweiten (etwa durch die Erarbeitung standardisierter Verfahrensweisen unter Papst Urban VIII. im frühen 17. Jh.) vgl. Edward W. Kemp, *Canonization and Authority in the Western Church*, Oxford 1948.

9 Die Namen waren von großer Bedeutung, weil sich an ihnen zum einen erkennen ließ, ob die Engel dämonisch oder göttlich waren, und weil sie zum anderen magische Eigenschaften hatten. Handbücher für Exorzisten wie die im späten 16. Jh. von Girolamo Menghi verfaßten empfehlen, das Verfahren damit zu beginnen, den vermeintlichen Teufel nach seinem Namen zu fragen. Vgl. Daniel P. Walker, *Unclean Spirits: Possession and Exorcism in France and England in the Late Sixteenth and Early Seventeenth Centuries*, Philadelphia 1981, S. 24 f.

10 Zu der komplexen Beziehung zwischen Mystikerinnen und ihren Beich-

tigern – im Falle der hl. Katharina wurde ihr Beichtiger zum »Sohn«, während er sie »Mutter« nannte – vgl. Ciammitti (s. Kap. 3, Anm. 33), S. 603–639.

11 Zunehmend häufiger wurden Menschen im späten 16. und frühen 17. Jh. in Frankreich und Italien der Besessenheit beschuldigt. Der berühmteste Fall, den Aldous Huxley in *The Devils of Loudun* (1952) aufgegriffen hat, war der der Nonnen des Ursulinen-Klosters in Loudun. (Vgl. dazu Michel de Certeau, *La Possession de Loudun*, Paris 1980.) In Italien unterschied man sehr genau zwischen Hexerei und Besessenheit. Zu den Unterschieden und den Folgen, die das für die Beklagten hatte, vgl. Walker (s. Anm. 9), S. 10–17; E. William Monter, »French and Italian Witchcraft«, in: *History Today* 30 (1980) S. 31–35; Giuseppe Bonomo, *Caccia alle streghe: La credenza nelle streghe dal sec. XIII al XIX con particolare riferimento all'Italia*, Palermo 1971; vgl. auch Traugott Konstantin Oesterreich, *Die Besessenheit*, Langensalza 1921, Abschn. 3 und 4.

12 Die Furcht vor der engen Verbindung zwischen Bergbewohnern und Teufel wird auch behandelt bei Braudel (s. Kap. 2, Anm. 1), S. 12–15, und Hugh Trevor-Roper, »Der europäische Hexenwahn des 16. und 17. Jahrhunderts«, in: H. T.-R., *Religion, Reformation und sozialer Umbruch. Die Krisis des 17. Jahrhunderts*, übers. von Michael Erbe, Berlin / Frankfurt a. M. 1970, S. 106 ff.

13 Literarisch war das Thema der Gewalttätigkeit, Unwissenheit und Leichtgläubigkeit der Bergbewohner eine Variation der allgemeineren *satira del villano*. Zu den Einstellungen, die man diesbezüglich in der Renaissance hatte, vgl. Giovanni Cherubini, »La società dell'Appennino settentrionale (secoli XIII–XV)«, in: G. C., *Signori, contadini, borghesi: Ricerche sulla società italiana del basso medioevo*, Florenz 1974, S. 121–142. Der Glaube an die Erblichkeit von Hexerei und Besessenheit diente oftmals dazu, die Anklage zu untermauern – vgl. dazu Norman Cohn, *Europe's Inner Demons*, New York 1975, S. 249; Midelfort (s. Einl., Anm. 4), S. 186 f.

14 ASF, *Misc. Med.* 376 (28) enthält zwei Kopien dieses Berichts; der eine hat keinen Titel, der andere ist *Abstratto del processo di Benedetta* überschrieben. Zur Datierung vgl. die kommentierte Aufstellung im Anhang dieses Buches, S. 158.

15 Diese wie die folgenden Schlußfolgerungen basieren auf dem *Abstratto del processo*.

16 Mehrere Nonnen bezeugen, daß sie manchmal gelacht und sich sogar über ihre Gefährtinnen im Kloster lustig gemacht habe.

17 Zu dem Zusammenschluß vgl. Manzini (s. Kap. 2, Anm. 16).

18 Die Bedeutung dieser Faktoren wird durch die Arbeit von Jean-Michel Sallmann unterstrichen, der den Fall von vier Neapolitanerinnen im

späten 16. Jh. untersucht hat. Die Behörden sahen drei von ihnen als Betrügerinnen an, während eine, nämlich Ursula Benincasa, trotz anfänglicher Skepsis des Heiligen Stuhls als echte Visionärin anerkannt und später auch heiliggesprochen wurde. Was sie von den anderen drei Frauen unterschied, war die Tatsache, daß sie gesellschaftliche Verbindungen zur Aristokratie, einen mächtigen Beichtiger und die institutionelle Protektion eines großen Ordens hatte. Vgl. Jean-Michel Sallmann, »La sainteté mystique feminine à Naples«, in: Sofia Boesch Gajano / Lucia Sebastini (Hrsg.), *Culto dei Santi: Istituzioni e classi sociali in età preindustriale*, Rom 1984, S. 681–702.

19 Ein paar Fälle waren in dem in Mailand eingerichteten Heim für reuige Prostituierte aufgetaucht, aber es muß bezweifelt werden, daß viele Menschen davon wußten. Zur Funktion und Organisation solcher Häuser vgl. Sherrill Cohen, *The Convertite and the Malmaritate: Women's Institutions, Prostitution, and the Family in Counter-Reformation Florence*, Diss. Princeton 1985.

20 Diese Beschreibung entstammt dem privaten Tagebuch einer Theatinerin, vgl. ASP, *Conventi Soppressi*, 924, inserto 1.

21 Zeugenaussage vom 1. August 1619.

22 Elissa Weaver, »Spiritual Fun: A Study of Sixteenth-Century Tuscan Convent Theater«, in: Mary Beth Rose (Hrsg.), *Changing Perspectives on Medieval and Renaissance Women*, Syracuse 1985. Nonnen spielten etwa die männlichen Rollen in Tableaus, die das Leben der Heiligen Familie darstellten. Die hl. Katharina beispielsweise nahm in ihrem Kloster in Prato an solchen Darstellungen teil. Vgl. fra Serafino Razzi (s. Kap. 3, Anm. 45).

23 Auch wenn Ioan M. Lewis in seinem schon erwähnten Buch *Ecstatic Religion* (s. Kap. 3, Anm. 25) darauf hinweist, daß Besessenheit für viele Menschen und Kulturen etwas sehr Reales sei und nicht leichtfertig in Frage gestellt werden dürfe, muß es doch erlaubt sein, dieses Phänomen in einen größeren Zusammenhang einzuordnen, der unser Verständnis der ihm zugrunde liegenden gesellschaftlichen, anthropologischen oder psychologischen Bedingungen vertiefen kann. Aus kulturanthropologischer Sicht etwa bedeutsam ist die Tatsache, daß Benedettas Leiden verschwinden, nachdem sie die Stigmata empfangen und angefangen hat, mit den Stimmen außerweltlicher Wesen – Splenditello und Jesus – zu sprechen, paßt das doch zu dem, was man an den Schamanen verschiedenster Kulturkreise beobachtet hat. Sind sie zunächst passive Opfer von Geistern, die sie angreifen, so beginnen die werdenden Mittler des Göttlichen allmählich, die Geister zu beherrschen und ihr Partner zu werden. Krankheit weicht der Fähigkeit zu außergewöhnlichen Taten, d. h. dazu, die Natur zu transzendieren. Was Benedetta anbetrifft, so ermöglicht es ihr ihre neue Beziehung zum Bereich

des Göttlichen, die Einwohner Pescias vor der Pest zu schützen und ihren Aufenthalt im Fegefeuer zu verkürzen. Oft wird der Wandel von der Unterworfenheit zur Partnerschaft in das Bild der Hochzeit gekleidet. Es überrascht nicht, daß Benedettas mystische Vermählung mit Jesus stattfindet, nachdem sie begonnen hat, mit seiner Stimme und der seines Engels zu reden. Vgl. hierzu Lewis, S. 187-190. – Das Fortschreiten von der Krankheit zur Annahme fremder Stimmen und Persönlichkeiten ist aber auch von Psychiatern an Menschen mit gespaltener Persönlichkeit beobachtet worden. Es ließe sich die Ansicht vertreten, daß bei Benedetta die konversionsartigen Symptome das »Vorspiel« einer heftigen dissoziativen Reaktion waren, da ihre Fähigkeit, ihre Probleme zu lösen, immer geringer wurde. Unfähig, mit ihren widerstreitenden Wünschen zurechtzukommen, und von starken Schuldgefühlen angesichts ihres sexuellen Verhaltens gequält, mag Benedetta das für sie nicht Akzeptable durch die Schaffung einer eigenen Persönlichkeit »abgestoßen« haben. Zu diesem Fragenkomplex vgl. Ernest R. Hilgard, *Divided Consciousness: Multiple Controls in Human Thought and Action*, New York 1977; American Psychiatric Association (Hrsg.), *Diagnostic and Statistical Manual of Mental Disorders*, Washington (D. C.) ³1980. – Die psychiatrische Interpretation bedeutet natürlich nicht, daß Mystiker wie Benedetta etwa verrückt, organisch geschädigt oder Randfiguren ihrer jeweiligen Kultur wären. Auch wenn einige Zeitgenossen, wie der im 16. Jh. lebende Arzt Johann Weyer und eine noch größere Schar moderner Gelehrter Besessenheit (und Hexerei) dem Wahnsinn zugeordnet haben, ist das doch nicht sehr überzeugend. Hier muß man sich daran erinnern, daß die Behörden, obwohl sie das hätten tun können, die Ursache für Benedettas Zustand nicht in der Krankheit sahen, sondern in ihrer Besessenheit von Dämonen und in ihrer Täuschung. Man hätte gut eine Verbindung zwischen Besessenheit und Wahnsinn herstellen können (die Melancholie erleichterte es dem Teufel, seine Opfer anzugreifen), aber in Benedettas Fall – wie in den meisten Fällen von Besessenheit – tat man dies nicht. Zu den Ansichten über Wahnsinn und Besessenheit von Dämonen, wie sie bei Zeitgenossen wie etwa Johann Schenk, Johann Weyer oder Tommaso Garzoni gängig waren, vgl. Maxime Laignel-Lavastine / Jean Vinchon, *Les Malades de l'esprit et leurs médicins du XVIe au XIXe siècle*, Paris 1930. Das katholische Denken über Ursachen, Manifestationen und Behandlung von Besessenheit ist im *Rituale Romanum* (1614) von Papst Paul V. kodifiziert. Vgl. auch die berechtigterweise skeptische Behandlung der Frage nach Nutzen und Mißbrauch der Psychologie in der Geschichte durch H. C. Erik Midelfort, »Madness and the Problems of Psychological History in the Sixteenth Century«, in: *Sixteenth Century Journal* 12 (1981) H. 1, S. 5-12.

24 Das Verschwinden Splenditellos und der anderen übernatürlichen Wesen, die durch Benedetta sprachen, läßt sich religiös oder psychologisch deuten. Beide Möglichkeiten implizieren keinen absichtlichen Betrug. Es läßt sich argumentieren, daß die multiple Persönlichkeit zunächst da auftritt, wo es gilt, eine Person zu schützen, die sich in einem Konflikt befindet, der sie zu überwältigen droht. Diese zusätzlichen Persönlichkeiten erfüllen eine positive Funktion und sind sich der Hauptpersönlichkeit und ihrer sozialen und kulturellen Lage durchaus bewußt. Häufig verschwinden sie schnell wieder, wenn sie nicht mehr gebraucht werden.
25 Vgl. *Canones et decreta concilii Tridentini*, 6. Sitzung, Regel 4.

Epilog

1 ASP, *Corp. Rel.* 924 (1).
2 Der Bericht, an »Serenissime Altezze« gerichtet, ist eine kurze, aus vier Punkten bestehende Zusammenfassung des Berichts an den Nuntius. Nachdem mit Gewißheit festgestellt worden ist, daß Benedetta vom Teufel getäuscht wurde, skizziert er kurz, was die Examinatoren über die wundersamen Male und hinsichtlich der Vorwürfe heterosexueller sowie lesbischer Verfehlungen Benedettas herausgefunden haben.
3 Vgl. Crompton (s. Einl., Anm. 5), S. 17; vgl. auch Henri Estienne, *Apologie pour Herodote*, Genf 1566; Michel de Montaigne, *Journal du voyage en Italie par la Suisse et l'Allemagne en 1580 et 1581*; dt.: *Tagebuch einer Badereise*, übers. von Otto Flake, Stuttgart 1963, S. 38; Monter (s. Einl., Anm. 5).
4 Eine Reihe venezianischer Gesetze zeigt, daß man in der Kleidung einen Ausdruck des Verhältnisses der Geschlechter zueinander sah und daß in den Augen der Behörden im späten 15. und im 16. Jh. einige Kleider- und Haarmoden die Grenzen zwischen beiden zu verwischen schienen. Diese Moden wurden gesetzlich unter Androhung der Exkommunikation verboten, weil man in ihnen »eine Art Sodomie« erblickte. Besonders betroffen waren die Prostituierten, die sich männlich kleideten, um mit den männlichen Homosexuellen im Wettstreit um die Gunst der Kunden mithalten zu können. Vgl. hierzu Patricia Labalme, »Sodomy and Venetian Justice in the Renaissance«, in: *Tijdschrift voor Rechtsgeschiedenis* (*The Legal History Review*) 52 (1984) H. 3, S. 247–251.
5 Es ist natürlich schwierig, angesichts so weniger bekannter Fälle zu verläßlichen Verallgemeinerungen zu gelangen. Zur Behandlung solcher Fälle vgl. neben der schon genannten Literatur: Brigitte Eriksson, »A Lesbian Execution in Germany 1721: The Trial Records«, *Journal*

of Homosexuality 6 (1980/81) H. 1/2, S. 27–40. Die Notwendigkeit, Fragen der Geschlechtszugehörigkeit eindeutig beantworten zu müssen, verursachte den Behörden erhebliche Probleme, wenn sie gelegentlich mit Fällen von Hermaphroditismus konfrontiert wurden. Hier ging es ja auch nicht darum, daß jemand etwas sein wollte, was er gar nicht war, sondern darum, daß jemand Mann und Frau zugleich war. Ärzte und Juristen waren sich im allgemeinen darin einig, daß der Betroffene selbst endgültig entscheiden sollte, welchem Geschlecht er zugehören wollte. War das geschehen, war es ein Kapitalverbrechen, wenn er wieder Kleidung oder Verhalten des anderen Geschlechts annahm. Vgl. hierzu Stephen Greenblatt, »Loudun and London«, in: *Critical Inquiry* 12 (1986) H. 2, S. 326–346.

Die Bedeutung des Transvestismus zeigt sich auch an dem bekannten Prozeß gegen Jeanne d'Arc und dem weniger bekannten gegen eine junge Frau, der im späten 16. Jh. in Ostfrankreich stattfand. Man warf Jeanne d'Arc nicht etwa Mangel an sexueller Reinheit vor (die hatte sie unbezweifelbar bewiesen), sondern die Tatsache, daß sie Männerkleidung getragen hatte. Die Hierarchie der Werte, nach der Tugend, Mut und das Streben nach Heiligkeit dem männlichen Geschlecht zugeordnet waren und nach der eine Frau, wollte sie Christus dienen, ein Mann werden mußte, machte es unausweichlich, daß zum einen Frauen gegen die Kleidervorschriften verstießen, und daß zum anderen die Gesellschaft sie schwer dafür bestrafte. Vgl. hierzu Marina Warner, *Joan of Arc: The Image of Female Heroism*, New York 1980; Bullough/Brundage (s. Einl., Anm. 36), S. 43–54; John Anson, »Female Monks: The Transvestite Motif in Early Christian Literature«, in: *Viator* 5 (1974) S. 1–32.

Was die junge Frau anbetrifft, die etwa zwei Jahrhunderte später in Ostfrankreich des Transvestismus angeklagt wurde, so war sie im Unterschied zur hl. Johanna nicht im Stande der Reinheit, was aber hier wiederum nicht entscheidend war – auch hier war ausschlaggebend, daß sie den gleichen Mut wie Jeanne d'Arc gezeigt und die Ängste vor Frauen geschürt hatte, die die männlichen Privilegien usurpierten. Maria, wie sie genannt wurde, hatte ihre Heimatstadt verlassen, ihre weibliche Kleidung abgelegt, war Weber geworden und hatte sich eine Frau genommen. Nach Montaigne, der von ihrem Fall erfahren hatte, wurde sie angeklagt und zum Tode durch den Strang verurteilt; »das wollte sie noch lieber erleiden als wieder ein Mädchen werden.« In dieser Aussage ist angedeutet, daß man sie wohl zu einer weniger harten Strafe verurteilt hätte, wenn sie bereit gewesen wäre, in ihre naturgegebene Stellung im Leben zurückzukehren. Sowohl ihre Haltung als auch die Tatsache, daß ihre »Frau« nicht ihr Schicksal teilte, zeigen, daß die eigentliche Sorge der Behörden nicht ihr sexuelles Verbrechen

war, sondern ihr Verstoß gegen die Beziehung der Geschlechter zueinander. Vgl. Montaigne (s. Anm. 3), S. 38.
6 Die bekanntesten Beispiele aus dem 16. Jh. sind Magdalena de la Cruz und Maria de la Visitación. Magdalena, die behauptete, die Schlacht von Pavia »sehen« zu können, wurde so einflußreich, daß man bei der Geburt des zukünftigen Königs Philipp II. von Spanien diesen in ihre Kleider wickelte, um ihm besonderen Schutz angedeihen zu lassen. Am Ende wurden beide zu Einzelhaft in ihren Klöstern verurteilt.
7 Theresia von Jesu, *Satzungen für die Schwestern des Ordens der Unbeschuhten Karmeliterinnen*, »Von der schwersten Schuld«.
8 Ebd.
9 Maßnahmen wie diese empfehlen die hl. Theresia, aber auch andere Autoritäten. Sie finden sich in den Urteilen gegen Magdalena de la Cruz und Maria de la Visitación ebenso wieder wie in den Konstitutionen vieler weiblicher Orden des 16. und 17. Jh.s.

Orts- und Personenregister

Das Register der Originalausgabe enthält neben den Eigennamen auch eine Reihe von detaillierten sachlichen Spezifizierungen; diese wurden mit Zustimmung der Autorin in den folgenden Spalten nicht aufgenommen.

Abälard, Peter 11
Albertus Magnus 21, 196
Ambrosius 10 f.
Anastasius 14
Angelina, Nonne 105 f., 168
Anselm von Canterbury 11
Antoninus 12, 22, 186
Ariost 15
Aristoteles 9, 194
Athanasius 59, 192
Augustinus 12, 20 f., 48, 186, 190

Barbaro, Francesco 69 f., 195
Bartholinus, Thomas 24
Bartholomäus von Saliceto 13, 18
Baxandall, Michael 56
Beda Venerabilis 11
Benincasa, Ursula 111, 189, 199, 202
Berindelli, Francesco 114
Bernhardin von Siena 33, 184
Boccaccio, Giovanni 15, 189
Borromäus, Karl 12, 18, 22, 55, 119, 185
Borromeo, Federico 192
Brantôme, Pierre 15 f., 23
Braudel, Fernand 37
Brunaccini, Caterina de' 102

Cajetan von Thiene 47, 190
Capponi, Cassandra 101
Carlini, Giuliano 29–34, 36, 115, 123, 140, 158
Carlini, Midea d'Antonio Pieri 29, 31 bis 34, 36, 127, 174
Cecchi, Stefano, Propst von Pescia 86–89, 91–93, 96–101, 108, 112, 114, 116–118, 130, 137, 159, 190 f.

Ceci, Maria Maddalena di Giovanni 31
Ceci, Pio 200
Certaldo, Paolo da 33
Christine, Großherzogin der Toskana 148
Christophorus 76
Cino da Pistoia 13
Colladon, Germain 26
Collodi 41
Cremona 123
Crivelli, Bartolomea 64 f., 68, 72, 102, 106–109, 121, 128, 131–141, 148–151, 165, 168, 179–181, 199

Dante Alighieri 14
Della Luna, Giulia 102
Deutschland 10
Dorothea, Heilige 66

England 13 f.

Farinacci, Prospero 20, 132, 148
Ferdinand II., Großherzog der Toskana 148
Filliucci, Vincenzo 22
Firenzuola, Agnolo 15
Florenz 7, 29, 38, 41, 43, 45, 117, 177, 195
Forti, Oratio 114
Fortunatus, Heiliger 76
Frankreich 10, 149
Franz von Assisi 181
Fucecchio 101 f.

Gabriel 116
Garzoni, Tommaso 203
Genf 149

Orts- und Personenregister

Gerson, Jean 12, 25, 61, 197
Gigliolo, Alfonso, päpstl. Nuntius 118, 123, 130, 143, 146f., 157f., 200
Gini, Maria Angiola 195
Gomez, Antonio 19f., 132, 149
Granada 149
Gregor III., Papst 11, 18, 21
Guerrini, Felice di Giovanni 102f., 105f., 165, 168

Heloise 135
Hildegard von Bingen 196
Huxley, Aldous 201

Ignatius von Loyola 119

Jacopa, Nonne 41f.
Jeanne d'Arc 205
Johannes Chrysostomus 11

Karl V. 13, 190
Katharina von Siena 35, 56, 71f., 74, 76, 83, 107, 171, 181, 201f.
Klemens VIII., Papst 86

Lewis, Ioann M. 193, 202
Lissabon 84
Lopez, Gregorio 19, 26, 132
Loudun 201
Lucca 38, 40, 177, 198
Ludwig von Granada 55
Luitgard von Tongern 73
Lukian 16

Magdalena de la Cruz 206
Manzoni, Alessandro 198
Maria de la Visitación 84, 206
Medici, Cosimo I de' 45–47
Medici, Cosimo II de' 41, 46f., 83
Mellini, Angela 194
Menghi, Girolamo 200
Monza 102, 198

Neapel 111, 190
Neri, Filippo 119
Niederlande 10

Pagni, Antonio 47, 78, 104, 121
Pagni, Lorenzo 114
Pagni, Piera 43, 47

Paris 12
Paul V., Papst 50, 65, 203
Paulus 10, 57, 69, 125, 194
Pavia 206
Pazzi, Maria Maddalena de' 197
Petrus 97–99, 120, 192
Petrus Damiani 14
Petrus Martyr Vermilius 70
Philipp II. 206
Pieri, Domenico Antonio 188
Pisa 47
Pistoia 38
Prato 74, 202
Prierias, Silvestro 12

Reni, Guido 196
Ricci, Caterina de' 74
Ricordati, Margherita d'Ippolito 102 bis 104
Ricordati, Paolo 47f., 61, 68–71, 78f., 88–90, 101, 104, 116, 120–122, 125, 129f., 135–137
Rinaldi, Giovanni Domenico 23
Rouen 12

Sappho 187
Schenk, Johann 203
Schweiz 10
Segni, Bernardo 86
Sforza, Guido Ascanio 45
Spanien 10, 149
Splenditello 75–77, 93f., 100, 122, 133, 135–138, 140–142, 148, 180, 202, 204

Tarabotti, Arcangela 31
Tertullian 69
Tesauriello Fiorito 115–117, 122
Theodor von Tarsus 11, 18, 21
Theresia von Avila 93, 95, 110, 151, 192f., 200, 206
Thomas von Aquin 11, 21f., 95, 194
Torrigiani, Pirro 44, 78, 104, 114, 121
Treviso 13, 19
Trient 30, 44, 50, 145, 191, 200
Turini, Familie 86

Urban VIII., Papst 190, 200

Valdinievole 38, 40
Vellano 29–31, 37, 50f., 56
Virtudioello 122

Weyer, Johann 203

Inhalt

Danksagung 5

Einleitung 7

ERSTES KAPITEL
Die Familie 29

ZWEITES KAPITEL
Das Kloster 37

DRITTES KAPITEL
Die Nonne 51

VIERTES KAPITEL
Die erste Untersuchung 86

FÜNFTES KAPITEL
Die zweite Untersuchung 113

Epilog 147

ANHANG
Ein Wort zu den Dokumenten und eine Auswahl
in Übersetzung 155

Anmerkungen 182

Orts- und Personenregister 206